라지 파크

LARGE PARKS

엮은이 줄리아 처니악, 조지 하그리브스
옮긴이 배정한 + idla
글쓴이
존 비어즐리John Beardsley
아니타 베리즈베이시아Anita Berrizbeitia
제임스 코너James Corner
줄리아 처니악Julia Czerniak
조지 하그리브스George Hargreaves
니나-마리 리스터Nina-Marie Lister
엘리자베스 K. 마이어Elizabeth K. Meyer
린다 폴락Linda Pollak
공원 디자인의 새로운 경향과 쟁점
LARGE

라지 파크
PARKS

LARGE PARKS

by Julia Czerniak, George Hargreaves

First published in the United States by Princeton Architectural Press.

라지 파크

공원 디자인의 새로운 경향과 쟁점

초판 1쇄 펴낸날 2010년 12월 22일
엮은이 줄리아 처니악, 조지 하그리브스
옮긴이 배정한 + idla
펴낸이 오휘영 / **펴낸곳** 도서출판 조경
등록일 1987년 11월 27일 / **신고번호** 제406-2006-00005호
주소 경기도 파주시 교하읍 문발리 파주출판도시 529-5
전화 031.955.4966~8 / **팩스** 031.955.4969 / **전자우편** klam@chol.com
편집 남기준 / **디자인** 이은미
필름출력 한결그래픽스 / **인쇄** 백산하이테크

ISBN 978-89-85507-73-8 93610

정가 18,000원

Contents
차례

머리말

Preface

지난 20년간 경관에 대한 지속적 관심이 놀라울 만큼 커졌고, 이에 관한 연구와 작품에도 큰 영향을 미쳤다. 이 책과 같은 출판물은 경관에 대한 지속적이고 깊이 있는 주목을 반영하고 생성시킨다. 『라지 파크*Large Parks*』는 이러한 주제를 발전시켜 온 프린스턴 건축출판사Princeton Architectural Press의 시리즈 중 세 번째 성과물로, 『경관의 회복*Recovering Landscape*』(1999)과 『랜드스케이프 어바니즘*The Landscape Urbanism Reader*』(2006)의 뒤를 잇는 책이다.

『라지 파크』에 포함된 여러 에세이, 논평, 그리고 그래픽 자료는 여러 행사를 통해 발전되었다. 그 중 하나는 2003년 4월, 하버드대학교 설계대학원Harvard University Graduate School of Design에서 개최된 컨퍼런스였다. 이 컨퍼런스에서는 과거와 미래의 공원 계획, 설계, 관리와 관련되는 크기의 중요성과 영향에 대한 논의를 이끌어내기 위해 도시, 생태, 프로세스와 장소, 공공, 부지 역사 등이 주로 논의되었다. 이 컨퍼런스가 낳은 여러 아이디어와 고찰은 이 책의 에세이들을 발전시키는 데 중요한 지식과 정보를 제공해 주었다. 컨퍼런스와 함께 하버드 설계대학원 학생들이 진행한 대형 공원 사례 연구 전시회도 개최되었는데, 이는 컨퍼런스의 논의를 보완하는 깊이 있고 혁신적인 자료가 되었다. 이 자료에 의해 촉발된 관심에 힘입어 대형 공원에 관한 출판 아이디어가 시작되었다. 뒤이은 여러 집담회, 회의, 토론, 논쟁 등을 통해 이 책의 자료들이 발전되었는데, 이는 대형 공원이라는 주제가 오늘날의 설계 분야에서 갖는 시의적절함과 타당함을 증명해 준다.

감사의 글

Acknowledgments

많은 사람들과 기관들이 이 책의 출판에 기여했다. 라지 파크Large Parks 컨퍼런스와 전시회를 후원한 하버드대학교 설계대학원, 그레이엄 재단Graham Foundation, 그리고 GSD의 페니 화이트 기금Penny White Fund에 감사드린다. 하버드의 인사 중, 피터 로웨Peter Rowe 전 학장의 끊임없는 지지에 감사드리며, 부 학장 패트리시아 로버츠Patricia Roberts, 프로그램 디렉터 니얼 커크우드Niall Kirkwood의 지원, 에드나 반 손Edna Van Saun과 에이미 태버너 Aimee Taberner의 행정적 도움에도 감사를 전한다. 전시회 코디네이터였던 댄 보렐리Dan Borelli의 전시 작업은 이 책에 제시된 자료들의 발전에 좋은 정보를 주었다. 또한 시라큐스대학교Syracuse University의 건축대학장 마크 로빈스Mark Robbins와 하버드 GSD의 현 학장 알렌 앨트슐러Alan Altshuler에게도 감사드린다. 두 학교가 공동으로 마련한 기금은 이 책의 칼라 삽화를 가능하게 했다.

심포지엄의 발표와 논평은 우리에게 많은 자극을 주었다. 우리는 빅토리아 비치Victoria Beach, 존 비어즐리John Beardsley, 아니타 베리즈베이시아Anita Berrizbeitia, 조 브라운Joe Brown, 캐롤 번스Carol Burns, 제임스 코너James Corner, 로버트 프랜스Robert France, 로버트 가르시아Robert Garcia, 아드리안 구즈Adriaan Geuze, 크리스티나 힐Kristina Hill, 월터 후드 Walter Hood, 도로시 임버트Dorothée Imbert, 메리 마가렛 존스Mary Margaret Jones, 니얼 커크우드, 틸만 라츠Tillman Latz, 니나-마리 리스터Nina-Marie Lister, 세바스찬 마로Sébastien Marot, 엘리자베스 K. 마이어Elizabeth K. Meyer, 엘리자베스 모솝Elizabeth Mossop, 린다 폴락Linda Pollak, 로버트 소몰Robert Somol, 알랜 테이트Alan Tate, 마크 트라이브Marc Treib, 마이클 반 발켄버그Michael Van Valkenburgh, 그리고 빌 벤크Bill Wenck에게 감사드린다.

하버드 학생들이 진행한 도전적이고 독창적인 전시회 자료가 이 책을 시작하는 데 중요한 계기가 되었다. 캐서린 앤더슨Katherine Anderson, 캐롤라인 첸Caroline Chen, 지나 포드Gina Ford, 아난다 칸트너Ananda Kantner, 안나 호너Anna Horner, 라라 로즈Lara Rose, 엠마 켈리Emma Kelly, 다렌 시어스Darren Sears, 제이슨 시벤모겐Jason Siebenmorgen, 레베카 스터게스Rebekah Sturges, 그리고 마이클 스위니Michael Sweeney, 이들의 정열적인 노력에 큰 빚을 졌다.

지난 몇 년에 걸쳐 우리의 사고를 형성하고 발전시킬 수 있도록 도와 준 학생들을 만난 것은 교육자로서 큰 행운이었다. 매트 브라운Matt Brown, 타일러 케인Tyler Caine, 데이비드 콜David Call, 쉬바니 간디Shivani Gandhi, 마우리쇼 고메즈Mauricio Gomez, 존 제드지낙John Jedzinak, 브루스 몰리노Bruce Molino, 믹 맥넛Mick McNutt, 니콜라스 리고스Nicholas Rigos, 크리스틴 라운즈Christine Rounds, 손창수Changsoo Sohn, 그리고 커티스 웨더비Kertis Weatherby가 도움을 주었으며, 이들의 작업 중 몇 가지는 이 책에 포함되었다. 대형 공원 스케일을 연구함에 있어서 브루스 데이비슨Bruce Davison이 큰 기여를 했다. 그의 디지털 그래픽 능력이 없었다면 중요한 스케일 연구가 이 책에 들어가지 못했을 것이다.

몇몇 동료들은 이 프로젝트의 발전을 돕기 위해 시간과 자원을 할애했다. 특히 린다 폴락과 니나-마리 리스터에게 고마움을 전한다. 그들은 초고에 대해 비판적으로 논평해 주었고, 원고의 최종본을 숙고하며 추운 1월의 주말을 온타리오의 농가에서 보냈다. 우리의 프로젝트가 실현될 수 있도록 애써 준 하버드 GSD의 멜리사 본Melissa Vaughn과 프린스턴 건축 출판사의 스코트 테넨트Scott Tennent에게도 깊은 감사를 표한다.

이 책의 편집자 조지 하그리브스George Hargreaves는 하그리브스 어소시에이츠의 경영을 맡아줌으로써 생각할 시간이라는 선물을 준 메리 마가렛 존스에게 특별한 감사를 전한다. 또 다른 편집자인 줄리아 처니악Julia Czerniak은 훌륭한 비평가이자 아이들의 아빠가 되어준 마크 린더Mark Linder에게 감사를 전한다. 그의 인내와 지지와 격려가 없었더라면 이 프로젝트는 결코 실행되지 못했을 것이다. 이 책의 편집자들 인생의 또 다른 프로젝트인 아즈리엘Azriel과 루차Lucja, 그리고 조셉Joseph과 케이트Kate와 레베카Rebecca에게 이 책을 바친다.

토론토 레이크 온타리오 파크 해안의 부서진 얼음

서문

Foreword

제임스 코너 James Corner

우리는 대형 공원 하면 숲, 보행로, 가로수길, 총림, 초지, 잔디밭, 호수, 시냇물, 다리, 산책로, 작고 일상적이지만 때로는 크고 기념비적인 수많은 유형의 사회적 공간 등으로 충만한 대규모 녹색 오픈 스페이스의 이미지를 떠올리곤 한다. 대형 공원은 도시와 광역 대도시의 조직에 필수 불가결한 광대한 경관이며, 다양한 계층의 사람들과 단체들에게 다양하고 복합적이며 유쾌한 매력을 지닌 야외 공간을 제공해 준다.

이 책이 다루고 있는 런던의 하이드 파크Hyde Park, 파리의 불로뉴 숲Bois de Boulogne, 뉴욕의 센트럴 파크Central Park, 암스테르담의 보스 파크Bos Park 등과 같이 잘 알려진 대형 공원들에 관한 여러 참고 문헌들은, 많은 사람들을 위한 대형 공원의 궁극적인 미덕을 포착하고 있다. 그 미덕은 곧 완전한 경험의 정도, 그리고 대중의 집단 정체성과 야외생활의 통합이다. 대형 공원은 복잡하고 분주한 도시에서 공동체 의식, 시민 의식, 소속감을 강화시켜 주는 풍부한 사회적 활동과 상호 작용을 제공해 주는 것이다. 이 책에서 500에이커 이상으로 정의되는 대형 공원의 규모는 날씨, 지질, 열린 지평선, 울창한 수목에의 드라마틱한 노출을 가능하게 한다. 이 모든 것들이 조망과 은신이 교차하며 연속되는 장소—은둔과 고립의 친밀한 지점들이 전망 장소와 세심하게 엮인 독특한 장소—에서 신체의 움직임을 통해 드러난다. 경험을 위해 남겨진 이 거대한 장소는 도시의 위대한 야외 자연 극장이며, 사회적 이용과 사건의 환상곡과 함께 자연적이고 순환적인 시간의 공연이 펼쳐지는 무대이다. 대형 공원의 가치는 값을 매길 수 없을 정도이다. 효과적으로 설계된 대형 공원을 지니지 못한 도시는 늘 빈곤을 면치 못할 것이다.

대형 공원은 경험적이고 문화적인 효과뿐만 아니라 생태적 기능의 측면에서도 가치를 지닌다. 그 광활한 땅은 우수를 저장하고 처리하는 데, 도심부의 대기 흐름을 원활하게 하고 온도를 낮추는 데, 그리고 식물 · 동물 · 새 · 수생생물 · 미생물의 풍성한 생태계를 위한 서식처를 제공하는 데 효과적이다. 진부하지만 여전히 적절한 비유를 들어 말하자면, 대형 공원은 대도시의 삶을 깨끗하게 하고 새롭게 하고 풍요롭게 하는 "녹색 허파"로 기능한다. 대형 공원의 크고 연속적이며 파편적이지 않지만 서로 구별되는 구역은 생태적 수행Performance의 근간이 된다. 야생의 국면도 필연적으로 나타난다.

이와 같은 대형 공원의 의미 있는 문화적 · 생태적 미덕은 분명히 보전에 대한 필요성을 오랫동안 보장할 것이며, 지속적으로 확장되는 도시에서 새로운 공원의 수요를 증가시킬 것이다. 오늘날 세계 곳곳의 대규모 도시 설계는 시작 단계부터 고밀도 개발지를 새롭게 설계된 오픈 스페이스와 나란히 또는 그 주위로 연결시키곤 한다. 일면 이러한 오픈 스페이스는 팽창적 개발을 보상하는 데 유리한 협상 카드이기도 하지만, 개발 전반의 질을 높이고 차별성을 부여하는 거대한 사회적 · 생태적 가치의 설계적 차원이라고 여길 수 있다.

대형 공원에 대한 수요는 세계 전반에 걸친 공업 경제에서 서비스 경제로의 거대한 전환과 이로 인해 발생되는 수많은 대규모 폐기 부지들에 의해서도 촉발되고 있다. 이러한 부지들—오래된 공장과 생산 용지, 폐쇄된 쓰레기 매립지, 사용되지 않는 항만과 워터프론트, 수명을 다한 비행장, 노동자들이 떠나간 후 남겨진 주거지와 도시의 빈 공간들—은 완전히 새로운 형식의 공공 공원 부지와 어메니티 공간으로 전환되기에 적합하다. 말할 필요도 없이, 이러한 부지를 새로운 공공적 이용을 위해 개조하는 일은 매우 도전적이며, 새로운 관리 및 경작 테크닉에 대한 관심뿐만 아니라 생태적 복원 방법의 발전을 이끌어 왔다. 또한 이러한 부지의 거칠고 기계적이며 낯선 특질, 즉 포스트-인더스트리얼post-industrial의 미학은 공원에 대한 대중적 기대를 지배해 온 목가적 모델을 대체하는 대안적 이미지를 낳고 있다. 대형 공원을 재발명하기에 더 없이 적절한 시대이다.

대형 공원은 아주 큰 기쁨과 공간과 기능을 제공하지만, 동시에 거대한 도전을 맞고 있다. 설계와 조성 비용에 막대한 비용이 소요될 뿐만 아니라 장기간의 운영과 관리 비용도 더욱 증가하고 있다. 국가 예산을 줄일 때 공원 관리비가 제일 먼저 삭감되고 이로 인해 공원은 순식간에 파손과 유기 상태가 된다. 이러한 상황이 될 때, 공원은 불법, 폭력, 쓰레기 투기의 온상인 도시의 뒤뜰—도시의 황야—로 전락한다. 공원이 미래 세대를 위해 효과적으로 경작되려면, 관리자, 관련 단체, 지혜로운 경영자, 그리고 건전하고 건강한 예산이 필요하다. 공원은 또한 재발명을 필요로 한다. 옛날 식의 공원을 재창조하는 것이 실질적으로 어렵기 때문이다.

물리적 · 사회적 · 경험적 즐거움이 대형 공원 조성의 초점이자 존재 이유라는 점에 비해 생태적 · 운영적 · 프로그램적 측면은 덜 명확하며 덜 이해되고 있다. 하지만 최근 들어 이런 후자에 대한 고려의 중요성이 부각되고 있다. 그러한 측면은 특별히 중요한 조경적 관심사이며, 바로 이 책의 필자들이 주목하는 주된 초점이다. 공원은 단순히 자연적이거나 발견된 장소가 아니라 구축되고 건설되고 경작되는 것이다. 즉 설계되는 것이다. 설계는 기하하적 · 물질적 · 조직적 발명을 조건으로 한다. 따라서 대형 공원은 반드시 농촌 경치의 목가풍을 흉내낼 필요도 없고, 축과 면의 보자르beaux-arts적 형식성을 꼭 구현해야 하는 것도 아니다. 그러므로 대형 공원의 설계는 새로운 프로젝트를 시작하는 각각의 설계가들이 반드시 물어야 하는 열린 질문으로 남는다. 부지, 프로그램, 관여자, 그리고 최근의 아이디어에서 나온 적절한 표현 등의 기준들은 프로젝트의 특수한 속성을 확대하고 뒤바꾸고 병치시키면서 공원이 최종적으로 형태를 갖출 때까지 그 프로세스를 이끌어 간다. 그 이후에도 방대한 스케일과 복잡한 일정으로 인해 공원의 물리적 · 공간적 형태는 시간에 따른 개정과 관리와 변화를 필요로 할 것이다.

이러한 최근의 쟁점들—설계, 구축, 프로세스, 테크닉, 개념, 일시성—이 이 책의 근간을 이루며, 이는 학계와 실무 모두의 조경가들에게도 최우선의 과제이다. 설계가가 초점을 두어야 할 논점의 핵심은 고정된 형태fixed form 대 비종결적 프로세스open-ended process이다. 더 정확하게 말하자면, 대형 공원 방정식의 이 두 개의 항 사이의 비율과 상호 작용이 핵심적이다. 이 방정식의 세 번째 관심사로 추가할 만한 것이 의미meaning와 내용content이다. 고정된 형태, 열린 프로세스, 의미, 이 세 노선을 따라 이 책의 여러 필자들은 자신의 주장을 제시하고 상대적 비율을 설정한다. 어떤 이는 더 큰 고정성에 무게를 두며, 다른 어떤 이는 비종결성에 또는 의미의 많음(또는 적음)에 초점을 두기도 한다.

대형 공원은 항상 단일한 이야기 그 이상일 것이다. 대형 공원은 설계가의 작가주의적 의지로 감당할 수 없을 만큼 크며, 과도한 규제와 계획도 넘어선다. 대형 공원은 시작 단계에서 누구나 상상할 수 있는 것보다 훨씬 각양각색인 (그리고 예측할 수 없는) 형식으로 언제나 전개된다. 대형 공원은 복잡하고 역동적인 시스템이다. 대형 공원의 설계가는 보다 비종결적인 프로세스와 형식이 뿌리를 내리고 뻗어나갈 수 있도록 고도로 특화된 물리적 기초 정도만을 설정할 수 있을 뿐이다. 이러한 기초 형성—기하, 물질, 조직적 역학—의 지혜는 시간의 흐름에 따라 다양성, 성장, 의미 있는 상호 작용이 유발되거나 지속되게 해 주는 근간이다. 이 기획된 기반 작업이 지나치게 억제되거나 과도하게 복잡하거나 혹은 지나치게 틀에 박혀 있다면, 그것은 점차 그 자체의 구성의 무게 때문에 굳어지게 될 것이다. 과도하게 느슨하다거나 개방적이거나 약하다면, 점차 가독성과 질서의 형식을 잃게 될 것이다. 시간에 따라 변화하는 수요와 생태계에 적응할 수 있는 충분한 유연성과 "탄력성"을 가지면서 동시에 구조와 정체성을 부여하기에 충분히 강건한 대형 공원의 틀을 설계하는 것이 비결일 것이다.

하이드 파크와 센트럴 파크, 또는 불로뉴 숲을 생각해 보자. 과거에 성공한 여러 대형 공원들은 이러한 다양한 방정식들을 만족시킴으로써 독창적인 성공을 이루었다. 하지만 오늘날 그것을 좀 더 어렵고 실질적으로 다르게 하는 것은 대형 공원이 만들어지는 프로세스이다. 대형 공원은 더 이상 왕권이나 단일한 권력 기관의 권한 하에 있지 않다. 대신 오늘날의 대형 공원들은 대조적이고 대립적인 집단들로 구성되는 거대하고 다양한 참여자들과 관련될 수밖에 없으며, 많은 경우 복잡하고 보수적인 관료들에 의해 조종된다. 설계 · 형태 · 표현 · 프로세스 등의 이슈는 관리 · 유지 · 비용 · 안전 · 프로그래밍 · 대중 정치 등의 이슈에 예속되고 만다. 이러한 점들 모두는 중요하고 타당한 고려 사항이며, 대형 공원의 설계가는 다소 진부하지만 피할 수 없는 그러한 이슈 각각을 설계 · 형태 · 표현 · 프로그램 · 프로세스가 어떻게 수용하고 극복할 수 있는 지 끊임없이 보여 주어야 한다. 만약 설계가 이를 보증하지 못한다면, 그 결과는 진정한 대형 공원의 웅장함, 극장성, 새로움, 경험적 힘 등이 전혀 없는, 오늘날 대부분의 "여가를 위한 오픈 스페이스"에서 흔히 볼 수 있는 전형적인 몰개성과 대중적인 목가풍의 모방에 불과하게 될 것이다. 이는 이 시대의 조경 설계와 대중적 상상력에 주어진 도전이다. 그러한 실천을 재고하기 위한 가장 핵심적인 변수와 전략들이 이어질 지면을 채우고 있다.

서론

그림 1, 2. 켄 스미스 랜드스케이프 아키텍트 외, 캘리포니아 오렌지 카운티 그레이트 파크 조감도(위)와 팜 캐년(Palm Canyon) 전경(아래)

서론 _ 크기에 대해 생각하기

Introduction _ Speculating on Size

줄리아 처니악Julia Czerniak

뉴욕이라는 도시에서 센트럴 파크가 갖는 특별한 가치는 그 손색없는 크기에 있을 것이며, 현재도 그러하다.

- 프레드릭 로 옴스테드Frederick Law Olmsted

이 책은 정의하기 점점 어려워지는 경관 유형인 공원을 다룬 에세이들을 담고 있다. 두 가지 생각이 전 세계에 걸쳐 현존하거나 계획된 공원을 대상으로 한 우리의 작업에 동기를 부여했다. 첫째, 그 크기size를 기준으로 공원을 선별하여 연구를 시작하는 것은 기존의 관례적인 이분법적 분류 범주—역사적 공원과 동시대 공원, 조성된 공원과 미조성 공원, 도시 공원과 주변부 공원, 공모전에 토대를 두고 설계된 공원과 위임 하에 설계된 공원—를 넘어설 수 있게 해 준다. 또한 대개는 총체적으로 고려되지 않는 경관들에 대한 전반적 검토를 가능하게 해 준다. 말하자면, 센트럴 파크Central Park(843에이커, 1858)의 동선 전략과 필드 오퍼레이션스Field Operations의 프레쉬 킬스 매립지Fresh Kills Landfill(2,200에이커, 2001)의 조직 전략organizational strategies을 동시에 다루는 것은 공원에 대한 생각을 맥락화하고 진일보시킬 수 있는 기회를 제공해 주며, 특히 공원에 탄력성resilience을 부여하는 설계 전략을 살펴볼 수 있게 해 준다.[1]

둘째, "큰large" 이라는 형용사가 생태, 공공 공간, 프로세스, 장소, 부지site, 도시 등과 같은 주제와 복합적으로 연관된 조경 담론의 전면에 등장하고 있다. 물론 환경의 이러한 측면들은 작은 공원에도 나타나지만, 대형 공원은 이러한 측면들의 풍부한 상호 작용을 촉진할 뿐만 아니라 도시적 영향과 넓게 맞닿아 있다. 하그리브스 어소시에이츠Hargreaves Associates에 의해 다시 설계된 로스앤젤레스 리버Los Angeles River 파크 시스템(582에이커), 조경가 웨스트8West8과 일군의 건축가들에 의한 마드리드의 만자나레스 리버 파크parque del rio Manzanares(679에이커), 제임스 코너James Corner/필드 오퍼레이션스에 의한 토론토의 레

그림 3, 4. 웨스트 8 외, 마드리드 만자나레스 리버 파크, 강으로 향하는 계단이 있는 정원의 전경(위), 세고비아 다리 (Puente de Segovia) 인근의 백합 연못 전경(아래)

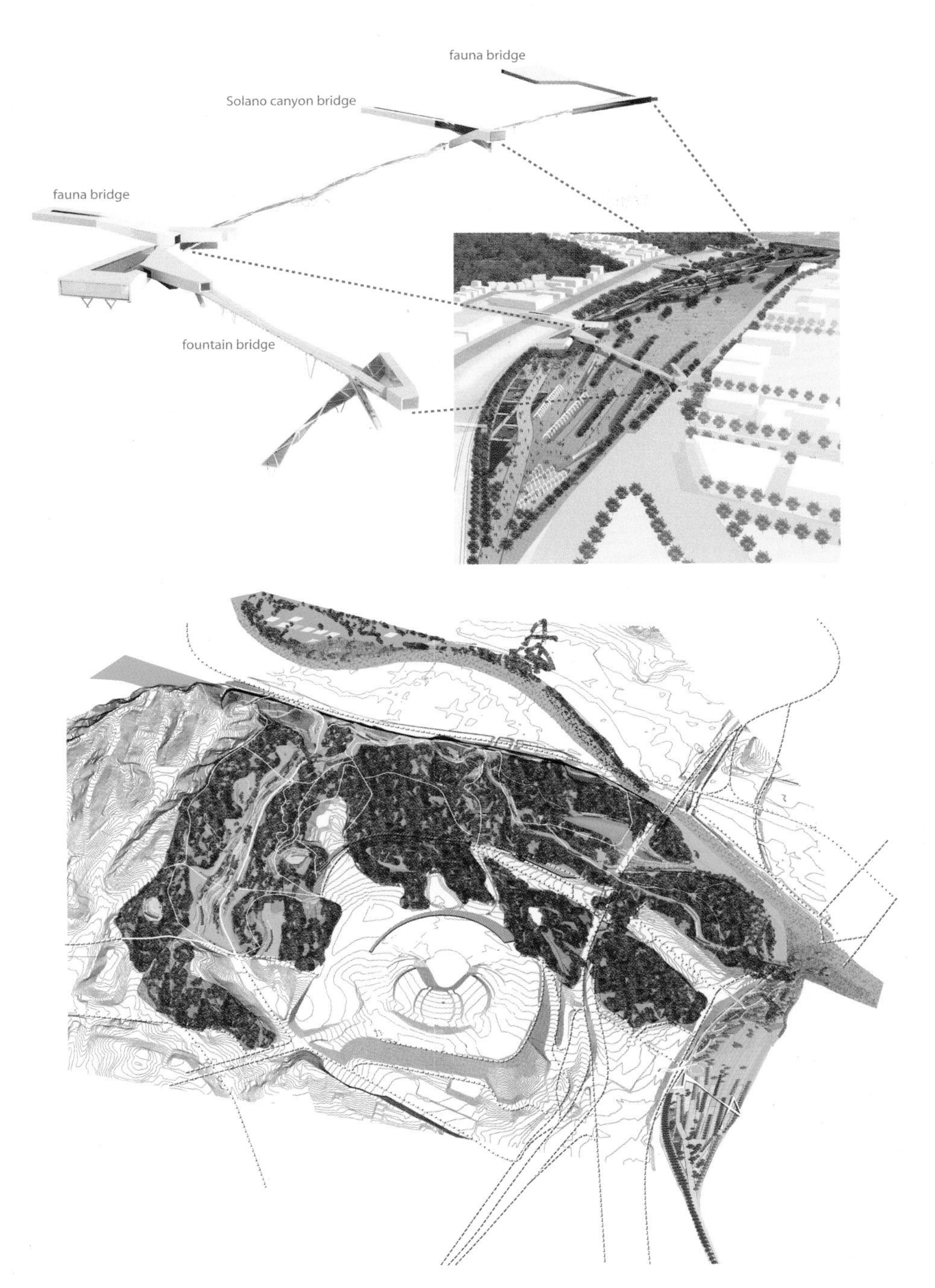

그림 5, 6. 하그리브스 어소시에이츠 외, 로스앤젤레스 주립 역사 공원(Los Angeles State Historic Park, Cornfields, Los Angeles, California), 도시와의 연계를 보여주는 엑소노메트릭(위), 엘리시안 파크(Elysian Park)와 로스앤젤레스 강의 확장된 경관 맥락 속에 있는 콘필드 부지(아래)

이크 온타리오 파크Lake Ontario Park(925에이커), 클레어 리스터Clare Lyster, 줄리 플로Julie Flohr, 세실리아 베니테스Cecilia Benites의 우승작을 포함하여 아이디어 공모전에서 100개가 넘는 팀에 의해 구상된 시카고의 노스 링컨 파크North Lincoln Park(1,000에이커), 켄 스미스Ken Smith가 이끈 팀이 설계한 캘리포니아 오렌지 카운티 그레이트 파크Orange County Great Park(1,316에이커), 라츠+파트너Latz+Partner가 설계한 텔 아비브의 폐기된 매립지의 일부분인 아얄론 파크Ayalon Park 등과 같은 최근에 설계되고 계획된 다수의 대형 공원들을 감안할 때, 대형 공원의 설계 · 관리 · 이용에 관한 연구는 시의적절하며 필수적이다(그림 1~6).

대형

공원을 위한 수식어로서 크기size는 질적이자 규율적인 중요성을 가진다. 그리고 독자적인 척도로서도 이 단어는 결정적인 것이 된다. 1870년, "공공 공원의 정당한 가치The Justifying Value of a Public Park"라는 연설에서 옴스테드가 "공원"이라는 용어를 사용했을 때, 그는 그 의미를 "농촌 경관의 향유를 위해 공공에 의해 마련된 큰 면적의 땅으로, 보다 도시적인 즐거움에 맞추어진 공공 광장 · 공공 정원 · 산책로와는 구별되는 것"[2]이라고 한정하였다. 센트럴 파크 부지로 사용될 보다 넓은 땅을 구하기 위한 로비 과정에서 앤드류 잭슨 다우닝Andrew Jackson Downing은 다음과 같이 제안했다. "500에이커는 그러한 도시에서 미래의 요구를 충족하기 위해 확보되어야 할 최소한의 면적이다.……그 정도의 면적이라면 녹색 들판의 숨결과 아름다움, 그리고 자연의 향기와 신선함이 함께 있는 공원과 유원지를 펼쳐놓기에 충분한 공간이 될 것이다."[3]

미국 도시화의 초창기에는 다우닝이 언급한 넉넉한 공간을 획득하는 것이 용이했고 비교적 비용이 많이 들지 않았다.[4] 그 결과, 많은 19세기 공원들은 매우 크다. 보스톤 에메랄드 넥클리스Emerald Necklace의 일부분인 프랭클린 파크Franklin Park는 527에이커에 달하며, 버팔로 파크 시스템Buffalo Park System은 700에이커 이상을 연결한다. 센트럴 파크는 843에이커를 차지하고, 초대형 공원인 필라델피아의 페어마운트 파크Fairmount Park는 1,061에이커에서 4,411에이커로 성장해 왔다(그림 7).[5] 여기에서 크다는 것largeness은 공원의 주된 역할로 애당초 간주되었던 것, 즉 녹색의 이미지와 산업 도시의 해독제로서 신선

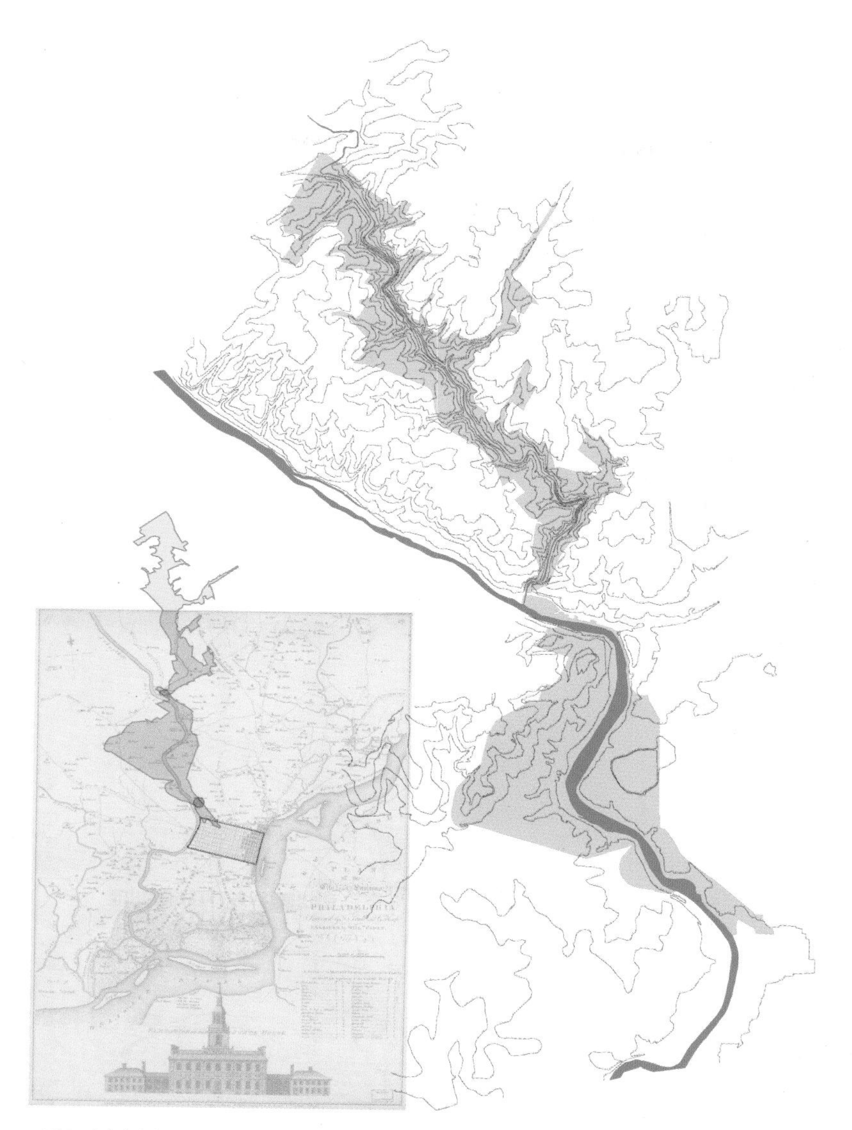

그림 7. 필라델피아 페어마운트 파크, 공원은 도시와의 관계 속에서 확장된다. 공원의 지형학적 논리는 스커킬 강(Schuykill River)의 수계와 일치한다.

함의 효과를 공급하는 것을 충족시키는 데 필수적이다. 비록 우리는 잠정적으로 다우닝의 조언을 받아들여 "대형large"을 500에이커로 정의하지만, 이 책의 에세이들은 공원 크기의 필요조건과 그 설계 목적으로까지 논의를 확장하고 있다. 이 책에서 논의되는 여러 공원들을 〈그림 8〉에 같은 스케일로 그려 비교해 보았다.

그림 8. 대형 공원의 크기 비교

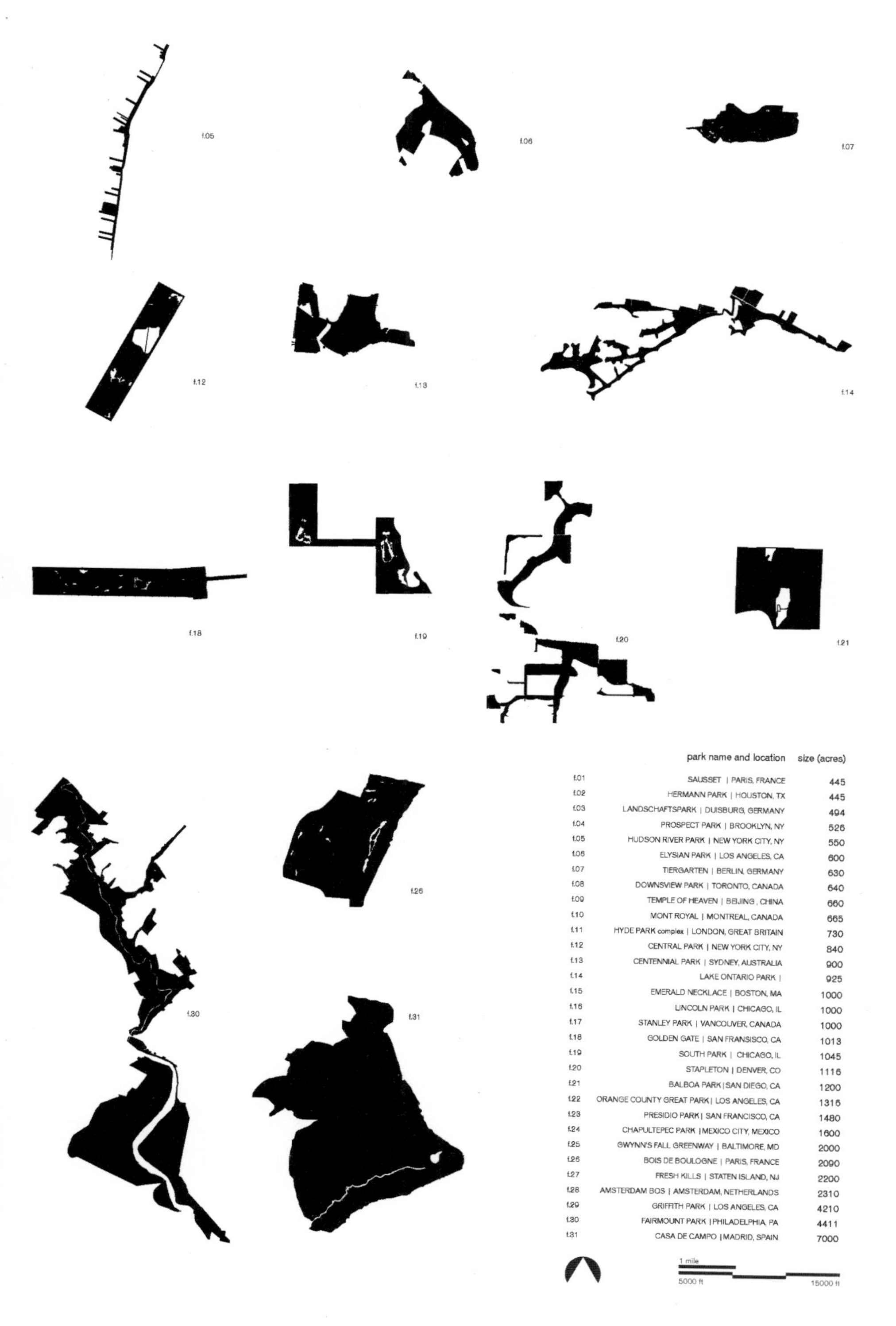

	park name and location	size (acres)
f.01	SAUSSET | PARIS, FRANCE	445
f.02	HERMANN PARK | HOUSTON, TX	445
f.03	LANDSCHAFTSPARK | DUISBURG, GERMANY	494
f.04	PROSPECT PARK | BROOKLYN, NY	526
f.05	HUDSON RIVER PARK | NEW YORK CITY, NY	550
f.06	ELYSIAN PARK | LOS ANGELES, CA	600
f.07	TIERGARTEN | BERLIN, GERMANY	630
f.08	DOWNSVIEW PARK | TORONTO, CANADA	640
f.09	TEMPLE OF HEAVEN | BEIJING , CHINA	660
f.10	MONT ROYAL | MONTREAL, CANADA	665
f.11	HYDE PARK complex | LONDON, GREAT BRITAIN	730
f.12	CENTRAL PARK | NEW YORK CITY, NY	840
f.13	CENTENNIAL PARK | SYDNEY, AUSTRALIA	900
f.14	LAKE ONTARIO PARK |	925
f.15	EMERALD NECKLACE | BOSTON, MA	1000
f.16	LINCOLN PARK | CHICAGO, IL	1000
f.17	STANLEY PARK | VANCOUVER, CANADA	1000
f.18	GOLDEN GATE | SAN FRANSISCO, CA	1013
f.19	SOUTH PARK | CHICAGO, IL	1045
f.20	STAPLETON | DENVER, CO	1116
f.21	BALBOA PARK | SAN DIEGO, CA	1200
f.22	ORANGE COUNTY GREAT PARK | LOS ANGELES, CA	1316
f.23	PRESIDIO PARK | SAN FRANCISCO, CA	1480
f.24	CHAPULTEPEC PARK | MEXICO CITY, MEXICO	1600
f.25	GWYNN'S FALL GREENWAY | BALTIMORE, MD	2000
f.26	BOIS DE BOULOGNE | PARIS, FRANCE	2090
f.27	FRESH KILLS | STATEN ISLAND, NJ	2200
f.28	AMSTERDAM BOS | AMSTERDAM, NETHERLANDS	2310
f.29	GRIFFITH PARK | LOS ANGELES, CA	4210
f.30	FAIRMOUNT PARK | PHILADELPHIA, PA	4411
f.31	CASA DE CAMPO | MADRID, SPAIN	7000

약 100년 후, 중산층이 퇴락한 도시에서 교외로 이동하는 상황에서, 도시 운동가 제인 제이콥스Jane Jacobs는 크다는 것을 일종의 책임이라고 보았다. 『미국 대도시의 죽음과 삶 *The Death and Life of Great American Cities*』에서, 제이콥스는 대형 공원은 "활기를 잃은 경계부의 공백"이 되기 쉬운 취약성을 지니며 대규모의 단일 토지 이용은 주변 도시 주거 환경의 위험과 침체를 가져온다고 주장했다.[6] 그녀는 대형 공원들이 "대도시적 매력"을 지녀야 한다고 웅변했고, "가장자리를 보다 잘 활용할 수 있는" 장소의 예로 센트럴 파크를 들었다.[7] 그녀는 공원의 내부로부터 경계로 그 이용을 가져가는 것은 공원과 도시 사이의 활발한 연계를 만드는 "집중된 지점과 매력적인 경계부의 활동"을 생산해 낼 수 있다고 지적한다.[8]

판이하게 다른 문화적 환경 속에서 한 세기나 떨어져 전개된 위의 두 입장은 이 책이 던지고자 하는 질문을 제시하고 있다. 진화하고 있는 동시대의 대형 공원과 관련하여, 얼마나 큰 것이 충분히 큰 것인가? 크기가 지니는 의의는 변화해 왔으며 시대에 따라 다른 요구에 의해 달라져 왔다. 넓은 면적의 땅은 자연의 효과를 생산하고 그림 같은 풍경을 구성하고 적응적 관리를 보장하고 자연적 시스템을 설계하고 경제적으로 지속가능하도록 하는 데 필수적이다.[9] 게다가 그러한 대형 부지는 취득 방법 및 시기와 무관하게 공원을 형성의 긴장감이 분명한 곳으로 만들어 준다. 대형 부지에는 복잡성complexity을 생산하는 능력이 존재한다. 대형 부지는 새로운 재원 조달 전략을 요청한다. 그러한 부지에서 지속가능성은 낮은 유지 관리 비용과 자연화와 같은 경제적 수단의 부산물이 된다. 사회적 투자와 공공 자본의 투입이 성공적인 설계 프로세스의 필수적인 부분이 된다.

하지만 크기만이 주변부와 내부의 밀접한 관계에 관한 유일한 질문은 아니다. 크기만큼이나 형상shape도 중요하기 때문이다. 샌프란시스코의 골든 게이트 파크Golden Gate Park(1,013에이커)와 같이 미국의 도시 개발과 연계되어 생겨난 공원들은 미래의 조직 시스템을 드러내는 강한 형상의 형태를 지닌다(그림 9). 다른 예로, 밴쿠버의 스탠리 파크Stanley Park(1,000에이커)와 같은 공원의 외곽선은 필연적인 자연적 경계—뷰럴드 만Burrard Inlet 내부의 반도—와 일치한다. 하지만 오늘날 일반적으로 설계가들은 폐기된 산업 부지, 버려진 브라운필드brownfield, 폐쇄된 군사 기지, 쓰레기 매립지 등에 대형 공원을 설계하는 경우가 많

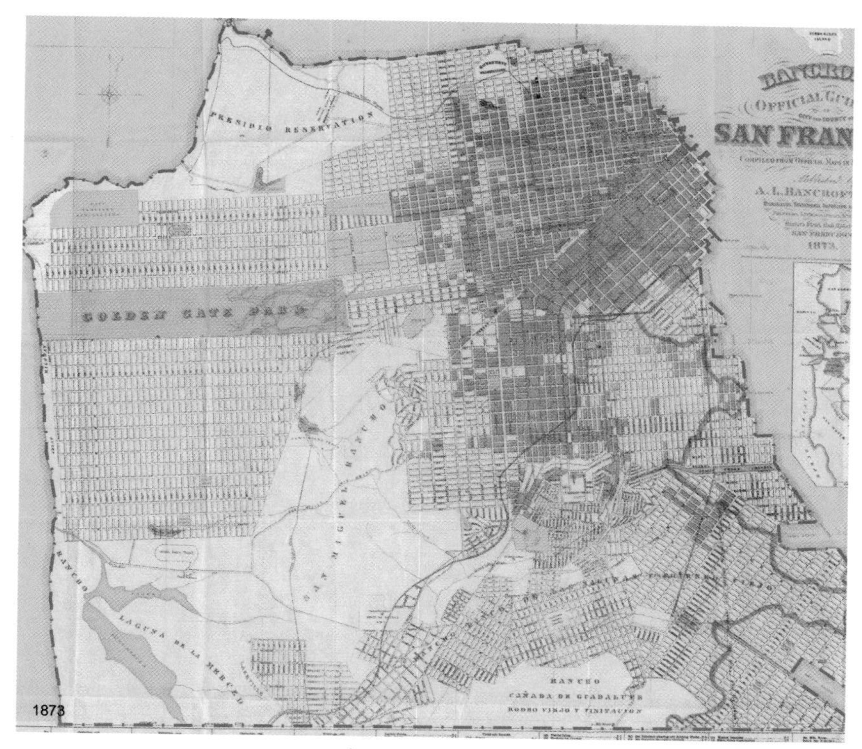

그림 9. 도시보다 먼저 계획된 골든 게이트 파크 지역을 보여주는 지도, 1873

그림 10. 형상 연구. 덴버 스태플톤(Stapleton) 공항 재개발 과정에서 형성된 녹지 시스템, 밴쿠버의 스탠리 파크, 샌프란시스코의 골든 게이트 파크(오른쪽부터 시계 방향으로)

다. 이러한 땅의 제약 요소—지리적일뿐만 아니라 대개는 정치적이고 경제적인—는 선택적인 것이 아니라 주어진 것이다(그림 10). 이러한 결과로 생겨나는 형상들은 난점뿐만 아니라 수행적performative 장점도 제공한다. 예를 들어, 생태적 기능의 관점에서, 경관생태학자 리차드 포먼Richard Forman은 패치(공원)를 위한 최적의 형상은 "전체적으로 '우주선 형상' 인데, 이것은 자원 보호를 위한 둥근 핵, 곡선형의 경계, 생물종의 분산을 위한 가지 등을 가지고 있는 모양" 이라고 제안한다(그림 11).[10] 설계 이론가 로버트 소몰Robert Somol은 OMA의 건축과 관련하여 형상이 "로고의 그래픽적 즉시성" 처럼 작동한다고 주장해 왔다.[11] 우리는, 다양한 느낌으로, 강한 도형(19세기)에서 불규칙한 형상(20세기)으로, 다시 로고와 같은 공원(21세기)으로의 변화를 생각해 볼 수 있다.

"큰" 이라는 단어는 물리적 크기 외에 야망을 내포하고 있다. 우리는 여기서 시카고 도시계획 프로젝트를 진행하며 "거대한 계획을 세우라"[12]고 외친 다니엘 번햄Daniel Burnham을 떠올리게 된다. "희망적으로 높은 목표를 세우고 일하라" 고 한 그의 격려는 매우 유용하다. "큰" 은 주어진 것을 넘어서는 사고를 낳는다. 단적인 예가 토론토 다운스뷰 파크 공모전에 제출한 베르나르 츄미Bernard Tschumi의 안이다. 그는 공모전의 범위를 넘어서 인접한 계곡과 강의 연결을 제안했고, 야생동물의 통로로서 공원의 생태적 역할을 도모했다(그림 12). 또한 크다는 것은 공원이 실현되도록 하는 상당한 양의 에너지, 비전, 헌신, 혁신—설계가, 행정가, 정치인, 그리고 공공에 의한—을 함의하기도 한다.

마지막으로, 『*SMLXL*』에서 렘 콜하스Rem Koolhaas가 주창한 강령인 "거대함 - 크기의 문제 Bigness - the problem of Large" 를 연관짓지 않을 수 없다. 물론 콜하스는 조경이 아니라 건축을 위한 쟁점을 발전시켰다. 하지만 그의 명제들을 차용하고 변용하는 것은 동시대 대형 공원을 설계하고 연구하고 조성할 때 고려할 만한 일련의 도전적 질문들을 낳는다. 예컨대, 공원의 크기만으로 "이데올로기적 프로그램을 구현" 할 수 있는가? 대형 공원은 분야의 "완전한 지성을 고조시키는 복잡성의 체제를 충동" 시키는가? 크기는 대형 공원이 "더 이상 단일한 제스처로 통제될 수 없다" 는 점을 말해 주는가? 대형 공원은 "단일한 용기 내에서 사건들의 난잡한 증식을 유지" 할 수 있는가? 전통과 구성의 단절이 맥락의 단절을 내포하는가? 마지막으로, 대형 공원은 "도시를 필요로 하는가?" 그것은 "도시를 대표하

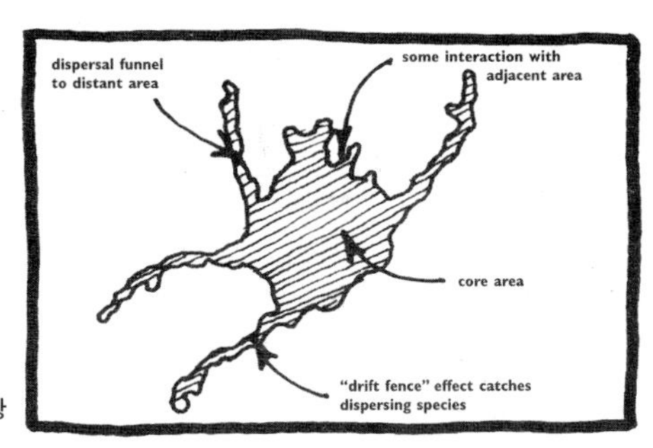

그림 11. 이상적인 패치 공원의 형상

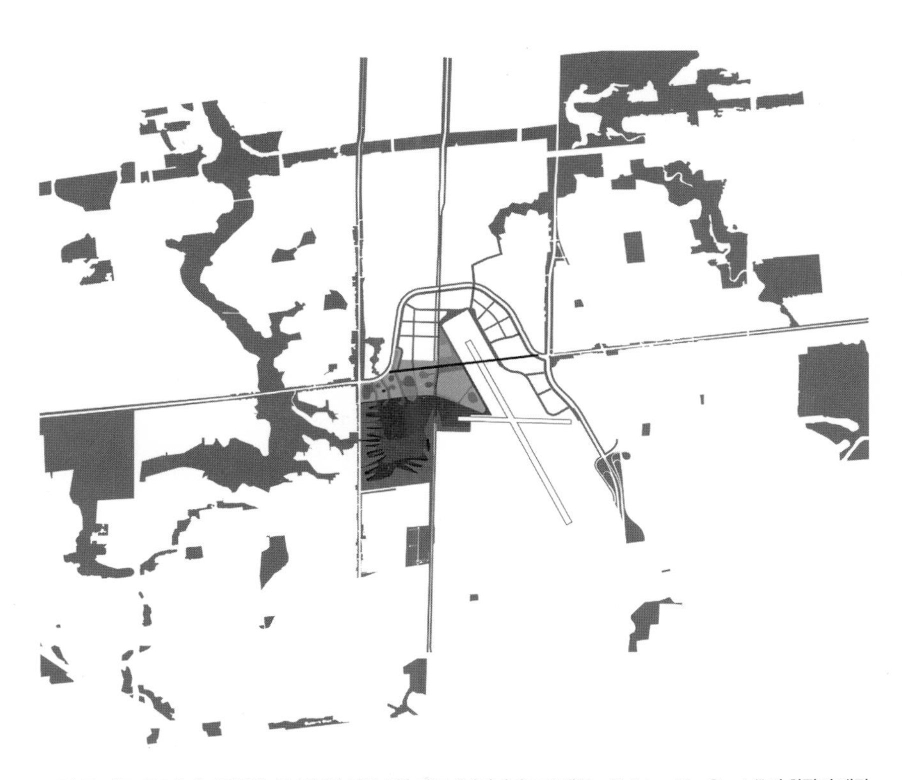

그림 12. 베르나르 츄미 아키텍츠 외, 토론토 다운스뷰 파크, "디지털과 코요테(The Digital and the Coyote)" 의 확장된 맥락

는가?" "도시를 대체하는가?" 또는 "그것은 도시인가?"[13]

공원

이 책 제목의 두 번째 단어는 가장 논쟁적인 경관 형식 중의 하나로, 복잡한 역사를 지니고 있다. 옴스테드에 관한 책에서 테오도라 킴볼Theodora Kimball과 프레드릭 로 옴스테드 2세Frederick Law Olmsted, Jr.는 매우 시적인 표현으로 이렇게 말한 바 있다. "공원이라는 용어의 다양한 의미가 어떠한 것일지라도—대저택 숲의 울타리 너머로 사슴을 보는 초서Chaucer 시대의 농부에게, 베르사이유의 넓은 가로수 길에서 연애하는 루이 14세의 조신들에게, 시워드 파크Seward Park에서 놀 기회를 잡는 이스트 사이드의 요즘 개구쟁이들에게— 그것은 항상 잔디밭과 나무가 있는 녹색의 오픈 스페이스와 같은 것을 연상시킨다."[14] 19세기 초 유럽의 시민 공원운동 이전에는 녹색의 오픈 스페이스가 귀족의 자산이었다. 대중은 아주 드물게 초대될 뿐이었다. 이 단어에 관한 중세 영어의 정의는 이 땅이 사냥터로 쓰이기 위해 위요된 경우가 많았음을 알려준다. 프레드릭 로 옴스테드는 흔히 동물을 기르기 위해 사용되었던 이 땅의 성격은 "목가적이었고, 나무들이 간간히 심겨져 있었으며, 풍성하게 펼쳐진 푸른 잔디밭을 가지고 있었다"[15]고 지적한다. 그러나 공원의 성격과 이미지, 공원이 수행하는 역할, 도시와 연관된 공원의 출현, 다양한 대중에 의한 공원 이용 등은 분명히 변해 왔다. 그러한 진화는 공원의 미래를 둘러싼 중대한 가능성과 쟁점을 제시해 준다. 환경사회학자 갈렌 크랜츠Galen Cranz는 공원 설계에 관한 책에서 다음과 같이 단정한다. "도시의 삶이 갖는 특성에 관심을 갖는 이들은 그들의 특별한 비전을 실현하기 위한 수단으로서 공원에 관심을 가져야 하며, 공원을 둘러싼 논의들은 그러한 비전에 초점을 두어야 한다." 그리고, 더 자세히 말하자면, 공원은 "우리가 살아가는 더 큰 세상이 다다라야 할 규범을 제시하는, 미니어처로 존재하는 완벽한 세상"이 될 수 있다.[16] 이 언급에는, 더 이상 공원이 과거의 탁 트인 푸른 잔디밭과는 닮지 않게 될 지라도, 공원의 희망적인 미래가 함축되어 있다. 조경가 아드리안 구즈Adriaan Geuze는 공원에 대한 또 다른 비전을 가지고 있는데, 네덜란드 경관의 맥락에서 다음과 같이 주장한다. "19세기의 모든 문제가 해결되었고 새로운 유형의 도시가 창조되었으므로 이제 더 이상 공원은 필요하지 않다. 공원과 녹지는 닳아빠진 진부한 표현이 되어 버렸다."[17] 구즈는 경관의 삭제를 주장했다기보다는 소진된 유형을 재고하자는 의견을 펼친 것이라고 보인다. 크랜츠와 구즈의 논의 모두에서 문제는 결국 동시대 자연과 문화 내에서 오픈 스페이스의 외형appearance과 성능performance에 관한 것이다.

오해되는 것 이상으로 복합적인 옴스테드의 공원들이 공원의 미래를 고민하는 설계가들에게 가장 선호되는 참조물로 나타나는 것은 놀라운 일이 아니다. 1983년, 베르나르 츄미는 파리 라빌레뜨 파크의 설계 개념을 도시의 개념과 분리될 수 없는 것으로 세웠다. 이는 "공원 내에 도시는 존재해서는 안 되는 것"[18]이라는 공원에 대한 옴스테드의 입장과 이해에 정면으로 대치되는 것이다. 비록 라빌레뜨는 86에이커의 작은 공원이지만, 공원과 도시를 통합하려는 이러한 열망은 이제 대형 공원에서도 존재하고 있다. 반대로, 조경가 마이클 반 발켄버그Michael Van Valkenburgh는 최근 옴스테드를 재조명할 것을 주장하면서, 옴스테드의 조경 작품은 여전히 존중되고 연구되고 이해되어야 할 여지를 갖고 있다고 말한다.[19]

그러므로 "대형"+"공원"은 복합적인 개념적 영역을 요청한다. 크기 문제가 복잡하지 않다고 전제한다 하더라도, 크기 문제는 공원이 무엇이고 공원이 어떻게 보이고 작동되고 이용되며 유지되는 지에 관한 새로운 사고 방식을 촉발시킬 수 있는 다층적 스케일과 다양한 틀에 대한 연구를 가능하게 한다. 이 책에서 논의되는 공원의 분포는 전 지구적이며 수 세기에 걸쳐 있다. 크기를 넘어서, 공원의 선정 기준은 도시적 삶에의 적합성이다. 공원 시스템park system과 파크랜드parkland를 포함시킬 것인가 하는 질문이 생길 것이다. 그러나 다양한 형상과 크기의 연속적인 땅은 동시대의 공원 부지로서 예외적이기보다는 거의 규범이 되었다. 몇몇 필자는 그러한 부지들을 당연히 언급하고 있다. 우리는 우선 도시적 양상을 볼 수 없는 경우에는 국립공원은 제외시켰다. 하지만 리우의 티주카 파크Tijuca Park는 국립공원이지만 도시 내에서 기능하고 있기 때문에 선정했다. 그러한 부지 중 몇몇은 단지 수십 년 전부터 공원이었고, 어떤 부지는 한 세기 이상 동안 공원이었다. 또 공원 담론을 주도하는 데 기여해 온 부지—예컨대 하그리브스 어소시에이츠의 오렌지 카운티 그레이트 파크 공모전 출품작, 프레쉬 킬스 매립지 공원화 공모전 당선작인 제임스 코너/필드 오퍼레이션스의 "라이프스케이프," 다운스뷰 파크 공모전 당선작인 브루스 마우Bruce Mau의 "트리 씨티" 등—도 있다. 이러한 공원은 아직 지어지지 않았고 결코 지어지지 않을 지도 모른다.

에세이들

이 책에 담긴 글들은 오늘날의 선도적인 조경가, 건축가, 설계 이론가, 비평가, 역사가 등의 대형 공원에 대한 반응들이다. 그들은 대형 공원이라는 교점을 가지고 조경 담론 최전선의 주제를 확장하고 있다.

경관생태학자 니나-마리 리스터Nina-Marie Lister는 최근의 생태학적 사고의 변화—생태계를 닫힌 결정론적인 구조로 보는 인식에서, 열려있고 자기 조직적이며 예측 불가능한 것으로 보는 인식으로의 전환—가 설계와 관리 전략에 어떠한 영향을 미치는 지 탐색함으로써 이 책의 시작을 연다. 리스터의 글 "지속가능한 대형 공원: 생태적 설계 또는 설계가의 생태학?Sustainable Large Parks: Ecological Design or Designer Ecology?"은 공원의 구상과 설계를 위해 복잡한 과정을 이용하는 전략들을 논제로 삼고 있다. 그녀는 상징적이고 교육적인 결과를 낳는—자연을 재현하는—전략과 자기 조직적self-organizing이며 탄력적resilient인 생태계의 생성을 촉진하는 전략을 구별하고 있다. 리스터는 두 전략 모두 유효하며 바람직하다는 것을 인정하지만, 대형 공원의 경우에는 장기적 지속가능성을 위해 작동적operational 생태가 기본적으로 필요하다는 점을 주장하고 있다. 리스터의 글은 생태를 둘러싼 논쟁, 그 논쟁들이 갖는 미묘한 개념과 의미의 차이, 그리고 대형 공원에 대한 후속 논의에 기본 원칙을 제공해 주는 설계 분야와의 접점을 다룬다.

"불확실한 공원들: 교란된 부지, 시민, 그리고 위험 사회Uncertain Parks: Disturbed Sites, Citizens, and Risk Society"에서 조경사학자이자 이론가인 엘리자베스 K. 마이어Elizabeth K. Meyer는 폐기된 발전소, 버려진 군사 기지, 도시의 잔해와 유독한 부산물로 이루어진 매립지 등 생태적·문화적으로 교란된disturbed 장소에 만들어진 동시대 대형 공원에 대한 성찰로 리스터의 뒤를 잇는다. 마이어는 공공 공원을 "삭제와 기억 상실의 공간, 현대 도시의 꼭대기를 떠다니는 시간을 초월한 목가적인 꿈"으로 간주하는 양상이 가지는 심각한 미학적 한계와 윤리적 함의를 지적하면서, 그 대신 공원을 부지 본래의 이야기를 기억해내고 읽어내는 공간으로 바라볼 것을 제안한다. 설계가들이 그러한 이야기와 관계 맺기 위해 사용하는 형태적 · 공간적 · 시간적 전략에 대해 논의하면서, 마이어는 전략보다 우선시되어야 할 논점의 위급함과 그 청중의 존재에 대해 말하고 있다. 마이어가 강조하여 주장하고자 하는 것은 독성과 건강, 생태와 기술, 과거와 현재, 도시와 야생 간의 경계가 오랜 기간 동안 해체되어 왔다는 점이다. 그러한 이해가 수반되어야만 대형 공원의 설계가들은 마이어가 말하는 "우리 자신을 집합적 시민-소비자로서, 그리고 위험 사회의 거주민으로서 대중이 지각하는 것"에 참여하고 봉사할 수 있다는 것이다.

공원의 표면을 구성하고 내용을 감추는 데 사용되는 얄팍한 녹색 화장술에 대해서는 건축가 린다 폴락Linda Pollak의 "매트릭스 경관: 대형 공원에서 정체성의 구축Matrix Landscape: Construction of Identity in the Large Park"에서 상세히 논의되는데, 이 글은 최근에 북미에서 재설계된 중요한 대형 공원 중 하나인 프레쉬 킬스에 초점을 맞춘다. 프레쉬 킬스 경관의 크기와 스케일에서 논의의 단초를 잡는 폴락의 글은 차이를 연관시키기 위한 개발 전략을 필요로 하는 복잡성의 국면을 검토한다. 다시 말해서, 폴락은 2001년 이 부지의 재개발을 위한 설계 공모 출품작들이 안정된 전체stable whole라는 환상을 키우는 대신에 부지의 역동성과 이질적 국면을 담아내려는 시도를 전면에 내세웠다고 주장한다. 이러한 접근을 발전시키기 위해 폴락이 공모전 출품작들에서 도출한 핵심적 장치는 그녀가 "매트릭스"라고 부르는 개념적 · 재현적 전략이다.

이러한 전략을 자신의 작품에 사용한 바 있는 조경가 조지 하그리브스George Hargreaves는 설계자, 시공자, 교육자로서 그가 지닌 많은 경험에 바탕을 두고 그와 그의 학생들의 연구를 통해 전 세계의 일곱 개 주요 대형 공원을 다시 검토한다. 이러한 재고를 통해 그는 그 공원들—런던의 하이드 파크 단지Hyde Park complex, 시드니의 센테니얼 파크Centennial Park, 파리 외곽의 소셋 파크Parc du Sausset 등을 포함하는—과 그 물리적 부지의 관계를 다룬다. 그는 물리적 부지를 경관의 근본적 기초라고 여긴다. 생태, 인간의 작용, 문화적 의미와 같이 대형 공원에 깊이 뿌리내린 이슈를 언급하면서 하그리브스는 부지에 저항하고 또 부지와 관계 맺는 공원들에 대해 설명한다. 특히 작은 스케일에서는 감춰지고 변경될 수 있는 부지의 특성이 500에이커가 넘는 부지에서는 위장되기 어렵다고 강조한다. 그의 주장에 따르면, 대형 공원의 장기적 성공은 설계가가 부지의 물리적 역사와 시스템을 수용하거나 맞서 싸우는 정도에 달려 있다.

조경 이론가 아니타 베리즈베이시아Anita Berrizbeitia의 글 "프로세스의 재장소화Re-placing Process"는 공원에서 장소의 감성sensibility of places을 재평가한다. 이 글에서 베리즈베이시아는 정체성과 가치를 살리는 장소 만들기와 장소를 바꾸는 자연적 · 문화적 프로세스의 촉진 간의 잠재적 연관을 검토한다. 프로세스—그리고 그것에 동반되는 일시성—를 관련시키는 것은 공원 설계에서 필수적이기는 하지만, 변화에 대한 강조는 설계가가 상상하고 소유자가 관리하는 장소와 항상 공존해야 한다는 것이다. "장소"와 "부지"의 개념을 구별하면서, 베리즈베이시아는 유연하고 생성적이며 문화적으로 인코딩되고 사회적으로 역동적이며 시각적으로 강력한 것으로 장소의 개념을 재설정할 것을 제시한다. 베리즈베이시아는 장소와 프로세스, 이 두 개념을 양극화하려는 동시대 이론의 맥락 속에서 장소와 프로세스는 진정 양립할 수 없는 지 물음을 던지고 있다.

"갈등과 침식: 동시대 대형 공원에서의 공공적 생활Conflict and Erosion: The Contemporary Public Life of Large Parks"에서 비평가 존 비어즐리John Beardsley는 대형 공원을 이용하는 다중의—때로는 갈등을 일으키는— 공공, 그리고 역사적 수식어로서 "공공"을 성취하는 가능성을 다룬다. 공공 공간과 사적 공간의 경계가 모호해지고 있다는 비어즐리의 관찰이 새로운 것은 아니지만, 그는 이러한 현실이 공원의 설계와 관리에 미치는 중요한 영향을 탐구하고 있다. 계획, 재정, 유지, 치안과 관련하여 증가하는 민관 협력의 발전으로부터 여러 이용자 그룹의 요구에 적응하기 위한 공간의 구획화에 이르기까지, 그리고 공원 구역 내의 사적 활동의 증가에 이르기까지, 공공 공간의 침식과 다양한 이용자를 위한 구획은 대형 공원의 설계가에게 많은 도전과 과제를 남긴다. 비어즐리는 공공 공간에 대해 다소 확신이 없고 일면 비관적이기까지 한 시각을 보이고 있지만, 그럼에도 불구하고 대형 공원이야말로 도시민의 삶에 있어서 계획된 것과 계획되지 않은 것, 제재되는 것과 제재되지 않는 것 사이의 상호 작용이 일어나기 쉬운 가장 믿을만한 장소라고 확신한다.

이 책의 마지막 장인 "가독성과 탄력성Legibility and Resilience"에서 나는 동시대 공원 설계의 경향을 도시 모자이크의 확장—예를 들어, 종속적인 주변부를 가진 지배적 중심으로부터 다핵의 메트로폴리스로 도시의 구성이 변화하는 것, 그리고 샌프란시스코의 경우와 같이 19세기 공업 도시와의 관계 속에서 생겨난 공원으로부터 덴버의 스태플톤 공항 재개발을 통해 형성된 1,000에이커에 달하는 지역적 공원 시스템의 경우와 같이 메트로폴리스의 영향으로 나타나는 공원으로 변화하는 것—이라고 파악한다. 최근의 국제 설계 공모 당선작들을 사례로 연구함으로써 나는 어떻게 대형 공원이 동시대 도시에서 생태적·사회적·생성적 역할을 할 수 있는 지 고찰한다. 그러한 계획안들과 성공적인 대형 공원들은 두 가지 핵심적 특성을 공유한다. 가독성legibility과 탄력성resilience이 그것이다. 다시 말하자면, 공원은 의도·조직·형상의 측면에서 이해되어야 하며, 교란을 경험하더라도 감성과 기능을 유지할 수 있어야 한다는 것이다.

notes

1 우리를 몰두하게 한 몇몇 이슈는 15년 전에 열린 두 심포지엄에서 촉발되었다. 1992년에 열린 두 심포지엄 중 하나는 미니애폴리스의 워커 아트 센터(Walker Art Center)에서, 다른 하나는 로테르담에서 열렸다. 이 두 행사는 공원을 다룬 다음과 같은 두 개의 탁월한 출판물로 이어졌다. *The Once and Future Park* (New York: Princeton Architectural Press, 1993)와 *Modern Park Design: Recent Trends* (Amsterdam: Thoth, 1993)가 그것이다. 그러나 이 두 책을 비롯하여 공원에 대한 다른 여러 출판물과 학술회의는 크기의 중요성을 특별히 다룬 적이 없다.

2 Frederick Law Olmsted, Jr., and Theodora Kimball, *Frederick Law Olmsted, Landscape Architect, 1822-1903* (New York: G. P. Putnam's Sons, 1928), 3.

3 위의 책, 27.

4 19세기의 도시 성장과 공원의 관계에 대한 면밀한 논의는 다음을 참조할 것. Witold Rybczynski, *City Life: Urban Expectations in a New World* (New York: Scribner, 1995).

5 이러한 목록은 다음과 같은 다른 책들에서도 나타난다. Rybczynski, *City Life*, 124; Charles Edward Doell, *A Brief History of Parks and Recreation in the United States* (Chicago: Athletic Institute, 1954), 25.

6 Jane Jacobs, *The Death and Life of Great American Cities* (New York: Random House, 1961), 257.

7 위의 책, 265.

8 위의 책, 266.

9 예를 들어, 토론토 다운스뷰 파크(1999)는 320에이커의 공원에 공원 조성을 경제적으로 지원할 320에이커의 개발 부지가 더해져서 계획되었다.

10 Wenche E. Dramstad, James D. Olson, and Richard T. T. Forman, *Landscape Ecology Principals in Landscape Architecture and Land-Use Planning* (Cambridge, MA, and Washington, D.C.: Harvard University Graduate School of Design and Island Press, 1996), 32.

11 Robert E. Somol, *Content* (Cologne: Taschen, 2004), 86-87.

12 Thomas S. Hines, "No Little Plans: The Achievement of Daniel Burnham," *Museum Studies* 13, no.2 (1988): 105.

13 Rem Koolhaas, *SMLXL* (New York: Monacelli Press, 1995), 495-516.

14 Olmsted and Kimball, *Frederick Law Olmsted*, 3.

15 위의 책, 211.

16 Galen Cranz, *The Politics of Park Design: A History of Urban Parks in America* (Cambridge, MA: MIT Press, 1982), 246.

17 Adriaan Geuze, "Moving Beyond Darwin," in *Modern Park Design*, 38.

18 Bernard Tschumi, *Cinegram Folie: Le Parc de La Villette* (New York: Princeton Architectural Press, 1987), 1.

19 Michael Van Valkenburgh, "Burying Olmsted," *Architecture Boston* (March/April 2003): 7.

그림 1, 2. 요크빌 파크, 토론토, 설계가의 생태학, 2006

지속가능한 대형 공원 _ 생태적 설계 또는 설계가의 생태학?

Sustainable Large Parks _ Ecological Design or Designer Ecology?

니나-마리 리스터Nina-Marie Lister

대형 공원은 복잡계complex system이며, 500에이커가 넘는 면적을 갖는 동시대 대도시권의 공원은 그 자체로 특별한 고찰과 연구를 필요로 한다.[1] 특히 대형 공원은 설계, 계획, 관리, 그리고 유지의 측면에서 장기간의 지속가능성을 확보하기 위한 특수한 도전 과제들을 부여한다. 그리고 이러한 도전은 주로 대형 공원의 생태와 프로그램에 내재한 복잡성과 결부된 실제적이고 잠재적인 종 다양성으로부터 비롯된다. 실제로 "크다는 것largeness"은 변화에 대한 장기간에 걸친 적응의 측면을 의미하는 탄력성resilience과 생태적, 문화적, 경제적 생존력viability을 위한 수용력을 제공하는 명백한 요소이며, 설계, 계획, 관리, 그리고 유지에 있어서 일반적인 공원과는 다른 접근을 요구하는 매우 중요한 척도다. 이 장은 복잡성complexity과 지속가능성sustainability이라는 이슈에 대한 반응으로 이루어지는 설계 접근법을 "대형large"이라는 맥락에서 탐구하고자 한다.

도시화된 경관 속의 작은 공원에서, 종종 그 생태적 구조와 기능은 서식지의 단편화, 축소 및 단순화, 부분적 회복, 심지어는 완전한 재창조를 통하여 두드러지게 변화한다. 보통 이러한 구역은 적절한 생태를 유지하기 위한 집약적 관리를 필요로 한다. 비록 작은 공원의 설계(이와 더불어 부수적인 계획 및 관리 행위들)에서도 생태적인 고려가 포함되기는 하지만, 필자에게 그것은 설계가의 생태학designer ecology으로 생각된다. 교육적, 미적, 영적으로, 그리고 그 외의 이유들로 필수적일 뿐만 아니라 실로 본질적인 것이라 하더라도 말이다. 아직까지 생태적인 고려는 공원의 설계가에 의해 어느 정도 자연을 환기시키거나 재현하기 위해 제공되는, 대체로 상징적인 제스처이다(예컨대 그림 1과 2의 토론토 요크빌 파크Yorkville Park를 참조할 수 있다). 설계가의 생태는 도시적 맥락에서 다수의 이유들로 인해 유효하고 바람직한 반면, 작동적operational 생태는 아니다. 설계가의 생태학은 장기적인 지속가능성의 기본적 요구인 자기-조직적self-organizing이고 탄력적resilient인 생태계의 발현과 진화를 프로그

래밍하거나 촉진하지 않으며, 무엇보다도 그러한 생태계를 허락하지 않는다.[2]

우리는 위에서 언급한 이유뿐만 아니라 경관에 대한 인간의 개입을 강조하고 역설하기 위해서도 작은 규모의 공원에서 설계가의 생태학이 갖는 의의를 인정해야 한다. 그러나 작동적 생태의 관점으로 볼 때, 작은 공원들은 주변 지역들과의 충분한 경관적 결합을 통해 기능적으로 연계되어 있지 않을 경우에는 스스로 지속가능할 수 없으며 따라서 탄력적 생태계도 될 수 없다. 소형 공원들은 일반적으로 보존과 보호라는 생태적 목표와 충돌이 적은 보다 단순한 프로그램을 갖는다. 비록 소형 공원이 관심을 가진 몇 사람의 이해관계자들을 가진다 해도, 대체적으로 설계 · 계획 · 관리의 과정은 복합적인 생태적 체계와는 무관한 두 요소인 확정성과 통제에 입각한 숙련된 전문가 집단을 고용하는 전통적 접근 방식에 여전히 의존하고 있다.

그러나 대형 공원은 별개의 문제다. 생태계와 프로그램의 다양성 및 복잡성과 결부되어 있는 대형 공원의 크기는 공원의 설계에 있어서는 독특한 도전을, 그리고 공원의 지속가능성을 위해서는 특별한 기회를 부여한다. 예를 들어 대형 공원은 자연 진화의 관점에서는 정상적이지 못한 다양한 서식처를 포함할 수 있다. 일례로, 만약 비버들이 공원에 집을 짓도록 내버려 둔다면, 송어의 산란을 돕는 유속이 빠른 개울은 점차 따뜻한 물이 고인 연못으로 변할 것이다. 비버들이 번성하는 한 송어들은 고사하게 될 것이다. 비버와 송어의 생태 중 어느 쪽이 공원을 위한 "올바른" 상태인가? 만약 지속가능성을 목표로 한다면, 두 생태는 모두 유효하지만 이들이 동시에 성립할 수는 없다. 상충하는 서식지와 공원 이용에 있어서, 대형 공원의 설계는 전문가의 지배적인 설계보다는 여러 분야를 아우르는, 투자자와 설계가의 협업에 의한, 전체적인 시스템을 고려한 장기적이고 조감적인 시야를 필요로 한다. 특히 이 공원들은 필자가 "적응적인 생태적 설계adaptive ecological design"라고 부르는 접근을 필요로 한다. 장기적 지속가능성은 교란으로부터 회복하고 변화를 수용하고 건강한 상태로 기능할 수 있는 능력, 즉 탄력성을 필요로 하며, 그 결과 적응력이 요구된다.[3] 생태학적 근거들로 미루어 볼 때, 이러한 최근의 접근 방식은 대형 공원의 지속가능성에 대한 해답으로서 여겨진다.

정의하자면, 적응적인 생태적 설계는 지속가능한 설계이다. 장기간의 생존은 탄력성에 기반을 둔 적응력을 필요로 한다. 그러나 생태학적 맥락에서, 지속가능성에 대한 논의는 단지 "생존"으로 국한되어서는 안 된다. 실제로 탄력적이고 적응력 있으며 따라서 지속가능한 생태적 설계는 "번영"을 위한 적절한 메타포이며, 따라서 동시대 대형 공원이 요구하는 두 가지 특징, 즉 양호한 재정 상태와 문화적 활력을 수용해야만 한다.[4] 예를 들어 동시대 도시 지역에서는 공원으로 적합한 부지가 감소하는 한편 지가는 점차 상승하면서 공원을 만드는 일은 점점 많은 비용을 요구하며 따라서 기피되고 있다. 공적 자본 투입의 광범위한 축소는 공공 공원의 수익 창출에 대한 요구로 이어지며, 이에 따라 공원 계획가는 점차 공원의 장기적인 생존력 및 경제적인 지속가능성을 증명해야 하는 부담을 갖게 된다.[5] 이러한 제약들을 적절히 수용해야 하는 것이 동시대 세계적 도시의 인구학적 현실이다. 대형 공원은 보다 폭넓은 이용자층의 다양한 이용을 위해 설계되어야 한다. 그러므로 대형 공원은 생태적·프로그램적 복잡성과 생물학적·사회문화적 다양성 모두를 충족하도록 설계되어야 하며, 따라서 지속가능성의 모든 면들을 충족해야 한다. 적응적인 생태적 설계는 이러한 목표로 우리를 인도하는 전략이다.

지난 20여 년간, 그 구조와 기능에 있어서 우리가 생태계(와 경관)를 이해하는 방식에는 점진적이지만 근본적인 변화가 있었다. 선적 발달 모형linear model of development에 기인하여 생태계가 닫혀 있고 위계적이고 안정적이며 결정적인 구조라는 인식은, 생태계가 열려 있고 복합적이고 자기-조직적이며 갑작스럽지만 규칙적인 동적 변화dynamic change의 주기를 따르기 때문에 일정 부분 예측 불가능하다는 인식으로 바뀌었다.[6] 이러한 이해 방식의 변화가 갖는 함의는 자연 지역의 계획·설계·관리에 있어서 다양하게 고려되었으며, 최근에는 도시 생태계를 위해 고려되고 있다.[7]

적응 가능하며 시스템에 바탕을 둔 생태적 설계adaptive, system-based, ecological design 접근법은 도시와 도시화되는 생태계에, 혹은 문화적-자연적 경관에 어떻게 적용될 수 있는가? 생태계 접근법ecosystem approach,[8] 생태계 건강ecosystem health,[9] 설계된 실험designed experiment,[10] 협력적 환경 계획collaborate environmental planning[11] 등 적응적 관리에 관한 연구와 그 관련 문헌들에 대한 담론이 생겨나는 것에 비해 실존하는 프로젝트는 몇몇에 지나지 않는다. 대형 공원의 맥락에서 적응적 설계의 초기 전형 중 하나는 2000년 토론토 다운스뷰파크Downsview Park 설계 공모전이다. 지침서는 특히 적응적이고 자기-조직적이며 열린 시스템과 합치하는 생태계의 해석을 요구했고, 최종 후보 다섯 팀 중 네 팀은 이런 조건을 충족하는 언어와 프로그램을 이용해 정교하게 고안된 설계로 응답했다.[12] 제임스 코너James Corner와 스탠 알렌Stan Allen이 이끈 팀이 제안한 "창발적 생태계Emergent Ecologies"는 명백하게 적응적인 계획을 그려냈다. 이 계획은 다양한 서식처인 "둥지들"의 "파종된 진화"를 포함하며, 조직적인 동시에 프로그래밍된 생태계의 범주에 위치한다(그림 3, 4). 코너는 뉴욕 프레쉬 킬스 파크Fresh Kills Park의 당선작을 통해 아이디어를 계속 발전시켰다.[13] 그러나 주요 설계 공모를 제외하면 진척이 더딘 상태이며, 실무 분야 및 경험적 이론에서 적응적 설계의 성과는 미미한 상황이다.

대형 공원의 설계 · 계획 · 관리 · 유지에 있어서 레크리에이션 요소들과 창의적 설계의 목표들은 이보다 우선시되는 보존의 가치와 상충할 수 있다. 이러한 맥락에서 우리는 복잡하고 다층적이고 유연하며 적응적인 설계안을 발전시켜야 한다. 북미 전역에 걸친 도시들은 종종 대형 도시 공원 혹은 준 교외 공원의 건설을 통해 포스트 인더스트리얼Post-industrial 지역을 재생하고 있다. 따라서 공원을 만듦에 있어 생태적인, 즉 적응적인 설계가 어떻게 예술과 과학 양자 모두에게 영향을 미칠 수 있는 지 고려해야 한다는 시급한 요구가 존재한다. 더욱이 의사 결정자들은 경관 자체의 특성에 기인하는, 그리고 설계가 · 계획가 · 관리자의 작업 방식의 차이에서 비롯되는 역동적 교집합을 중요하게 고려해야만 한다. 이러한 고려는 적응적이고 생태적인 설계를 위한 도구, 기법, 전략에 대한 분석을 반드시 포괄해야만 한다. 이처럼 생태적 설계의 사회적 차원에서 설계가의 역할, 학제적 교류, 설계를 위한 협업 과정, 그리고 관심을 갖는 대중들에 대한 재고의 여지가 존재한다. 실로, 새롭게 대두되는 전략으로서, 지속가능성을 위한 적응적 설계 과정에 내재된 학습능력learning potential은 대형 공원의 설계 · 계획 · 관리에 있어서 큰 잠재력을 가지고 있다.

생태적 설계: 대형 공원 조성을 위한 폭넓은 맥락

생태적 설계는 연구와 실무에서 새롭게 부상하고 있는 학제적 영역이다. 사실 많은 이들은 생태적 설계가 그것의 원조 학문들 혹은 그것들의 조합으로부터 나타날 수 있는 완전히

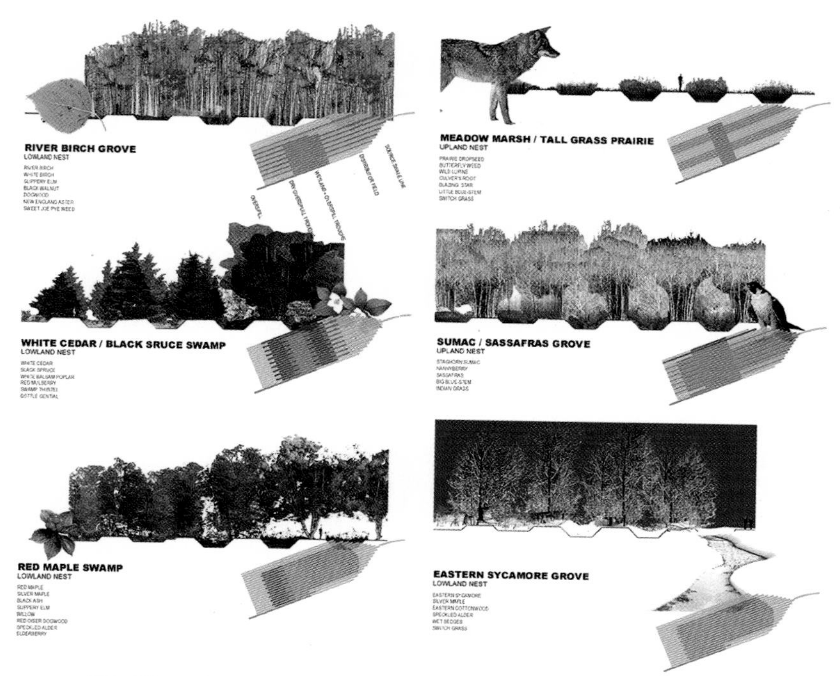

그림 3. 제임스 코너+스탠 알렌 등, "창발적 생태계," 다운스뷰 파크, 토론토, 서식처 둥지 다이어그램

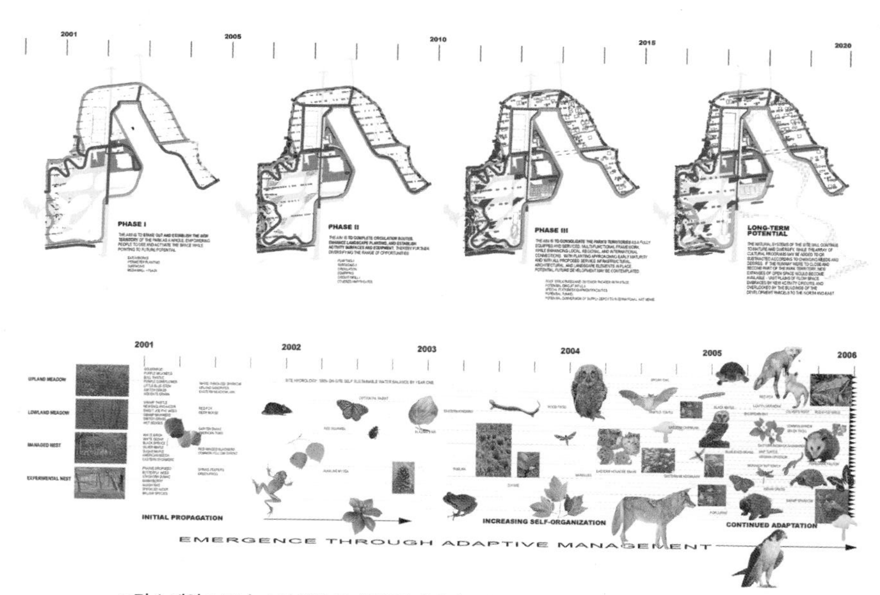

그림 4. 제임스 코너+스탠 알렌 등, "창발적 생태계," 다운스뷰 파크, 토론토, 적응적 관리 전략

새로운 용도의 창조와 관련 있는 초학제적 영역이라 주장할 지도 모른다. 주로 생태학, 환경과학, 환경계획, 건축, 그리고 경관 연구에 영향을 받은 생태적 설계는 최근 이론적·실천적으로 급격히 발전하고 있는 보다 지속가능하고 인도적이며 환경적으로 책임 있는 개발을 위한 몇몇 접근법 중 하나이다. 생태적 설계는 또한 문화와 자연의 접점을 모색하기 위한 비판적 접근법일 수 있다. 폭넓은 의미에서 생태적 설계는 생태 환경과 의사 결정 사이의 동적인 관계에서 나타난다. 심 반 더 린Sim Van der Ryn과 스튜어트 코원Stuart Cowan은 생태적 설계를 자연의 프로세스와 인간의 창작을 조화하고 통합하도록 허용하면서 문화와 자연을 연결하는 경첩이라고 설명하였다.[14] 근대 산업사회에서 인간 문명과 자연은 분리된 영역으로 다루어졌으나, 이들의 경계면은 문명-자연 사이의 상호 회복과 재발견, 그리고 하이브리드된 새로운 자연적-문화적 생태를 위한 비옥한 토양을 제공한다. 생태적 설계는 문명-자연의 연결고리로서 두 세계의 경계를 흐려야 한다는 다급한 요구에 의해 촉발된다. 생태적 설계는 두 세계 간의 창조적 긴장을 고양하는 한편, 대지와 함께 보다 "가볍게 살기living lightly" 위한 통찰을 제공할 지도 모른다. 더 중요한 것은 생태적 설계가 동시대의 도시화된 경관을 특징짓는 다양한 생태 환경들과 우리의 관계를 재교섭하고 재조정하며 재고려하는 배움의 틀을 제공할 수 있다는 점이다(중금속에 내성을 갖게 된 풀들과 우수 관리 및 자연 관광을 위해 다시 조성된 습지 개체군을 포함하는, 한 때는 오염되었던 개간된 브라운필드brownfield, 도입된 종들이 우점하지만 결코 생존을 기대하지 않았던 연어 역시 함께 존재하는 새롭게 조성된 오대호Great Lakes의 생태계, 또는 도시의 사슴—덤불을 뜯어 먹으면서 아름드리(크고 단정히 우거진) 나무를 유지시켜 주는—에 의하여 성장이 촉진되는 인공의 초원 등을 예로 들 수 있다). 현재 대도시 경관에 적용된 생태적 설계는 대형 공원과 그것을 구성하는 생태 환경 및 다양한 관리자와 특수한 관련을 갖는다.

이처럼 생태적 설계는 지속가능성의 큰 틀 내에서 매우 중요한 접근법이다. 예를 들어 앤 데일Ann Dale의 널리 알려진 접근법은 생태, 사회, 경제 세 측면의 조정에 기반을 둔다.[15] 생태적 설계의 세 가지 측면은 대형 공원의 지속가능한 설계·계획·관리·유지를 위한 기회를 제공할 수 있다. 첫째, 필자는 최근 시스템 생태학에서 비롯된 생각들을 강조하는데, 이는 본질적으로 생태계와 그 프로세스를 새롭게 개념화하는 것으로, 그러한 이해는 설계에 대한 적응적 접근법adaptive approach을 요청한다. 둘째, 필자는 생태적 설계의 실체를 탐구하며, 그것을 접근 과정에서 적응적이고 유연하고 통합적이고 탄력적이며 반응적인 것으로 그 특징을 규정하며, 이것이 대형 공원에서 어떠한 의미를 갖는 지 반영해 본다. 셋째, 필자는 설계에 대한 이러한 접근이 사회적 차원의 문제를 관여시키기 위한 과정이며 지속가능성을 위한 데일의 틀에서 강조된 문화-자연의 경계면을 재발견하게끔 할 것이라고 생각한다.

어떻게 동시대 도시 경관에서 생태적 설계가 대형 공원에 적합한 맥락일 수 있을까? 생태적 설계는 보통—예를 들자면, 로리 올린Laurie Olin의 작품 또는 이안 맥하그Ian McHarg의 스테이튼 아일랜드Staten Island에 관한 연구에서— 자연의 프로세스와 기능을 모방하고 모델링하고 심지어 모사하는 방법이라고 여겨진다. 그 결과 생태적 설계는 지속가능성을 위한 대용 모델로 간주된다.[16] 이러한 점에서 생태적 설계는 "모델링 자연"과 연관되어 왔다. 그러나 이는 자연 프로세스의 엄격한 모사만을 강조한다는 점에서, 그리고 복합적 생태계의 문화적 · 자연적 요소 간의 창조적 통합에 여지를 남기지 않는다는 점에서 근시안적 생태관의 위험을 가져온다. 그럼에도 불구하고 자연은 설계를 위한 표본이며 자연에 영감을 받은 설계 과정에서 지식의 습득을 위한 은유가 된다는 점에서 생태적 설계의 보다 풍부한 해석이 가능하다. 생태적 설계는 문화와 미학 그리고 설계가의 창의력이 통합되도록 함에 따라 보다 창조적인 설계를 가능하게 한다. 바로 이러한 점이 대형 공원을 고려할 때 중요하며 숙고할 만한 지점이다.

몇몇 주요 설계 공모전(다운스뷰, 프레쉬킬스, 가장 최근에는 오렌지 카운티Orange County) 외에는 생태적 설계가 대개 생태적 형태, 기능, 그리고 가능하다면 프로세스를 진짜처럼 모사하는 것으로 여겨진다. 조경, 생태학, 환경계획, 그리고 건축의 빌딩 사이언스 분야의 파생물로서 (어느 정도는 이상의 학제간 융합으로) 생태적 설계 분야에서는 확연히 기능적 측면이 강조되고 있다.[17] 아이러니하게도 "설계"라는 이름을 단 분야들에서 미학은 중요하게 취급되지 못해 왔다. 최근까지도 조경은 반작용적 개선을 위한 응용 생태학에 관심을 두어 왔다. 이 점에 관해서는 코너에 의해 잘 기술된 바 있다.[18] 조경의 전통적 실무 분야는, 주로 전 지구적 환경 위기에 대한 응답으로서, 생태 복원과 관련된 환경 기술 분야와 함께 생태적 설계라는 새로운 분야의 원조가 되어 왔다. 이러한 점은 맥하그, 마이클 허프Michael Hough, 존 틸

먼 라일John Tillman Lyle의 작업들, 그리고 좋은 설계는 때로는 창조성과 독창성을 희생하더라도 자연의 형태와 프로세스의 지시에 따라야 한다고 강조하는 이들의 작업에서 분명하게 드러난다.[19] 적응적인 생태적 설계가 성장하면서, 그리고 이 분야의 실무자들이 그들 업역의 역할을 규정하기를 원함에 따라 그들 중 몇몇이 예술과 과학, 문화와 자연 사이의 잘못된 양극화를 바로잡기를 요청하면서, 실무의 새로운 창조적 영역에 대해 열띤 논의가 시작되었다.[20]

지난 20년이 넘는 시간동안 형성된 생태학의 주요한 인식의 전환에도 불구하고, 여전히 깊은 분열이 이 분야의 특징이다. 학문 분야로서 생태학은 통합적 시스템의 관점인 비이원론을 희생시키면서도 여전히 양극화를 벗어나지 못하며 환원론적 시각과 전체론적 관점으로 나뉘어 있다. 이러한 양극화는 실무와 이론에 공히 존재하며, 생태 관련 문헌에서 (예를 들자면, 종과 개체 규모 사이의 상충에 관한 연구나 생태계 에너지학과 같은 통합 시스템의 연구에서) 잘 드러난다.[21] 여전히 근대 생태학의 지배적인 해석과 적용은 환원주의적이다. 의사 결정자는 구시대적인 뉴턴의 시계태엽장치 우주clockwork universe와 크게 다를 바 없는 기계론적 관점, 즉 자연은 계산 가능하고 계측 가능하며 분리될 수 있다는 판에 박힌 과학적 "환경 관리"에 의존한다. 확대 해석하자면, 전통적인 통념은 자연이 어느 정도 예측 가능하고 통제될 수 있으며 궁극적으로는 관리될 수 있다고 말한다. 하지만 최근의 시스템 생태학이 간파한 통찰들은 어찌 되는가? 이는 설계와 어떠한 관련을 맺는가?

생태적 설계는 적응하는 설계이다

최근까지도 대다수의 생태학자들은 생태계는 개체별로 생물학적으로 다양하고 안정적인 극상을 향해 선적인 발전의 경로를 따른다고 믿었다. 그러나 지난 20년간의 연구는 이러한 관점이 불완전하다는 것을 보여주었다.[22] 비록 생태계가 일반적으로 단순한 상태에서 보다 복잡한 상태로 발전할지라도, 그것들은 여러 가능한 경로 중 하나를 따라 진화하거나 전혀 새로운 상태로 갑작스레 변화하기도 한다. 생태계는 자기-조직적이고 열려 있으며 전체적이고 주기적이며 동적인 시스템이며, 때로는 갑작스럽고 예측 불가능한 변화를 보인다. 다양성, 복잡성, 그리고 불확실성은 정상적인 것이다.

오래도록 자연에는 내재된 "균형" 내지는 안정성이 존재하며 생물학적 다양성이 이를 돕는다고 가정되어 왔다. 그러나 이러한 안정성에 관한 관념은 과학적으로 옹호하기 힘들다. 생명계가 기후, 인구, 바이오매스의 측면에서 많은 동요를 겪듯이, "안정성stability"이 무엇을 의미하는 지 규정하기란 어렵다. 복잡계 연구에 기반을 둔 최근의 생태학적 개념들은 생명계에 관해 수정된 시각을 제시한다. 단일한 "안정" 상태라는 개념은 "변하기 쉬운 정상 상태의 모자이크"라는 개념으로 대체되었다.[23] 예를 들면, 숲에는 각기 다른 연령대의 각기 다른 패치patch와 입목이 존재한다. 각각의 패치는 성숙하도록 자랄 것이고, 그런 다음 화재, 폭풍, 해충, 또는 다른 교란들이 패치의 나무들을 고사하게 할 것이며, 다시금 자라나도록 하는 원인이 될 것이다. 각 조각들은 시간이 흐르면서 변화하는 각각의 시간대에 속한다. 패치워크 모자이크patchwork mosaic는 숲으로 경관이 존속하더라도, 경관을 넘어 끊임없이 변화한다.[24]

따라서 생태계는 다양한 작동 상태를 가지며, 그 중 어느 하나로부터 갑작스럽게 변화하거나 분기할 수 있다. 예를 들어, 변화하는 물의 흐름은 습지 군락 내의 닫힌 단풍나무 습지의 상태를 급격하게 변화시킬 수 있다. 장기간의 가뭄은 고지대의 삼림 군락이나 목초지로의 상대적으로 급격한 변화를 가능하게 한다. 이와 대조적으로 범람이 장기화되어 높은 수위를 초래한다면, 습지는 늪 생태계가 될 가능성이 크다. 홍단풍과 은단풍은 생육기의 30~40퍼센트에 달하는 기간 동안 지속되는 홍수를 견딜 수 있다. 이보다 긴 기간 동안 방치된다면 나무들은 죽게 될 것이고 물에 잘 견디는 초본의 습지 초목에게 자리를 내어줄 것이다.[25] 습지 상태를 유지하는 피드백 메커니즘은 나무들에 의한 증발산(즉 물의 펌프 작용)이다. 너무 많은 양의 물은 나무들의 펌프 작용을 넘어서게 되고, 반대의 경우 펌프 작용은 정지된다. 따라서 생태계의 현재 상태는 역사의 우연과 지역적 맥락의 유일성과 결부된 물리적 환경의 기능이다(그림 5). 이러한 생태계의 상태 각각은 생태적으로 건강하고 다른 상태와 마찬가지로 적합하다. 설계, 계획, 또는 관리의 관점에서 보자면, 어쩌면 어떤 경관을 위한 단 하나의 "정확한" 군락은 존재하지 않는다는 사실이 더 중요할 지도 모른다. 이러한 변역성mutability은 단일 생태계가 영속할 것이라는 맹목적인 기대를 가지고 미래와 설계를 "선택하도록" 훈련받아 온 공원 계획가와 설계가들에게 도전과 기회

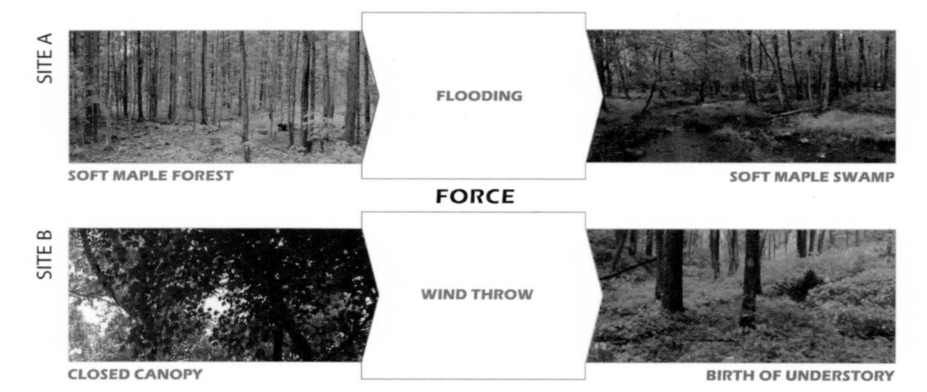

그림 5. 두 부지에서 생태계의 상태가 변화한다.

를 동시에 제공한다. 절박한 질문이 기다리고 있다. "설계가들은 이러한 도전에 어떻게 응답해야 할 것인가?" 지역 시스템의 역사와 이를 지탱하는 사회적 내러티브를 근거로 몇 가지 가능한 미래의 상태를 예견하고 일시적 · 공간적으로 대체 가능한 대안적 시나리오를 설계하는 것이 하나의 전략이 될 수 있다. 예를 들어, 어느 한 계절에 찾아오지만 정확히 예측하기는 어려운 국부적 범람이 존재하는 생태계에서, 공원의 설계는 관리-개입을 최소화하여 수위 변동에 따라 출현하고 소멸하는 다수의 일시적 서식지를 마련할 수 있다. 설계가는 일시성과 영속성 사이에서 춤을 추는 역동성의 패러독스paradox of dynamism에 내포된 도전과 기회를 기꺼이 받아들여도 좋다.

생태계는 새로운 상태로 상대적으로 갑자기 변모하기 때문에, 이러한 패러독스를 올바르게 이해하는 것이 중요하다. 호수 바닥에 서식하는 (혹은 저생성의) 종들로 특징지어진 상태에서 깊은 물에 서식하는 어류들(혹은 심해종)이 우점하는 상태로 꽤나 빠르게 아무런 전조도 없이 지배적 생태계의 변모를 겪은 오대호에서, 이러한 변화들—분기점bifurcations으로 불리는 것이 보다 적절할—이 확인된다.[26] 비록 보통은 파멸적이거나 심지어 비참하게 여겨지지만, 실은 화재, 해충, 또는 다른 혼란 상태와 같은 자연적 참사의 결과로 생겨나는 생태계의 변화는 정상적이며 대개 주기적인 사건이다.[27] 옐로우스톤 국립공원Yellowstone National Park을 파괴한 산불이나 최근 핼리팩스Halifax의 포인트 플레전트 파크Point Pleasant Park를

그림 6. 설계된 상태 대 자연적 경향

손상시킨 폭풍, 그리고 더 유명한 것으로는 파리의 불로뉴 숲Bois des Boulogne을 생각해 보자. 이 공원들 중 어느 하나도 그러한 격렬하고 갑작스러운 변화를 견디어내도록 설계되지 않았으며, 수용과 적응은 말할 것도 없이 고려되지 않았다. 확실히 대부분의 대형 도시 공원은 어느 정도 인위적으로 유지되는 생태적 상태를 특징으로 하며, 외관상 안정적인 상태로 머무르기 위해서는 상당한 경제적 · 생태적 투입이 필요하다. 이러한 공원들은 단기간의 교란 또는 장기적인 관점의 순환적인 생태계의 변화를 거의 고려하지 않고 설계되었다. 특히 신대륙에서는 가장 유명하고 상징적인 도시 공원 대다수가 식민지 개척자들에게 편안하고 친숙한 구대륙의 경관을 모방하였으며, 새롭게 도입된, 때로는 기능적으로 적절하지 않으며 잠재적으로 토착적인 생태계를 황폐화시키는 생태계로 마무리되었다. 시드니 도심과 동부 해안가의 교외 지역 사이에 위치하는 890에이커에 달하는 세 개의 대형 공원으로 이루어진 시스템인 센테니얼 파크랜드Centennial Parklands는 이러한 현상의 특징적인 사례이다. 이 공원은 1888년 오스트레일리아 연방을 기념하는 공공 오픈스페이스로 조성되었으며, 한때는 지배적이었으나 지금은 위기에 처한 해안 습지 주변에 산재한 사구로 이루어진 대상지 고유의 뱅크셔 관목 덤불의 생태가 존재함에도 불구하고, 명백히 영국 전통의 격식을 따른 장엄한 공원을 연상하게 하는 생태를 도입하고자 했다.[28] 이러한 생태적 불일치에도 불구하고, 이 지역이 "황량한 모래투성이 지역으

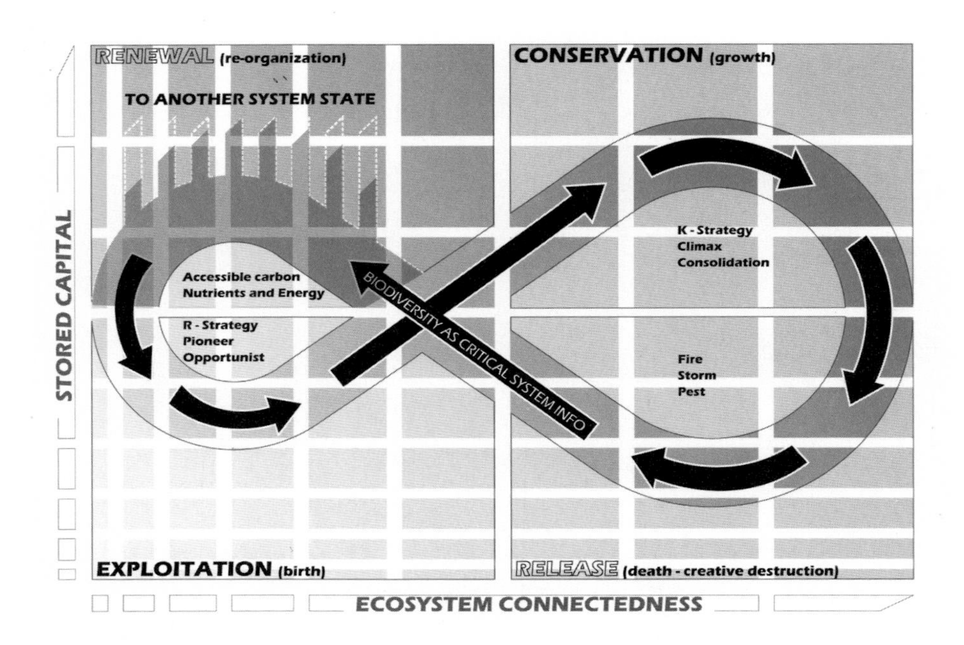

그림 7. 생태계 동역학: C. S. 홀링의 8자 그림

로부터 시드니 녹지의 보석으로 변모하였다"는 대중적 인식은 여전하다.[29] 이와 유사하게, 샌프란시스코의 골든 게이트 파크Golden Gate Park는 적어도 지속가능성의 관점에서는 유지하기에 문제점이 많고 비용이 많이 드는 설계된 생태designed ecology의 또 다른 사례이다(그림 6). 이 공원은 초록 일색의 초원과 식물원, 수목원, 그리고 싱싱한 숲이 이루는 목가적 경관으로 유명한 반면, 1,017에이커에 달하는 공원 대부분 지역에서 자연적으로 변모하려고 하는 지배적 생태계와 고유의 생태는 해안 사구의 생태계이다. 공원은 신중하게 조성된 아르카디아적arcadian 지형과 이러한 지형이 담고 있는 다양한 서식 환경과 지세로 평판이 자자하지만, 인위적 경관 유지의 비용과 위험에 대한 인식 또한 늘어나고 있다. 그러나 여전히 골든 게이트 파크가 "메마른 모래 언덕을 수목으로 뒤덮인 공원 지대로 변모시켰다"는 것이 대중의 인식이다.[30] 앞에서 설명한 공원들 및 이와 유사한 상황의 공원들을 위한 미래의 설계에서는 홍수, 화재, 바람 등 그 자체로 정상적이며 주기적인

혼란 상태에 자연스럽게 적응할 수 있는 식물 군락과 서식지의 다양성을 보장하는 것이 강조될 수 있을 것이다. 실제로 계절에 따른 홍수나 화재가 일반적으로 발생하는 공원에서는 억제하기보다는 적응적인 전략들이 점점 더 사용되고 있다. 예를 들어, 토론토 하이파크High Park에서는 사바나 참나무와 목초지의 생태계를 보존하기 위해 매년 통제된 상태에서 소규모의 산불을 내는데, 이는 문화적으로 의미 있고 생태적으로 독특한 이 지역의 유산으로 받아들여진다.

생태계가 안정성이 아닌 정기적 변화에 직면하여 회복하고 재조직되고 적응하는 능력은 생존에 매우 중요하다. 이 근본적 능력의 핵심은 탄력성이다. 생물학적 다양성은 탄력성으로써, 그리고 생태계가 (잠재적으로 덜 바람직한) 다른 상태로 바뀌는 것을 스스로 완화시키고 시스템의 교체나 다른 교란 이후에 스스로를 재생시키는 능력의 기초로써 핵심적이다. 생물다양성biodiversity은 (몇몇은 오래 전에 기록되고, 몇몇은 지금 쓰이고 있는) 정보의 도서관에 비유될 만하다. 왜냐하면 미래 생명의 발전을 위한 광범위한 가능 경로를 제공할 뿐만 아니라 환경의 변화와 교란에 반응하는 학문적 레퍼토리를 제공할 수 있기 때문이다.[31]

C. S. 홀링Holling의 생태계 발전의 동적 순환은 생태학에 대한 시스템적 관점의 기초이다. 이 모델은 시공간의 복합적 스케일에서 생태적 유기체들과 그들 간의 관계를 고려한다(그림 7).[32] (예를 들어 그의 연구들은 생태계 에너지론이나 먹이 그물 내 영양 단계 간의 에너지 흐름들에 관한 분석을 포함한다.) 생명계는 불연속적이며 간헐적으로 진화한다. 갑작스러운 교란 이후에 하나의 생태계는 스스로를 "갱신"하기 위해, 또는 비슷하거나 다른 상태—그곳에 사는 인간에게는 더 혹은 덜 바람직할 수 있는 상태—를 재생시키기 위해 재조직한다. 교란 직후에 여러 스케일에서의 생물다양성은 중요하다. 생태계 구조(예컨대 종)와 기능(예컨대 영양의 순환)의 풍부함, 분포, 다양성은 스스로 재생하고 재조직하는 능력을 결정하고 미래의 경로에 영향을 미친다.[33] 생물다양성은 생태계가 정상적이고 건강한 기능을 발휘하기 위해 필수적인데, 이는 그것이 포함하는 정보와 그것이 제공하는 기능이 생태계가 자기-조직화하는 방식을 결정하는 핵심 요소들을 구성하기 때문이다. 사실상 생물다양성은 미래의 생태계를 위한 가능성의 팔레트를 형성한다.[34]

환경적 맥락에 있는 대부분의 설계 · 계획 · 관리는 더 많은 지식이 설계나 계획의 확실성,

예측성, 성공을 이끌어낸다는 가설을 기반으로 한다. 이것이 특정한 결정론적 과학과 공학적 응용에서는 널리 알려진 사실일 지 몰라도 복잡생명계에는 적용되지 않는다. 생태계가 본래부터 예측할 수 없는 복잡계이기 때문에, 우리는 그것이 진화하고 변화하고 행동하는 방식을 예측할 수 없다. 물론 이것은 우리가 포스트모던 허무주의의 덫에 빠지거나 설계 · 계획 · 관리를 포기해야 함을 의미하지는 않는다. 오히려 우리는 설계와 계획에서 변화를 삶의 정상적 일부로 수용하고 포용해야 하며, 이를 보다 유연하고 민감한 방식으로 적응시켜야 한다.[35]

열려 있고 자기-조직적이고 전체적이고 동적이고 복잡하며 불확실한 것으로 생태계—보다 일반적으로는 자연—를 보는 최근의 관점은 생태적 설계 및 계획과 운영의 다른 응용에 있어서 중요한 함의를 갖는다. 우리는 행위의 결과를 스스로 정확하게 결정할 수 없다.[36] 지금 널리 받아들여지는 "환경 관리" 의 개념은 우리가 결코 생명계를 "관리" 할 수 없다는 점에서 모순 어법이다. 대신 우리는 생태계의 자기-조직적 과정을 위한 환경을 제공하는 인간의 활동에 우리의 에너지를 재집중할 수 있다. 이는 환경적 의사 결정에 있어서 중대한 변화를 의미하며, 일반적으로는 생태계, 특수하게는 대형 공원의 설계 · 계획 · 관리에 있어서 부수적 함의를 갖는다.

불확실성과 정기적인 변화를 피할 수 없다면, 우리는 유연하고 적응 가능한 방법을 배워야 한다. 소위 "적응적 설계" 에 대한 문헌이 점증하고 있지만, 실무에서는 이것이 의미하는 바에 대한 경험적 · 기능적 이해가 거의 없다.[37] 다양한 생태계 스케일에 대한 복합적 관점들(본질적으로 시스템적 접근)의 중요성에 비추어볼 때, 유연하고 적응적이고 민감한 설계 · 계획 · 관리를 향한 첫 단계들 중 하나는 접근법의 다양성을 이용하는 것이다.[38] 대체로 이는 실패하지 않기보다는 실패에 안전한 작은 스케일이면서 명백하게 실험적인 접근을 강조하는 것을 의미한다.[39] 생태계는 어떠한 방향으로든 변할 수 있기 때문에 설계(결국에는 관리)에 대한 무한한 가능성이 존재한다. "좋은" 생태적 설계는 도구 · 기술 · 방법의 다양성을 요구한다. 장기적인 적응을 위한 설계 · 계획 · 관리의 계속적인 개선을 이상적으로 이끌어내기 위해서는 배움learning이 핵심적 목표가 된다(그림 8).

따라서 생태적 설계를 위한 최상의 실천을 발전시키는 데 있어서, 우리는 "행위에 의한

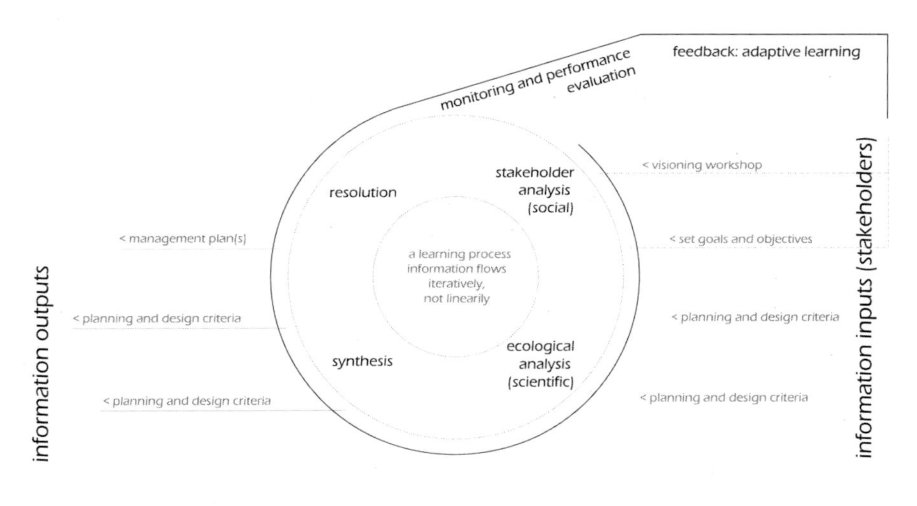

그림 8. 적응적 설계: 배움의 과정

배움learning by doing"[40]과 "설계된 경험designed experiments"[41]을 강조하는 실증적 프로젝트들을 살펴볼 필요가 있다. 예를 들어, 온타리오Ontario주 워털루Waterloo에 위치한 중간 규모(325에이커)의 커뮤니티 협력 프로젝트인 후론 파크Huron Park의 마스터플랜은 자생종과 외래종을 수용하도록 하여 생태적 시나리오와 상충되도록 설계되었는데, 그 종들 중 일부는 영양분이나 관리 자원을 위한 경쟁 속에서 필연적으로 사라질 것이다.[42] 이러한 프로젝트는 그것이 실패할 경우, 전체 군락, 생태계, 유역, 서식처를 위험에 빠뜨리지 않으면서도 안전하게 실패하기 위해 충분히 작아야 한다. "실패" 또는 실수는 미래에 이용될 수 있는 경험을 제공해 준다. 이런 식으로 생태계의 "놀라운" 본성은 부담이 아니라 배움의 기회로 바뀔 수 있다. 카이 리Kai Lee의 관찰과 같이, "실험은 종종 놀라움을 야기하지만, 만약 자원 관리가 본래부터 불확실한 것으로 인식된다면, 그 놀라움은 예측의 실패이기 보다는 배움의 기회가 된다."[43] 그러나 필자는 실패를 위해 만들어진 어떠한 공원 계획이나 운영 부서도 알지 못한다. 책임 추적에 있어서 우리의 공공 기관들은 실수나 실패를 인지하였을 때, 설계 실수로부터 배우기보다는 그것을 반복할 것 같은 조직 자체는 그대로 둔 채 자금 지원을 중단하고 담당자들—배움의 기록들을 가진 관리자들과 설계가들—을 교체할

명분으로 여긴다.[44]

물론 대형 공원의 장기적 지속가능성을 위해 요구되는 바와 같은 좋은 생태적 설계는 경험적으로 시험할 수 있으며 적절히 환원주의적인, 엄정한 과학에 근거를 두어야 한다. 그것은 다른 관련 학문 중에서도 생물학과 생태학의 새로운 지식들을 지속적으로 이용해야 한다. 그러나 적응적이고 탄력적이며 민감한 설계는 연구뿐 아니라 경험과 연관되면서 보다 넓은 스케일에서 진행되어야 한다. 또한 실험과 행동을 통한 배움은 전문 지식과 연구를 섭렵한 현장 전문가뿐 아니라, 주변 맥락에 대한 지역적 지식을 필요로 한다. 근본적으로, 적응적 설계는 지식과 행동 간의 보다 강한 연결을 요구한다. "행위에 의한 배움" 은 특히 공원의 맥락에서는 설계 · 계획 · 관리의 전통에 대한 큰 변화를 의미한다. 충분한 조사와 지식을 통해 생태계가 그럭저럭 "잘 돌아갈 수" 있고 결과가 예측될 수 있고 따라서 통제될 수 있다는 인식이 여전히 광범위하게 퍼져 있다. 하지만 이것은 현실 세계가 작동하는 방식이 아니다. 적응성, 민감성, 유연성이 본질적 특성이다. 그러므로 인간은 자연 속에서 살아가기 위해, 그리고 아마도 설계를 통해서 자연과의 관계를 재해석하기 위해 다시 배워야 한다. 우리가 만약 자연 속에서의 상호작용을 관리하기 원한다면, 다른 스케일과 다른 환경에서 다양한 의견과 가치를 통해 복합적 관점으로 보는 법을 배워야 한다.[45] 대형 공원의 맥락에서는 여러 구성원의 의미 있는 참여가 필요하며, 공원의 가치, 기능, 프로그램, 그리고 궁극적으로는 그 형태에 이르기까지 극적인 재고가 요구된다.

하지만 우리는 설계 팀에 다양한 분야의 전문가와 의견을 포함시키기보다는 엄격하고 동질적이며 정태적인 하향식 설계 · 계획 과정을 선호하는 경향이 있다. 다운스뷰와 프레쉬 킬스와 같은 이론적 국제 설계 공모전은 예술가, 과학자, 작가, 설계가의 학제적 팀을 강력히 권장하지만, 일상적인 설계 행위나 관리 구조에서는 그러하기가 쉽지 않다.

생태학 내의 극적인 패러다임 변화에도 불구하고, 생태적 설계는 생태 결정론적 자연 모델을 계속 모방해 왔다. 스스로 "생태적 설계의 아버지"라고 공언한 것처럼, 이안 맥하그는 생태적 결정론을 정의했다.[46] 그의 『디자인 위드 네이처*Design with Nature*』는 단지 하나의 제안이 아니라 모든 설계가 땅의 형세를 따라야 한다는 요청이자 명령이었다. 이 명령은 적응적이고 탄력적이고 유연하고 민감한 설계의 보다 폭넓은 맥락에서 이해될 수 있다. 비록 좋은 설계를 위한 생태적 "적합성"에 관한 그의 해석이 경관의 올바른 독해가 필연적으로 —형태와 기능이 불가분인— 적절한 설계를 규정한다는 것을 의미했음에도 말이다. 그의 명령은 보다 개방적이고 다양하거나 유연한 계획 및 설계 과정에 대한 요청으로 해석되지도 않았고, 설계 팀에 참가하는 다양한 관점, 견해, 전문 지식을 추동하지도 않았다. 우리는 과학이 세계적인 만병통치약으로 인식되던 1960년대의 상황에서 맥하그의 결정론적 관점을 통찰하고 이해할 수 있다. 그러나 환경계획가들은 그의 관점이 오늘날 무엇을 의미하는가에 관한 비판적 반성 없이 그것을 계속해서 추종하지는 말아야 한다. 생태계 복잡성, 불확실성, 다양성에 얽힌 함의는 중요하다. 이러한 현상들은 대형 공원의 이중적 맥락과 동시대의 도시화된 경관을 특징짓는다. 이 중 다수는 완전히 새로운 생태계로 재창조되고 있다. 환경적 상투어에 대한 선의의, 하지만 무비판적인 수용에는 진행 중인 변화에 대해 창조적 해석을 하고자 하는 여지가 거의 없다. 즉 그것은 우리가 조성하고 유지하려고 애쓰는 공원의 장기적 지속가능성을 위한 의미 있고 적응적이며 반응적인 설계가 아니다.

참여적 배움을 위한 생태적 설계

그래서 우리는 이들 생태계 내에서 도시화되는 경관과 대형 공원들의 역동적 변화에 어떻게 대처하고 있는가? 일부는 남용되고 방치되고 근본적으로 변형되어 이제는 전혀 "자연적"이지 않은 지역적 조건의 맥락과 특수성에 대해 우리는 어떻게 적응적이고 반응적이게 설계할 수 있는가? 만일 "자연이 길을 보여줄 것이다"라는 맥하그의 생태학적 명령을 더 이상 따르지 않을 수 있다면, 인간에게는 다시 한 번 전개 과정의 창조적 행위자로서, 변화의 해석자로서, 설계가로서 새로운 역할이 분명히 있을 것이다. 하나의 발견 과정으로서 설계는 의도적 형성, 조작, (재)창조를 의미한다. 또한 도시 생태학적 맥락에서 설계는 잃었던 무언가의 회복을 의미하기도 한다. 과거 생태계의 명확한 형태가 아니라면 그것은 경관, 자연의 리듬, 그리고 장소에의 애착을 말한다. 이 과정은 반드시 창조적이고 지역 주민의 참여를 바탕으로 해야 하며, 지속적인 적응에 기반을 둔 배움의 여행에 협력해야 한다. 생태적 설계의 그러한 과정은 우리를 지속가능성에 대한 데일의 명령과

화해할 수 있게 해 줄 것이다.[47]

물론 성장의 필연적 제한과 공평성의 강제적 요구라는 관점에서 보면, 지속가능성은 선택의 문제이다. 지속가능성의 필수 요소로서 생태적 설계는 과학과 예술, 문화와 자연의 관점을 통합한다. 생태적 현실은 대개 과학적 탐구와 학습된 경험을 통해 결정되지만, 복잡한 세계에서 이러한 지식은 "해법"이 아니라 선택과 거래로 나타난다. 결정은 인류의 사회적 선택이, 우리의 가치가 이끈다. 하지만 동시대 세계의 도시들에서는 공원 조성의 맥락과 관련하여 매우 빈번하게 그러한 가치들에 대한 갈등이 존재한다. 가치의 차이를 확인하고 드러내고 인정하는 고통스러운 과정은 실행 가능한 설계적 해답을 성취함에 있어서 필연적이다. 어떤 프로그램들이 사람들의 지출을 촉진하는가? 어떤 종들을 보호하고 어떤 종들을 희생시켜야 하는가? 하지만 차이에 대한 근본적 인정 없이는 문화적이고 생태적인 다양성에 대한 존중도, 데일의 명령과의 조화도 있을 수 없다. 그리고 이것은 설계가인 우리로 하여금 지속가능성의 포용과 거리를 두게 한다.

아직까지 다수의 제도화된 계획—건축 · 조경 설계의 중요한 토대—은 여전히 결정론적 전통에 바탕을 둔 과학에 근간을 두고 있다. 생태 과학은 필수적 도구이지만, 맥락적 지식이나 사회적 가치 없이 사용된다면 공원 설계의 불충분한 토대가 된다. 그럼에도 불구하고 대형 공원 관리와 설계안의 실행은 과학 주도적인 관료적 접근으로 가득하다(실제로 이러한 접근은 북미의 국립공원 체계를 특징짓는다). 계획과 설계는 통제를 통한 관리에 의존하면서 하향식 · 전문가 주도적 · 합리적 행위로 기능한다. 그러나 이러한 사회적 · 문화적 · 경제적 · 정치적 영역에서 대형 공원의 "본성"은 사회적으로 구성된 경관적 가치와 크게 연관되며, 이러한 본성은 우리의 공원 설계 · 계획 · 관리에 반영되어야 한다. 지역 주민들은 선택, 교환, 시행착오, 학습 효과, 유연한 관리를 통해 다양한 미래의 가능성 중에서 그들이 원하는 것을 함께 결정해야 한다. 이러한 과정에서 설계가의 역할은 현명한 촉진자facilitator 중 하나가 되는 것이다.

설계 과정은 변화의 강력한 동인이 될 수 있다. 다양한 시각에 대해 더욱 열리고 유연하고 수용적이며 지역적 조건에 보다 적응적이고 민감하게 됨으로써, 설계 과정은 참여자들이 공유하는 경험적 학습의 강력한 매개체가 된다. 다양한 전문가들을 참여시키고 지

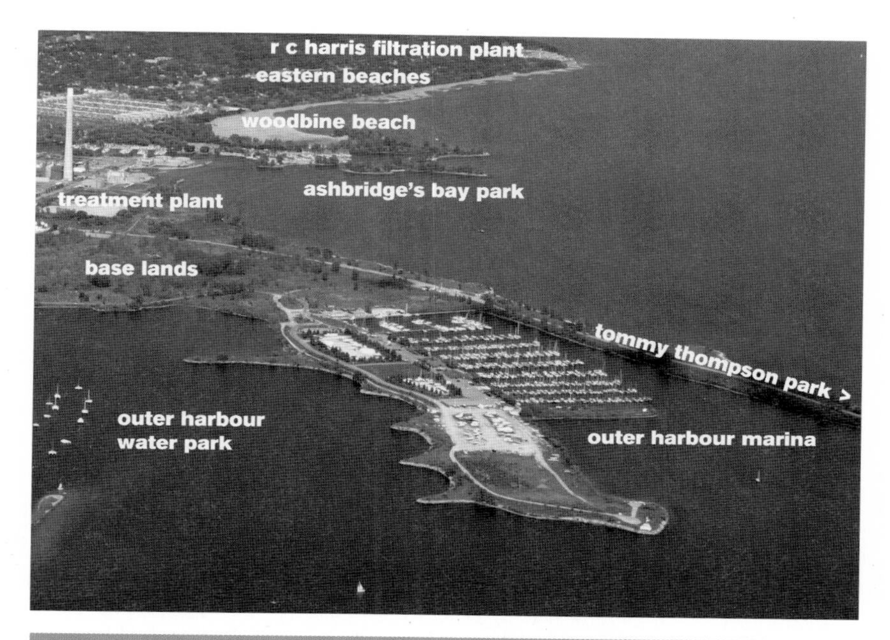

그림 9. 레이크 온타리오 파크, 토론토, 대지 동쪽 끝의 항공사진(위)
그림 10. 레이크 온타리오 파크와 인접한 토미 톰슨 파크(Tommy Thompson Park), 서쪽 반도 위의 잎이 진 수목들에 위치한 쌍뿔 가마우지 군락(아래)

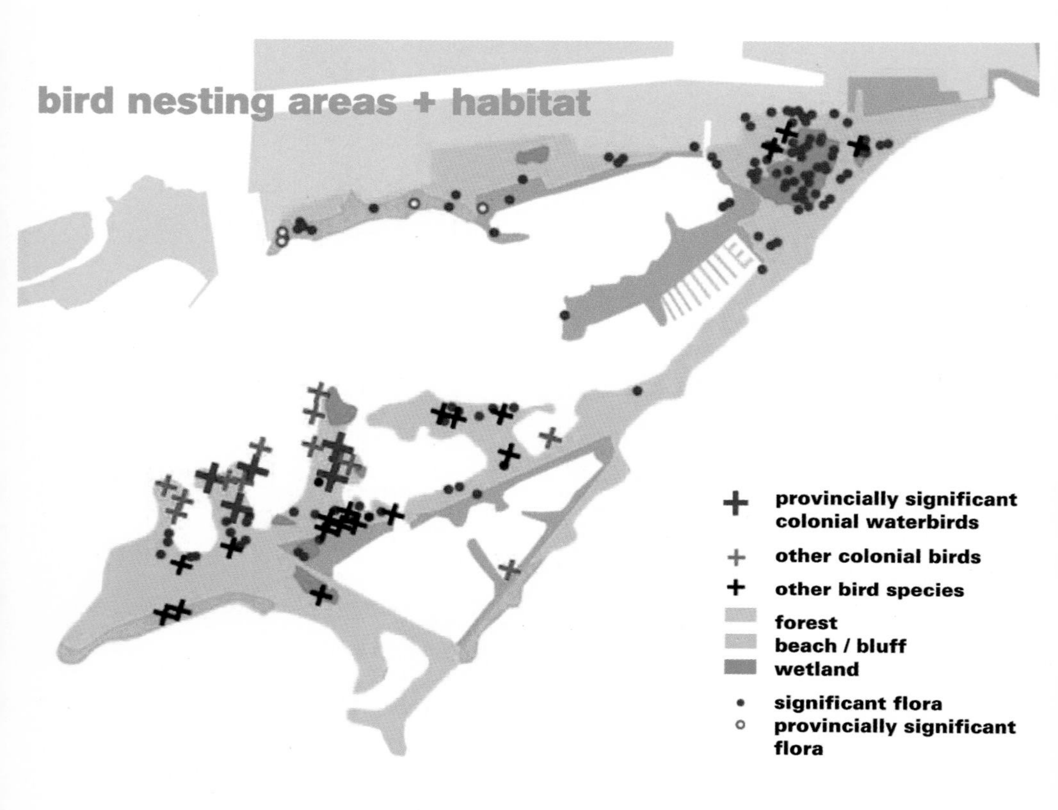

그림 11.
제임스 코너/필드 오퍼레이션스 외, 레이크 온타리오 파크의 서쪽 끝, 토론토, 새 서식처를 표시한 사전 대상지 조사

역 주민들과 의미 있는 협업을 가졌던 몇몇 설계 작업에서, 필자는 설계 팀과 커뮤니티 구성원 모두를 변화시키는 변화의 지표를 보았다. 예를 들어, 토론토의 925에이커 규모의 워터프론트인 레이크 온타리오 파크Lake Ontario Park를 이끌기 위한 커뮤니티 회의에서 조류에 열성적인 사람들은 풍력 발전기를 원하는 환경주의자들과 심하게 논쟁했다. 생태 복원주의자들은 비자연적 가마우지cormorant 집단이 도태되기를 원한 반면, 다른 사람들은 공원의 정당한 구성원으로 그것을 바라보았다. 애완견 주인들, 롤러블레이드 타는 사람들, 조깅하는 사람들은 진기한 식물들이나 번식하는 새들을 보호하기 위한 오솔길의 폐쇄에 반대한 반면, 나체주의자들은 자유로운 의상이 가능한 해변가를 요구했다. 이러한 사례들을 비롯해 타협하기 어려워 보이는 차이점들도 촉진적인 의견 교환을 통해 해결되기도 하며 서로 말하고 듣고 이해하면서 마침내 인정되기도 한다. 공원 계획을 감독하는 공공 기관은 시민 참여를 위한 3년간의 캠페인—공공 회의, 커뮤니티 워크샵, 최종적으로 마스터플랜을 설계한 팀과 함께하는 디자인 샤렛charrettes—을 진행해 왔다. 이 공원을 비롯하여 다른 대형 공원들의 복잡성으로 인해 합의는 거의 불가능하지만 타협은 가능하다. 커뮤니티 구성원들이 설계 팀과 가까이 작업하는 일련의 디자인 샤렛을 개최함으로써 사회적 · 생태적 선택들과 결과들은 명료해지고 가시화되며 우선시된다. 많은 샤렛에서 개인적이고 집단적인 변화가 이러한 공유된 학습 경험들로부터 발생해 왔다(그림 9~11).

유사한 사례로, 토론토를 기반으로 하는 환경 단체인 에버그린Evergreen은 도심부와 돈강Don River의 제방에 위치한 정부 소유의 산업적 · 자연적 유산인 부지들의 관리를 대신하기 위해 토론토시와 지역의 보존국과 협력해 왔다. 돈 밸리 브릭웍스Don Valley Brickworks는 예전의 벽돌 공장과 15개의 건축 유산 및 공공 계곡, 공원을 포함하는 총 40.7에이커의 부지이다. 이 부지는 (북미에서 가장 중요한 다섯 개 중 하나로 간주되는) 오래된 채석장 안의 중요한 지질학적 구성, 산업 건물들(화로, 벽돌 프레스, 철로 등), 홍수 관리 · 서식처 보호 · 자연 유산 향상을 위한 일련의 인공 습지들, 야생화 초지, 하이킹을 위한 오솔길, 자연 해설 및 문화 행사를 위한 파빌리온으로 특징지어진다. 이 부지는 현재 정원 가꾸기 워크샵, 유적 투어, 점토 만들기, 유기농 식품 시장에서부터 소매 종묘장, 전시용 정원, 에버그린이 "첨단을 선도하는 녹색 설계 기술"이라고 부른 것에 이르기까지 여러 활동과 서비스를 제공하기 위해 프로그램을 마련하고 있다. 상임 이사인 지오프 케이프Geoff Cape에 따르면, 브릭웍스는 전통적 관점에서 공원은 아니지만 "지속가능성의 모델이 될 수 있는 특별하고 창조적인 사회적 기업이다."[48] 2005년, (몇몇의 매우 안목 있는 리더십과 함께) 활발하고 창조적인 커뮤니티 파트너십의 지원을 받아 에버그린은 "공간 다시 생각하기" 캠페인에 착수하면서 건축가 연맹Architects Alliance에게 마스터플랜을 맡겼다. 이 과정에서 브릭웍스는 도시의 "문화, 자연, 공동체" 연결의 중심으로 부각되었고, 이 비영리 단체의 임무를 명백하게 하였다(그림 12).[49] 야생 자연의 요소들이 다듬어진 정원과 병치되고 예술과 문화적 활동들이 오래된 산업 건물들과 병치되지만, 브릭웍스는 혹자가 우려할 수 있는 토지 이용 목표들 간의 충돌을 겪지 않는다. 오히려 이 부지는 도시 맥락 안에서 문화적 · 자연적 유산 모두의 발현으로서 창조적인 생태적 설계를 보증하고 있다. 피터 라츠 앤드 파트너Peter Latz and Partner의 독일 뒤스부르크-노드 파크Landschaftpark Duisburg-Nord와는 달리, 브릭웍스는 "공원" 개념을 과거 자연의 만족스러운 보존으로부터 지속가능성을 가르치기 위해 설계된 경관 학습의 영역으로 이동시킨다. 비록 대형 공원의 규모는 아니지만, 그럼에도 불구하고 이 부지는 생태적 설계와 설계가의 생태학 모두—도시적 조건에서 지속가능한 장소 만들기의 두 가지 필수적 전략—를 위한 풍부한 팔레트를 제공한다.

이러한 사례들이 제시하듯이, 생태적 설계는 공원 만들기의 학습 기반적 과정에서 하나의 유용한 도구이다. 또한 다양한 목소리들, 가치들, 참여자들에게 권한을 부여함에 있어서 이러한 접근은 대형 공원에서 지속가능성의 근본적 장애물인 문화/자연 이원론을 극복하게 할 수 있다. 이것은 아마도 중층적 가치들—사회적 · 인종 문화적 · 경제적 · 정치적 · 종교적 · 생태적—이 충돌하고 쪼개지고 융화되고 변형되는 북미의 도시화되어가는 경관에서 하나의 강력한 도전일 것이다. 생태적 설계는 아직 근대 서양의 역사에서는 없었던 방식으로 문화와 자연의 접경을 항해하는 잠재력을 갖는다. 이것은 완전히 새롭고 창발적이며 혼성화되는 문화/자연 생태계를 창조하는 지적 · 심리적 장소를 제공할 것이다.

실행 가능한 대형 공원을 창조함에 있어서 생태적 설계의 잠재력은 의미 심장하다. 생태적 설계의 잠재력은 탄력성과 적응성을 매우 중요한 시스템 변수로 명백히 인식하는 데에 달려 있다. 또한 그것은 장기적 지속가능성에 필요한 사회적 · 생태적 · 경제적 책무

그림 12. 에버그린 브릭웍스, 토론토, 2006

를 밝히고 중재하는 능력에 달려 있다. 적응적 · 반응적 · 포괄적 학습 과정으로서의 생태적 설계는 자연과 동시대 경관 내에서 장소를 재발견하고 재확인하고 재창조하며 재고찰하는, 보다 광범위한 통찰력을 지닌다. 동시에 경관의 태피스트리tapestry는 많은 실로 짜여 있어서 매우 복잡하다. 그러므로 영감 있는 설계가의 생태학에 의해 부분 부분이 채워지지만 보다 큰 스케일에서는 책임감 있는 생태적 설계가 필요하다. 결과적으로 대형 공원의 혼성된 생태계들은 아마도 조화되면서도 부조화되고, 친숙하면서도 익숙하지 않고, 예상되면서도 상상될 수 없는 것일 것이다. 지속가능한 대형 공원과 그것이 놓이는 경관 모자이크는 상호간의 논쟁을 통해서가 아니라 창조적 대화에 의해서 실현될 수 있다. 그것은 맥하그식 생태적 결정론이나 공원 설계의 포스트모더니즘적 상대주의를 위한 공공 공간으로 기능하지 않는다. 지속가능한 설계를 위한 길에서 우리가 배운 것은 용감하게 선택해야 한다는 점이다. 대형 공원을 위한 설계는 생태적 설계와 설계가의 생태학 모두를 반영해야 하고, 복잡성과 다양성의 관계에 있어서 필연적인 불확실성에 자신감을 가져야 한다. 이것이 생태적 설계를 위한 핵심적 도전이며, 우리가 점점 더 많이 거주하고 있는 도시화되어가는 동시대 경관 내 대형 공원의 성공적 설계와 장기적 생존력을 위한 중심 과제인 것이다.

notes 필자는 제임스 코너의 비전과 격려에 감사한다. 또한 줄리아 처니악과 린다 폴락의 영감을 준 대화, 자극을 준 협조, 초기 원고에 대한 통찰력 있는 논평에 감사한다. 이 장의 배경 연구를 위한 기금은 라이어슨 대학교(Ryerson University) 공동체서비스학부(Faculty of Community Service)의 SRC 연구비로 제공되었다.

1 "복잡계들(complex systems)"은 그 행위가 일반적으로 비선형적 · 비예측적 · 동적 · 적응적이라고 기술되고 새로운 현상의 정기적 창발과 자기-조직화 능력으로 특징 지워지는, 과정(또는 기능)과 구조(또는 요소)의 상호 연결된 네트워크이다. 생태계에서 "복잡성"은 어떠한 생명계 안에서 혼돈과 질서 사이의 균형을 의미한다. 그 자체로서 생명계들은 "혼돈의 경계" 또는 로버트 울라노위츠(Robert Ulanowicz)가 명명한 "생존력의 창문"에서 번성한다고 한다(필자와의 대화, 워털루 대학교, 1996). 예를 들어, 인간의 신체 기온은 최적의 상태가 36℃라는 매우 좋은 범위를 갖는다. 심지어 작은 온도 변화도 신체를 혼란하게 하고 병들게 할 수 있다.

2 여기서 "지속가능성"은 인류가 지구상에서 장기간 생존하고 번성하는 데 필수적인 사회문화적 · 경제적 · 생태적 영역 간의 고유한 균형을 의미한다. 앤 데일(Ann Dale)은 그의 책 『*At the Edge: Sustainable Development in the Twenty-first Century*』(Vancouver: UBC Press, 2001)에서 이러한 균형을, 지구상에서 근본적인 자연적 · 문화적 자산의 기초가 되는 개인적 · 경제적 · 생태적 책무 간의 "화해(reconciliation)"의 필수적 행위라고 명쾌하게 언급하였다. 이러한 정의에서 데일은 지속가능성의 책임을 거리낌 없이 인류 활동의 영역으로 설정하고, 그것을 "환경"을 인간으로부터 분리된 대상으로 다루는, 궁극적으로 불가능한 영역으로부터 적절히 제거하였다. 이 장에서 필자는 "관리"라는 용어를 데일의 지속가능성 개념의 맥락에서 사용하였다. 즉 환경을 대상으로 관리하는 것이 아니라, 환경 안의 인간 활동을 관리하는 것을 의미한다.

3 여기서 "탄력성(resilience)"은 브리티시 컬럼비아 대학교(University of British Columbia)의 캐나다 생태학자 C. S. 홀링(C. S. (Buzz) Holling)이 1980년대 중반 발전시킨 개념으로, 생태학적 맥락에서 사용되었다. 일반적인 생태학적 맥락에서 탄력성은 생태계가 일정 정도의 변화의 영향을 견디고 흡수하며 인식할 수 있을 정도로 안정된 상태(또는 상태들)로 돌아가는 능력을 말한다. 일반적으로 동적인 정상적 생태계와 달리, (홀링이 방언으로 "놀라움들(surprises)"이라고 말한) 이러한 변화의 사건은 —그것들이 하나의 체계에 갑작스런 분열을 야기한다는 점에서— 예측할 수 없다. 예를 들어, 산불, 홍수, 흑사병 창궐 등이 있다. 보다 구체적으로, 탄력성은 생태계가 갑작스런 변화 이후 안정적이거나 주기적으로 순환하는 상태로 돌아가는 속도를 의미한다. 생태계가 갑작스러운 변화를 견디는 능력은 한 체계의 행위가 첫 지점에서 안정된 상태를 포함하는 영역 안에 남아있다는 점을 가정한다. 그러나 생태계가 한 안정 영역에서 다른 것으로 옮겨 갈 때(체계 상태들의 "분기(bifurcation)"나 "튕김(flip)"을 거친 재조직화), 생태계 역학에 대한 보다 구체적인 측정이 필요하다. 이러한 맥락에서 "생태적 탄력성"은 한 체계를 하나의 상태에서 다른 상태, 즉 이전 상태와 다른 기능과 구조로 유지되는 다른 상태로 이동하는 데 필요한 변화나 분열의 양에 대한 측정이다. 탄력성에 대한 홀링의 작업은 생태계 관리자와 생태학자들 모두에게 생명계 내부의 고유한 역설들—안정성과 동요, 불변성과 변화, 예측가능성과 예측불가능성 간의 긴장—에, 그리고 관리에 있어서 도움을 준다. 탄력성에 대한 홀링의 작업의 요약된 설명을 위해서는 다음을 참조할 것. Lance Gunderson and C. S. Holling, eds., *Panarchy: Understanding Transformations in Human and Natural Systems* (Washington, D.C.: Island Press, 2002).

4 이 책의 다음 장을 참조할 것. 줄리아 처니악, "가독성과 탄력성."

5 이 책의 다음 장을 참조할 것. 존 비어즐리, "갈등과 침식: 동시대 대형 공원에서의 공공적 생활."

6 예를 들어 다음을 참조할 것. C. S. Holling, "The Resilience of Terrestrial Ecosystems: Local Surprise and Global Change," in William Clark and R. Ted Munn, eds., *Sustainable Development of the Biosphere* (Cambridge: Cambridge University Press, 1986), 292-320; Gunderson and Holling, eds., *Panarchy*; 그리고 David Waltner-Toews, James Kay, and Nina-Marie Lister, eds., *The Ecosystem Approach: Complexity, Unvertainty, and Managing for Sustainability* (New York: Columbia University Press, 인쇄중).

7 전자의 경우 다음을 참조할 것. Gary K. Meffe, et al., *Ecosystem Management: Adaptive Community-Based Conservation* (Washington, D.C.: Island Press, 2002); 후자의 경우 다음을 참조할 것. Alexander Felson and Steward T. A. Pickett, "Designed Experiments: New Approaches to Studying Urban Ecosystems," *Fronties in Ecology and the Environment 3*, no.10 (2005): 549-56.

8 Waltner-Toews et al., eds., *The Ecosystem Approach*.

9 위의 책.

10 Felson and Pickett, "Designed Experiment."

11 John Randolph, *Environmental Land Use Planning and Management* (Washington, D.C.: Island Press, 2004).

12 보다 자세한 내용은 다음에 논의되어 있다. Julia Czerniak, ed., *Downsview Park Toronto* (Munich and Cambridge, MA: Prestel and the Harvard University Graduate School of Design, 2002).

13 이 책의 다음 장을 참조할 것. 린다 폴락, "매트릭스 경관: 대형 공원에서 정체성의 구축" ; 줄리나 처니악, "가독성과 탄력성."

14 Sim Van der Ryn and Stuart Cowan, *Ecological Design* (Washington, D.C.: Island Press, 1996), 201.

15 Dale, *At the Edge*.

16 예를 들어 다음을 참조할 것. Janine Benyus, *Biomimicry: Innovation Inspired by Nature* (New York: William Morrow, 1997), 308; Ian McHarg and Fritz Steiner eds., *To Heal the Earth: The Selected Writings of Ian McHarg* (Washington, D.C.: Island Press, 1998), 381.

17 예를 들어 다음을 참조할 것. Timothy Beatley, *Green Urbanism: Learning from European Cities* (Washington, D.C.: Island Press, 2000), 491; William B. Honachefsky, *Ecologically Based Municipal Land Use Planning* (New York: Lewis, 1999), 256; Frederick Steiner, *The Living Landscape: An Ecological Approach to Landscape Planning* (New York: McGraw-Hill, 1991), 356; Fred Stitt, ed., *Ecological Design Handbook: Sustainable Strategies for Architecture, Landscape Architecture, Interior Design, and Planning* (New York: McGraw-Hill, 1999), 467.

18 James Corner, "Ecology and Landscape as Agents of Creativity," in George Thompson and Frederick Steiner, eds., *Ecological Design and Planning* (New York: Wiley, 1997), 81-108; James Corner, "Recovering Landscape as a Critical Cultural Practice," in James Corner, ed., *Recovering Landscape: Essays in Contemporary Landscape Architecture* (New York: Princeton Architectural Press, 1999), 287.

19 다음을 참조할 것. Ian McHarg, *Design with Nature* (Garden City, NY: Natural History Press, 1969), 198; Michael Hough, *Cities and Natural Processes* (New York: Routledge, 1995); John Tillman Lyle, *Design for Human Ecosystems: Landscape, Land Use, and Natural Resources* (Washington, D.C.: Island Press, 1999), 279.

20 예를 들어 다음을 참조할 것. Louise Mozingo, "The Aesthetics of Ecological Design: Seeing Science as Culture," *Landscape Journal* 16, no. 1 (1997): 46-59; Corner, "Ecology and Landscape as Agents of Creativity" and "Recovering Landscape as a Critical Cultural Practice"; Charles Mann, "Three Trees," *Harvard Design Magazine* 10 (2000): 31-35; 보다 최근의 글로는, Mohsen Mostafavi and Ciro Najle, eds., *Landscape Urbanism: A Manual for the Machinic Landscape* (London: Architectural Association, 2003); Charles Waldheim, ed., *The Landscape Urbanism Reader* (New York: Princeton Architectural Press, 2006).

21 보다 자세한 내용에 대해서는 다음을 참조할 것. Nina-Marie Lister, "A Systems Approach to Biodiversity Conservation Planning," *Environmental Monitoring and Assessment* 49, no. 2/3 (1998): 123-55.

22 예를 들어 다음을 참조할 것. Holling, "The Resilience of Terrestrial Ecosystems"; Carl Walters, *Adaptive Management of Renewable Resources* (New York: Macmillan, 1986); C. S. Holling, David Schindler, Brian Walker, and Jonathan Roughgarden, "Biodiversity in the Functioning of Ecosystems: An Ecological Primer and Synthesis," in Charles Perrings et al., eds., *Biodiversity Loss* (Cambridge, MA: Cambridge University Press, 1995), 44-83; James Kay, "A Non-equilibrium Thermodynamic Framework for Discussing Ecosystem Integrity," *Environmental Management* 15, no. 4 (1991): 483-95.; James Kay and Eric Schneider, "Embracing Complexity: The Challenge of the Ecosystem Approach," *Alternative Journal* 20, no. 3 (1994): 32-38.

23 Holling, "The Resilience of Terrestrial Ecosystems"; Walters, *Adaptive Management*.

24 Frederick H. Bormann and Gene E. Likens, *Patterns and Process in a Forested Ecosystem* (Berlin: Springer-Verlag, 1979)

25 Nina-Marie Lister and James Kay, "Celebrating Diversity: Adaptive Planning and Biodiversity Conservation," in S. Bocking ed., *Biodiversity in Canada: Ecology, Ideas, and Action* (Toronto: Broadview Press, 2000), 189-218.

26 James Kay, Henry Regier, Michelle Boyle, and George Francis, "An Ecosystem Approach for Sustainability: Addressing the Challenge of Complexity," *Futures* 31 (1999): 721-42.

27 Holling, "The Resilience of Terrestrial Ecosystems."

28 유럽인의 접근 이전에, 동부 시드니 반도의 대부분은 동부 교외 뱅크셔 관목(ESBS)종들이 차지하고 있었다. 이들은 주로 다양한 뱅크셔들, 히스 타입(heath-type) 관목, 목초, 사초로 구성되며, 전형적으로 시드니 동부 교외, 보태니 베이

(Botany Bay) 남쪽의 오래되고 깊은 모래형 토양에서 발견된다. 오늘날 자생 ESBS의 1퍼센트 미만이 고립된 자투리 지역에 생존하는데, 그 지역 중에는 외래종의 수목과 목초의 도입으로 시간이 지남에 따라 바뀌어 온 센테니얼 파크랜드 안의 네 자투리 땅이 있다. ESBS 생태계는 호주 멸종 생태계 커뮤니티에 정식으로 기재되어 있다. 다음을 참조할 것. Centennial Parklands, http://www.cp.nsw.gov.au/data/assets/pdf_file/-718/remnant_bushland.pdf (2006년 10월 13일).

29 "Centennial Park," travelpromote.com.au. http://discoversydney.com.au/parks/centennial.html (2006년 10월 13일).

30 Nick Wirz, "Golden Gate Park," Project for Public Spaces, http://www.pps.org/great_public_spaces/one?public_place_id=74 (2006년 10월 13일).

31 Lister, "A Systems Approach to Biodiversity Conservation Planning."

32 Holling, " The Resilience of Terrestrial Ecosystems."

33 Holling et al., "Biodiversity in the Functioning of Ecosystems."

34 Lister, "A Systems Approach to Biodiversity Conservation Planning"; Waltner-Toews et al., eds., *The Ecosystem Approach*.

35 Kay and Schnieder, "Embracing Complexity"; Lister and Kay, "Celebrating Diversity."

36 예를 들어 다음을 참조할 것. Bruce Mitchell, ed., *Resource and Environmental Management in Canada*, 4th ed. (Toronto: Oxford University Press, 2004); Waltner-Toews et al., eds., The Ecosystem Approach.

37 예를 들어 다음을 참조할 것. Gunderson and Holling, eds., *Panarchy*; Holling, "The Resilience of Terrestrial Ecosystems"; Carl Walters and C. S. Holling," Large-Scale Management Experiments and Learning by Doing," *Ecology* 71, no. 6, (1990): 2060-68; Kai Lee, *Compass and Gyroscope: Integrating Science and Politics for the Environment* (Washington, D. C.: Island Press, 1993), 243; Meffe et al., *Ecosystem Management*; Walters, *Adaptive Mangement*; Waltner-Toews et al., eds., *The Ecosystem Approach*.

38 R. Edward Grumbine, "Reflections on 'What is Ecosystem Management?' " *Conservation Biology* 11, no. 1 (1997): 41-47; Carl Folke, Thomas Hahn, Per Olsson, and Jon Norberg, "Adaptive Governance of Social-Ecological Systems," *Annual Review of Environment and Resources* 30(2005): 441-73.

39 Lee, *Compass and Gyroscope*; Felson and Pickett, "Designed Experiments."

40 Lee, *Compass and Gyroscope*

41 Felson and Pickett, "Designed Experiments."

42 Lister and kay, "Celebrating Diversity."

43 Lee, *Compass and Gyroscope*, 56.

44 이러한 현상은 사업이나 조직 관련 문헌에서 잘 드러난다. 예를 들어 다음을 참조할 것. Peter Senge, *Fifth Discipline: The Art and Practice of the Learning Organization* (New York: Doubleday, 1990)이 있다. 또한 환경 관리 문헌에서도 점점 늘고 있다. 예를 들어 다음을 참조할 것. Francis Westley, "Governing Design: The Management of Social Systems and Ecosystems management," in Lance Gunderson et al., eds., *Barriers and Bridges to the Renewal of Ecosystems and Institutions* (New York: Columbia University press, 1995), 391-427.

45 Jim Woodhill and Niels G. Roling, "The Second Wing of the Eagle: The Human Dimensioin in Learning Our Way to More Sustainable Futures," in Niels G. Rolling and M. A. E. Wagemaker, eds., *Facilitating Sustainable Agriculture: Participatory Learning and Adaptive Management in Times of Environmental Uncertainty* (Cambridge: Cambridge University Press, 1998), 47-71.

46 McHarg, *Design with Nature*.

47 Dale, *At the Edge*.

48 지오프 케이프(Geoff Cape)와의 대화, 2006.

49 Evergreen, "Evergreen at the Brickworks: Final Master Plan." June 2006, http://www.evergreen.ca/en/brickworks/.

2장

그림 1. 캘로웨이(Calloway) 구리 광산 안의 이 붉은 웅덩이는 지하의 우회용 수로 출구로 연결되는데, 그 출구는 테네시주 덕타운(Ducktown)에 위치한 50제곱마일 데드 존(dead zone) 안의 수많은 광산들과 굴들 중 하나이다. 수면이 요동칠 때 이 웅덩이는 푸른색에서 진한 빨간색으로 바뀌고 낮은 pH의 산성 특징을 드러내면서 초현실적으로 변한다.

불확실한 공원들 _ 교란된 부지, 시민, 그리고 위험 사회

Uncertain Parks _ Disturbed Sites, Citizens, and Risk Society

엘리자베스 K. 마이어Elizabeth K. Meyer

우리는 교란된 부지disturbed site에 계획되거나 지어진 동시대 공원들을 어떻게 이해해야 하는가? 2세기 전, 대형 공원들은 옛 왕실 정원과 사냥터에 조성되었다. 1세기 전에는 대규모 농촌 필지나 확장하는 도시 주변부에 입지하였다. 그 부지들은 대부분 농업 용도였으며, 1860년대에 채석장에 지어진 파리의 뷔트 쇼몽 파크Parc des Buttes Chaumont와 같은 몇몇 부지만이 이전에 산업 용도의 부지였다. 오늘날 대형 공원들은 종종 대도시 지역의 특정 가용지—채석장, 정수 시설, 발전소, 공장, 제련소, 매립지, 군 기지, 공항 등 버려지거나 쓸모없어진 (때로는 오염된) 산업 부지—에 위치한다.

필자는 이전에 산업 용지로 사용되어 더럽혀지거나 오염된 광범위한 범주의 경관을 설명하기 위해, 그 오염이 의도적이든 아니든, 드러났든 감춰졌든, 규제되었든 알려지지 않았든 관계없이, "교란된 부지"라는 용어를 사용해 왔다. 이 부지들은 일반적으로 브라운 필드brown field나 그레이 필드gray field라고 불리고, 법적으로는 환경보호국Environmental Protection Agency에서 지정한 수퍼펀드Superfund 부지, 전문적으로는 새로운 제조 부지coined manufactured sites, 황무지wastelands, 독성 부지toxic sites로 불린다(그림 1, 2).[1] "교란된disturbed"이라는 용어는 부지의 성격뿐 아니라 그 효과도 표현한다. 이 부지들은 새로운 프로세스에 의해 교란되어 —혹은 가로막히고 방해되어— 왔고, 그러한 변화는 우리를 교란시키고, 불편하게, 걱정스럽게, 그리고 동요하게 만든다. 이 단어는 또한 천이 과정과 생태계 역학 내에서 교란 체계의 중요성을 인식한 동시대 생태학 이론들과도 공명한다.[2]

이러한 공원들은 유명한 실제 사례들에서 다양하게 나타난다. 예를 들어 피터 라츠 앤드 파트너Peter Latz and Partner가 설계한 568에이커의 뒤스부르크-노드 파크Landschaftspark Duisburg-Nord는 한때 철로를 통해 독일 공업의 본산지인 루르 강Ruhr River 밸리에 있는 일련의 제조 공장들에 연결되었던 티센-마이더리히Thyssen-Meiderich 용광로와 광재 더미 부지에 위치한다. 필드 오퍼레이션스Field Operations의 당선작이 널리 출판되어 잘 알려진 스테이튼 아일랜드Staten Island의 프레쉬 킬스 파크Fresh Kills Park는 지난 반세기 동안 뉴욕시의 쓰레기장으로 이용된 2,200에이커의 매립지에 위치한다. 그리고 최근 설계가 위임된 오렌지 카운티 그레이트 파크Orange County Great Park—켄 스미스Ken Smith, 미아 레어 앤드 어소시에이츠Mia Lehrer and Associates, 텐 아키텍토스TEN-Architectos, 그리고 예술가 매리 미스Mary Miss로 구성된 다학제간 팀 당선—는 이전에 미국 해병대 기지였던 1,316에이커의 땅에 위치한다. 이 땅에는 군사적 제조, 생산, 작전, 유지 관리 활동 등에서 나온 고체 폐기물, 도료 잔여물, 폐유, 산업 용매, 그리고 소각장의 재로 이루어진 네 개의 매립지가 포함되어 있다.[3]

광대한 산업 부지를 대상으로 하는 잘 알려진 공원 프로젝트들은 전문지의 레이더에 잡힌 것만 해도 수십여 개가 있다. 예를 들어, 최근에 폐쇄된 2,300에이커의 로톤 소년원Lorton Reformatory—이전에는 워싱턴 D.C.에 속했고, 지금은 버지니아주 페어팩스 카운티Fairfax County의 중심지 남쪽에 위치한 교도소—에 대한 여러 계획이 입안되고 있으며, 그 계획에는 예전의 교도소 커뮤니티를 구성하던 역사적 구조물들과 I-95 고속도로 건설 잔해물의 매립지를 포함하는 대형 공원 설계가 포함되어 있다. 미국 전역의 모든 대도시 지역은 그 주변부에 유사한 대형 필지를 가지고 있으며, 그 필지들은 높은 수준의 교란으로 인해 어떠한 재개발도 적절하다고 여겨진다.[4]

교란된 부지의 대형 공원에 관한 글의 대다수는 인간의 이용이 안전하다고 여겨질 수 있도록 그 부지를 세척하기 위한 개선remediation 과정에 초점을 둔다. 이러한 황무지를 공원으로 바꾸는 생태적 기술과 작동적 설계 전략은 매력적이고 혁신적이지만, 이러한 특정한 초점은 대형 공원이 그것을 둘러싸고 그것을 이용하는 커뮤니티에 무엇을 의미하는지를 보여주는 데 실패한다. 인간의 소비와 산업적 생산 과정으로 인해 퇴락한 부지에 지어진 대형 도시 공원은 무엇을 의미하는가? 공공 공원이라고 알려진 도시 시설은 한때 도시 거주자로 하여금 노동, 소비, 생산의 세계를 잊도록 해주는 경관과 연관되었었는데, 이제 그 세계의 파편과 불확실한—아마도 유독한— 부산물 위에 만들어지고 있다. 중금속이 축적된 식물이 심겨진 유독한 지반면 위로 난 금속 산책로를 따라 걷는 불확실한uncertain 공원에 대한 사회적 반응은 무엇인가? 산업 폐허의 한복판에서 장소와 기념물을 모으는

그림 2. 펜실베이니아주 빈토데일 파크(Vintodale Park)의 휴즈 시추공(Hughes Borehole) 탄광에 위치한 산성 광산 폐수(Acid Mine Drainage, AMD)의 색면(color field), 산성 조류(acid-thriving algae), 그리고 AMD의 결과로 녹으로 덮인 금속 층인 "황색 소년(yellow boy)".

것인가? 거대한 쓰레기 더미 위의 연 날리는 언덕과 익스트림 스포츠장, 그곳에서 나오는 누출수는 모니터링되고 있는가? 대규모의 오염된 토양은 토양이 세척되고 처리되고 저장된 뒤 인간의 이용을 위한 언덕으로 만들어지기까지 수년 동안 공원 전역으로 수송되는가? 어떤 종류의 시민과 사회가 이러한 교란된 부지 위의 대형 공원에 관여하게 되는가? 그들은 센트럴 파크Central Park나 프로스펙트 파크Prospect Park와 같은 19세기 미국 도시 공원의 경험으로부터 생성될 것이라고 상상되었던 민주 사회의 시민들과 어떻게 비교될 수 있을 것인가?

대형 공원의 전례 되돌아보기

19세기와 20세기 초 이래로 대형 공공 공원에 대한 사회적 개념은 어떻게 변화해 왔는가? 여러 측면에서 동시대 대형 공원도 같은 역할들을 수행한다. 그것은 도시 거주자가 산책하거나 대중적으로 여가를 보낼 수 있는 공간을, 햇볕이 내리쬐는 경관에 빠져들고 청량한 공기를 마실 수 있는 장소를, 좁은 도시의 가로와 블록에서는 일반적으로 찾아볼 수 없는 거대한 공간감을 경험할 수 있는 공간을 제공해 준다. 역사적으로 도시성의 사회적 구축에 있어서 대형 공원의 중요성은 이러한 대중적 걷기 행위와 그 공간의 지각되는 건강성 및 규모 사이의 관계에 입각해 왔다.

도시 경관은 의료적 담론과 사회 개혁 의제라는 두 가지 렌즈를 통해 파악되었다. 특히 미국에 있어서 19세기와 21세기 초의 대형 공원 사이의 중요한 유사점과 차별점이 여기에 있다. 프레드릭 로 옴스테드Frederick Law Olmsted와 칼베르 보Calvert Vaux의 프로스펙트 파크, 센트럴 파크, 프랭클린 파크Franklin Park 등과 같은 정통 19세기 공원을 살펴보면, 자연 한복판에서 개인적 여가 활동이 일어나는 대규모 옥외 공간을 발견할 수 있다. 이것은 옴스테드가 말한 "무의식적이거나 간접적인 여가 활동"[5]으로 귀결된다.

하지만 개인적인 몽상과 공공의 건강이 옴스테드와 보가 공공 공원에서 바란 유일한 효과는 아니었다. 그러한 경험들은 다른 삶의 길을 걸어 온 타인들의 존재에서 발생한다. 이 공원들의 설계가와 그 고객들은 다른 사람들과 함께 하는 산책, 자전거타기, 보트타기 등의 공간적 실천이 옴스테드가 "소통성communicativeness"이나 "일상의 문명화 commonplace civilization"[6]라고 언급한 어떤 감각을 유발한다고 믿었다. 만들어진 농촌 경치 안에서 일상의 여가 공간 활동이 일어남으로써 민주적 공동체가 출현한다는 것이다. 이러한 특별한 유형의 설계된 경관은 타인을 동등하게 대하는 관계, 그리고 건강, 생산성, 기회, 소속감 등을 약속해 주는 광대한 대륙의 풍족한 땅에 대한 집단적 관계를 다른 사람들과 공유하게 했다.

19세기의 대형 공원에서 시간을 보내는 것은 경치의 심리학적·치료적 효과에 대해 열려 있음을, 타인을 인식하고 타인과 공감함을, 그리고 미국적 경관과 관계를 맺으며 서로의 유대를 강화함을 의미한다. 이 공유된 경관은 자연의 미, 풍부한 자원, 생산성, 지역적 자부심, 국가적 예외주의의 시각적·공간적 기록이었다. 도시에서 대형 공원의 존재는 공동체 정신과 시민의식을 강화하였다.

그렇다 하더라도, 미국 대형 공원의 이러한 이데올로기적 개념이 동시대 공원의 새로운 형식과 의미를 판단할 수 있는 유일한 기준은 아니다. 20세기 중반까지 대부분의 대형 공원은 스포츠 활동으로 가득 찬 대규모 여가 활동 기계이거나, 크고 상투적인 목가풍의 경관이었다. 공원은 그것이 어디에 지어졌든지 관계없이 다른 공원들과 거의 비슷해 보였다. 이러한 견해는, 폴 드라이버Paul Driver의 소설적 자서전인 『맨체스터 단편들*Manchester Pieces*』에 묘사된 공원에 대한 아름다운 단상에서 읽을 수 있듯이, 매우 일반적이다.

나는 익숙하지 않은 공원을 보는 것을 좋아한다—하지만 대부분의 공원들은 마치 정의된 것처럼 매우 익숙하다. 그 공원에는 내 앞으로 펼쳐진 잔디밭과 완만한 기복, 가로의 교차로들이 있다. 그곳의 나무들은 이를테면 시시각각 가을로 깊어져 가고 있고, 잎사귀들은 이미 황혼에 빛바랜 청동의 고색창연한 빛깔을 가로에 수놓고 있다.[7]

공놀이장과 피크닉 쉼터를 가진 목가적 대형 공원은 지역적 특성과 정체성의 지표라기보다는 기억 상실의 형식에 가깝다. 부지의 역사를 망각하는 것이다.
이렇게 어디에나 존재하는 무장소적 여가 공원이나 오픈스페이스 공원은 교란된 부지에 지어진 초기 대형 공원들 다수의 모델이었다. 필자가 버지니아 해변에 살았던 10대 무렵, 새로운 버지니아 해변 고속도로의 톨게이트에서 보이는 트래쉬모어 산Mount Trashmore이라는 대형 매립지가 호수와 60피트 높이의 언덕을 가진 여가 공원으로 바뀌었다. 1973년 공원이 개장했을 때 "세계 최초의 매립지 공원"이라는 말로 환영받았지만, 그곳의 산업적 역사를 보여주는 것은 거의 없었다. 환경 지각이 뛰어난 사람만이 체서피크 만Chesapeake Bay 입구의 평평한 해변 지역에 부조화스러운 모양으로 선 언덕의 높이에 대해 의아해 했을 것이다. 그 역사—그리고 정착 · 해체 · 개선의 과정과 그것에 동반되었을 지하수 유출—는 얇은 녹색의 잔디판과 아스팔트 아래로 감춰졌다. 20세기 중반의 오픈스페이스 공원과 같이, 산업 부지에 지어진 이 초기의 대형 공원들은 망각과 속임수의 형식을 취했고, 미라 엥글러Mira Engler가 말한 "위장 접근법camouflage approach"[8]으로 설계되었다.

둘러보기: 생산뿐만 아니라 소비의 부지인 대형 공원

경관 위장 기술은 교란된 산업 부지의 역사와 과정을 감추며, 그러한 공원을 대중에게 보다 의미 있게 해주는 연결고리를 삭제한다. 20세기 산업 사회의 유물인 그러한 부지는 생산뿐 아니라 소비에 대한 이야기를 할 수 있게 하는 잠재력을 지닌다. 집합적 소비와 대량 생산의 잔재인 광재 더미와 땅에 묻힌 화학적 잔해는, 무시되고 있거나 거의 보이지 않는 기술적 과정과 산업적 제조의 결과를 직접적으로 보여준다. 이러한 매립지와 황폐한 경관은 개인이 필요 이상의 구매를 하고 서비스가 공급되는 만큼 즉각적인 소비를 하는 사회에서 나타나는 부수적 현상이다. 엥글러의 말에 따르면, "우리 시대 최고의 대지 기념비이자 소비 문화의 강력한 상징으로서… 쓰레기 더미는 우리 문화의 거울이라 할 만하다."[9]

이것은 어떤 종류의 문화인가? 어떤 유형의 사회가 그러한 장소를 낳는가? 지역이나 국가의 농촌 경치에서 공유되는 의미를 발견하는 "일상의 문명화"와 같은 종류의 것은 분명히 아니다. 리자베스 코헨Lizabeth Cohen은 20세기 미국을 "마치 17세기의 종교, 18세기의 혁명, 19세기의 산업화가 그러했듯이, 대량 소비가 최우선의 문화적 경험인"[10] 시대라고 묘사했다. 코헨은 20세기 후반까지 "시민과 소비자가 대다수 미국인의 정체성으로 결부되어 왔으며," 이처럼 변화된 시민의식은 새로운 정주 패턴을 동반했다고 설득력 있게 주장한다.[11]

미국적 정체성은, 국내적으로나 국외적으로나, 거대하고 끝없는 대륙적 경관의 규모와 특성보다는 소비 및 그 전시와 연관된 제품 · 이미지 · 경관과 더욱 결합되었다. 대량 소비와 전시의 공간인 고속도로, 선형 몰, 교외 지역의 광활하게 확산되는 경관에서 발생된 공원은 19세기의 농촌 풍경 같은 공원이나 20세기 중반의 오픈스페이스 공원에서 그 의미를 찾지 않을 것이다.

그러한 의미를 찾는 하나의 열쇠가 1960년대의 "제 3의 소비주의 물결third wave consumerism"에 대한 코헨의 설명에 있다. 이 시기 동안 "풍요로운 대량 소비 경제가 민주화를 촉진할 수 있다는 미국인들의 자신감"은 그러한 경제는 그 생산물과 함께 오염을 낳는다는 인식을 수반했다.[12] 대량 생산과 소비에는 토양, 대기, 수질의 의도치 않은 파괴가 뒤따랐다. 소비자들은 식품에 표시되지 않은 첨가제에서부터 농산물의 살충제, 수로로 흘러드는 화학 물질, 도시 스모그를 야기하는 공장 굴뚝의 미립자에 이르기까지 모든 규모의 오염으로부터 보호를 요구하기 시작했다. 그들은 자본주의의 창조적 파괴를 인식했고 소비자-시민consumer-citizen으로서의 역할과 기술, 산업, 환경의 상호 연관성을 깨달았다. 안전한 소비와 소비 사회 유지를 위한 환경적 필요성 모두에 있어서 소비자들의 권리를 보호하기 위해 법과 정책이 바뀌었다.

여전히 이러한 논쟁들, 그것을 뒷받침하는 가치들, 또는 그러한 반향을 일으키는 모순들에 형태를 부여하는 이 시기로부터 자유로운 경관은 거의 없다. 소비, 생산, 오염 사이의 연관성을 인식한 소비 사회에 반향을 일으키는, 불확실하고 교란된 부지 위에 지어지는 대형 공원을 상상함에 있어서 선택 사항은 무엇일까? 그러한 대형 공원의 경험은 환상의 자원과 산업적 생산의 자원이라는 토지에 대한 미국인들의 모순적 개념 간의 차이를 드러낼 수 있을까? 문화적 산물로서의 경관과 하나의 유형으로서의 공원은 이러한 과정에서 어떻게 재정의되는가?

교란된 부지에 대형 공원을 설계하는 실천을 향하여: 잠정적 가정

1. 교란된 부지의 대형 공원은 생산뿐 아니라 소비의 경관으로 인식되어야 한다. 버려진 산업 부지에 지어지는 대형 공원에서 남아있는 건물과 기계를 영웅시 하는 것은 설계가들을 유혹한다. 하지만 그러한 전략은 부지에 내포된 소비의 역사보다는 생산의 역사에만 특권을 부여한다.[13] 이러한 전략은 방문자로 하여금 부지 안팎의 인간적 · 물질적 · 화학적 흐름의 역사로부터 거리를 두게 하고, 그러한 역사에 대한 그들 자신의 죄의식과 책임감을 제한시킨다. ("악의적 생산업자들이 공기와 물을 오염시켰지, 나의 조상은 그렇지 않고 당연히 나도 아니다.")

마찬가지로, 유독한 산업 부지를 정화하는 생태적 과정에 주로 초점을 맞추는 설계 전략은 부지에 스며있는 자연적 · 사회적 · 산업적 과정의 섞임을 설명하는 데 실패한다. 숲과 땅과 강은 공업적 생산의 원료인 목재, 광석, 물로 변하는 과정을 거친다. 그 과정의 결과는 소비재, 그리고 땅과 수로로의 방출물이다. 기술은 단순히 자연을 상품으로 전환시키지 않는다. 그것은 새로운 —때로는 유독한— 부산물을 자연으로 되돌려 보낸다. 소비와 생산의 경관에 대해 생각하는 것은 자연과 문화, 생태와 기술, 심지어 공공과 개인 같은 여러 분야에 걸친 필요, 욕망, 물질, 재화, 에너지, 폐기물의 순환에 대해 생각할 것을 요구한다.

개별적 인간 행동, 집합적 정체성, 그리고 대규모의 산업적 · 생태적 과정 사이의 옛 연결고리를 가시화할 수 있는 설계 전략이 필요하다. 이러한 접근은 어떻게 우리로 하여금 단순히 이기심의 발로가 아니라 확장되고 상호 연결된 공동체 의식에서 비롯된, 주거 환경에 미치는 영향에 대한 인식을 가진 소비 사회를 다시 상상하게 하는가?[14] 아마도 그것은 개별적 소비의 집합적 습관에 대한 규모, 크기, 척도를 제공해 줄 수 있을 것이다. 아마도 대형 공원은 개인적인 행동을 집합적인 공적 교란과 연관시키는 공간적 실천을 가능하게 할 것이다. 대형 공원은 공원 방문자로 하여금 생각하는 "그린green"과 행동하는 "그린"의 차이, 즉 가치와 행동의 차이를 생각하게 해 줄 것이다.

이것은 환경 운동의 핵심적 문제 중 하나이자 교란된 부지를 공공 공간으로 개선하고 재이용하는 현재의 전략들 중 하나이다.[15] 대형 공원의 사회적 · 생태적으로 밀접히 관련된 과정을 상상하는 설계가들은 사회라는 것이 전체를 창조하는 개체의 집합 이상의 것이라고 파악하는 경우가 드물다. 그들은 공원을 인간과 대지의 관계에 기초를 둔 새로운 종류의 공동체를 구축하는 동인으로 구상할 방법을 찾아내지 못해 왔다. 통계나 보고서와 달리, 장소는 산업화와 같은 추상적이고 실체가 없는 것처럼 보이는 과정의 결과물들을 가시적으로 만들 수 있다. 대형 공원의 설계가들이 환경주의와 같은 광범위한 사회적 가치와 소비주의와 같은 개인적 습관 사이의 모순들을 공간적으로 읽을 수 있게 만들 수 있을까? 만약 그렇다면, 대형 공원은 다시 한 번 사회적 작용agency의 장소가 될 것이다. 그것은 시민권citizenship에 대한 정의를 소비자-시민consumer-citizen이나 환경주의자-시민environmentalist-citizen으로부터 환경주의자-시민으로서의 소비자consumer as environmentalist-citizen로 수정하는 시도가 될 것이다.

2. 소비와 생산의 부지에 위치한 대형 공원은 우리의 소비 문화에 대한 상징 그 이상이어야 한다. 그것은 우리의 필요와 욕망의 비가시적 결과물이라고 인식되어야 하며, 엥글러의 말처럼 "부인되고 침묵 당한 우리의 문화적 가치들이 깨어나고 일어나고 심문되는 장소"[16]로 다시 만들어져야 한다. 이 과정은 우리의 욕망과 필요의 산물을 만들고 획득하고 사용하고 버리는 결과로서 이동되고 소비되는 물질과 에너지의 양에 초점을 둘 것이다. 이러한 탐구에 형태를 부여함으로써, 매립 언덕에 대한 이해를 조각적 덩어리에서 물질과 쓰레기의 일시적 흐름으로 확장함으로써, 우리는 교란된 경관을 순환과 교환의 장소로 보는 것을 가로막는 경관에 대한 시각적 관념을 극복하기 시작한다. 기술과 산업으로

부터 분리된 경치 또는 전망으로서의 경관은 바바라 아담스Barbara Adams가 시경관timescape이라고 부르는 것으로 대체된다. 시경관은 리듬지향적이며 산업적 · 생태적 · 사회적 시간의 동시성을 구별해 낼 수 있는, 환경과 그것의 비가시적 위험을 보는 방식이다. 아담스는 프로세스와 시스템 사이의 연결을 보지 못하게 하는 산업과 생태, 문화와 자연, 사회와 개인 등의 이원항을 시경관 개념을 통해 어떻게 극복할 수 있는 지 말한다. 그녀의 글은 동시대 조경의 담론과 공명하며, 설계 이론을 환경 정책 및 윤리적 영역과 연결시켜 준다.[17] 그것은 우리에게 교란된 부지 위의 대형 공원으로부터 오염의 개선과 여가의 공급 그 이상의 것을 묻도록 해 준다.

3. 대형 공원의 시경관 개념은 불확실한uncertain 부지—물질, 흐름, 쓰레기의 경계가 없는 공간—에 대한 인식을, 그리고 소비 사회에 대한 다른 개념을 인도한다. 욕망과 필요의 물건들이 쌓여있거나 그것들을 만들던 이전의 쓰레기 더미, 매립지, 공장 등지에 지어진 대형 공원들은 물리적 거리와 관계없이 우리의 집이라는 장소와 분리되어 있지 않다. 독성toxicity이 흐른다. 독성이 대지 경계선, 수계, 생태계를 넘나든다. 대형 공원과 인접 대지 간의 경계는 법적 경계를 가로질러 공기, 물, 에너지의 흐름을 드러내는 공간이다. 하하ha-ha 벽, 둑, 정화 부지, 모니터링 우물처럼 공원과 도시 사이의 역 공간liminal space을 표시하는 특정한 설계 형식들 또한 불확실성의 공간들이다. 이들 지점은 입증의 공간이어야 한다. 만일 오염 억제가 불확실한 것으로 이해된다면, 시민들은 소비 사회에 대한 다른 개념을 가질 것이다. 그들은 자신이 소비하는 제품, 자신이 만든 생활 방식, 그리고 오염된 환경 사이의 관계를 이해할 수 있을 것이다.

이러한 견해는 이상적인 꿈이 아니라 실재하는 현실이다. 로렌스 부엘Lawrence Buell은 탈-산업post-industrial 문화의 걱정거리들이 새롭게 "공유되는 문화적 자의식의 패러다임인 독성"을 낳았다고 단언한다. 그는 이러한 독 담론toxic discourse을 "인간의 화학적 조작으로 인해 생긴 환경적 위험의 지각된 위협"이라고 기술하며, 이것이 미국인의 생활, 뉴스, 경험에 스며들어 있다고 덧붙인다. 그는 독 담론이 이미 도시와 농촌, 생태와 기술이라는 이원항을 무너뜨렸고, "녹색 오아시스라는 환상에 대한 환멸"을 낳았다고 주장한다.[18]

미국인들의 환경 인식에 대한 부엘의 묘사는 많은 조경가들이 그들의 고객과 대중 문화에 대해 가정하고 있는 바에 이의를 제기한다. 그의 연구에 따르면, 브라운 필드와 수퍼펀드 부지—미국인들이 흔히 퇴락되고 불확실한 산업 부지를 지칭할 때 쓰는 용어—를 재생시키는 "위장 접근법" 은 작동되는 과정을 감추는 방식이며 따라서 솔직하지 못한 것이다. 이러한 접근은 시민들과 그들의 교란된 환경 사이에 존재하는 초기의 커뮤니티를 강화하는 데에도 실패한다. 부엘의 말에 의하면, "환경과의 관계에서 혼자만의 도피나 소비자로서가 아닌, 협동할 수밖에 없는 집단성으로 인간성을 시각화함으로써 그것은 점점 더 모든 이들의 환경적 상상에서 제 2의 자연second nature이 되어 간다." [19]

부엘은 코헨의 1960년대 후반과 1970년대 초반 개념인 소비자-시민과 그들이 기른 아이들이 소비자-환경주의자 시민으로 변했다는 점을 발견했다. 그들은 부지의 불확실성을 가시화한 교란된 부지의 대형 공원을 누릴 만하다. 『랜드스케이프 저널*Landscape Journal*』의 특집 주제였던 "생태-계시적 설계Eco-Revelatory Design" 에서 다루어진 바 있듯이 1990년대의 설계 이론과 연결되는 이러한 계시, 즉 드러냄revelation은 미학적 · 윤리적 성분과 동등한 이론적 입지를 갖게 된다.[20] 계시는 생태적 프로세스나 조경 설계를 가시화하는 경우에만 있는 것이 아니다. 그것은 개별적으로 느끼는 염려—교란된 산업적 경관이 집단 정체성의 원천이라는—를 강화시키는 도구이다. 울리히 벡Ulrich Beck은 이러한 경관을 우리의 "그림자 왕국shadow kingdom" 이라고 칭한다. 그것은 과정을 거치고 제조되고 산업화되고 오염된 경관이며, 저기 바깥에 있는 것이 아니라 경계 없이 모든 곳에, 바로 여기에—물, 토양, 공기 속에, 그리고 교외지, 학교 운동장, 인근 주택가, 대형 공원에— 있다.[21] 우리는 개인적인 행동들, 소비의 집합적 패턴들, 그리고 집합적이고 지속가능하지 않은 정주 패턴들을 통해 유독한 경관toxic landscape을 만들어 왔다.

4. 독 담론은 불확실성과 위험의 렌즈를 통해 환경을 지각하는 소비자-시민의 집단성의 표현이다. 교란된 부지는 자연을 자원으로 바라보고 환경적 피해를 기술 발전 과정의 불가피한 결과로 받아들인 경제 정책의 부산물이다. 교란된 부지에 설계된 경관의 경험은 이러한 위험을 이끌어 낸 경제적 · 정치적 · 사회적 결정의 결과를 가시적으로 보여준다.

2001년 9월 11일 이후, 미국인들이 위험 사회risk society에 살고 있다고 명시하는 것은 어려운 일이 아니다.[22] 이 용어는 처음에는 경제 성장과 공업 생산에 관한 정치적 결정의 결과로 나타나는 환경 위험을 의미했다. 이 개념은 1980년대와 1990년대 울리히 벡의 저서, 특히 『위험 사회: 새로운 근대성을 향하여*Risk Society : Towards a New Modernity*』와 『생태적 계몽: 위험 사회의 정치학에 관한 에세이*Ecological Enlightenment: Essays on the Politics of the Risk Society*』를 통해 대중화되었다. 이 책들과 다른 글들에서 그는 레이첼 카슨Rachel Carlson과 이안 맥하그Ian McHarg 등과 같은 1960년대 환경주의자들의 견해를, 산업적 과정에서 수용할 수 있는 해악들에 관한 환경 정책의 수준을 조명함으로써 확장한 바 있다.

벡은 "드러나지 않는 잠재적 부작용의 모습으로 우리 생활 양식의 변형이 발생해 왔다"[23]라고 말하면서, 그러한 위험들의 수용을 우리 모두와 연루시켰다. 우리는 공간과 시간의 경계를 넘어서는 유독한 흐름이라는 조건을 물려받았다. 우리가 특정한 양의 사물들, 그리고 특정 수준의 기술 발전과 그에 따른 문화적 진보를 원했기 때문이다. 우리는 더 새로운 것, 더 많은 것, 더 빠른 것, 더 가까운 것을 갈망했다. 그리고 우리는 거기에 위험이 있다는 것을 알았지만, 그것이 작고 억제할 수 있다고 가정했다.[24] 교란된 독성의 부지는 특정한 산업적 과정의 결과이다. 하지만 그것은 또한 우리가 원한 생활 양식의 결과이며, 위험에 노출될 기회가 멀리 떨어져 있다는 순진한 믿음의 결과이기도 하다.

교란된 부지는 물질화되고 공간화되며 시간화된 위험이다. 산업적 과정의 해악을 억제하는 것의 어려움을 매우 명확하게 보여줌으로써, 불확실한 부지에 지어지는 대형 공원은 그 자체로 위험 사회에서 중요한 역할을 수행한다. 진흙 마개와 대지 경계를 넘어서 봉쇄된 틈으로 흘러나오는 유독성 화학 물질은 물의 하류와 바람이 불어 가는 쪽에서 읽힐 수 있고 인지될 수 있다. 그러나 이러한 점은 잘못 알려져 왔으며, 필자는 다음에서 시각, 냄새, 소리, 촉감 등을 통해 신체와 연관된 정신, 그리고 감성과 연결된 지성에 대해 보다 깊이 논의하고자 한다. 독 담론을 통해 환경을 지각하고 수년에 걸쳐 개선 과정을 겪는 대형 공원에 방문하는 소비자-환경주의자 시민은 자신의 환경을 다르게 받아들일 것이다. 그리고 벡과 부엘처럼, 추측컨대, 그는 자신의 소비 습관을 유지하는 데 수반되는 위험들을 고려하고 재고할 것이다.

불확실한 부지의 대형 공원 실천을 향하여: 독 담론과 개인적 집합체에서 공간적 실천으로

> *문명화에서 오는 위협은 가시 세계에서 벗어나 지구상의 인류의 삶을 위협하는 고대의 신과 악마의 영역에 비견할 만한, 새로운 종류의 "그림자 왕국"을 초래하고 있다. 사람들은 더 이상 물건 안에 존재하는 영혼과 교신하지 않지만, 그들 스스로가 "방사선"에 노출됨을 발견하고 "유독한 수준"을 섭취하며 "핵무기 대참사"에 대한 걱정의 꿈에 쫓긴다.… 위험하고 불리한 물질들이 무해한 외관 뒤에 숨어 있다. 모든 것을 이중으로 살펴야 하고, 바로 이 이중 점검을 통해서만 정확히 이해하고 판단할 수 있다. 가시적인 세계는 제 2의 현실—오직 상상 속에만 존재하고 세계 속에는 숨겨진—과 관련하여 조사되고 상대화되고 평가되어야 한다.*[25]

위의 문단이 속한 부엘의 "독 담론"에 대한 장은, 벡이 묘사한 위와 같은 위험 사회에 대한 내용을 인용하며 시작된다. 그들의 공동의 논의는, 특히 코헨의 논의와 합쳐지면, 미국인들의 개인적 가치, 집합적 정체성, 그리고 그들의 행동 사이의 모순의 특징을 설명할 때 적절하다. 그렇지만 필자는 몇 가지를 추가하여 제시하려고 한다. 어떻게 우리는 알려졌지만 인정되지 않는 관계—그림자 왕국—를 명시하고 규정하는 공적 영역public realm을 구축할 수 있을까? 어떻게 산업과 공동체, 소비와 폐기물/오염, 보안과 권력, 생태와 기술, 인간과 생물계 간의 연결을 공간화할 수 있는가? 어떻게 "뭐든지 괜찮은" 자유로운 공간 이상의 것을 지향하면서도 장소의 의미를 과잉 규정하는 설계가의 함정을 피할 수 있는가? 위험 사회를 위한 이러한 공적 영역은 신체, 가치, 행위, 산업, 그리고 환경 사이의 상호 연결을 둘러싸고 구성될 수 있다. 그것은 프로그램과 지속 기간과 부지를 결합하는 공간적 실천의 교차를 통해 규정되고 실행될 수 있다. 엥글러는 자신의 "통합적 접근integrative approach"을 통해 이러한 사고에 근접했다.

> *그것은 생태학의 원리를 예술 철학과—즉, 과학적 엄격함을 표현적 은유와— 통합한다. 그것은 자연과 문화의 역동적 균형을 표현하는 정보와 의미로 적층된다.… 그것은 생태*

적, 경제적, 사회적 의제를 결합하고 실용주의를 경험주의와 결합한다. 그것은 사람들을 매우 감각적이고 투명한 경관에 참여하도록 초대한다. 무엇보다도 그것은 물질의 흐름과 생생한 폐기물 경관의 지속을 촉진시킨다.[26]

하지만 그녀의 비전은 그다지 급진적이지 않다. 이 비전은 1970년대 초의 생태학 이론에 매어 있고 인간/비인간 관계의 개념과 연관된다. 또한 그 비전은 의미가 공적 장소에서 공간적 실천을 통해 규정되는 매일의 일상과 교류라는 경험으로부터 나오는 것이 아니라 기교적이고 기념적인 형태로부터 생성된다고 암시한다.[27] 그리고 그녀의 주제가 폐기물 경관 대 모든 교란된 부지의 구도이기 때문에, 그녀는 위험을 인식하는 가치와 공간적 · 물리적으로 불확실성을 기록하는 시도의 가치를 다루지 않는다.

자연적 조화와 균형에 대한 이러한 시대착오적 의식의 설계적 대안은 무엇인가? 형태에 특별한 의미를 대입하고자 노력하는 것인가? 다시 한 번, 부엘과 벡의 글들에 귀 기울일 만하다. 미국인들이 다른 사람 및 환경과의 관계성을 이해하게 되는 부엘의 독 담론 개념 내에서, 우리는 새로운 사회적 결속인 "협동할 수 밖에 없는 집합체"[28]가 생겨나기를 기대할 수 있다. "공동체community"가 아닌 "집합체collectivities"는 흥미로운 단어 선택이다. 그것은 개인들이 하나의 목표를 향해 함께 일하지만 모이지는 않는다는 점을 암시한다. 그들은 그들의 개별성을 유지하지만 그들의 환경적 가치와 행동을 통해, 소비와 생산 방식을 통해 그들의 상호 의존성을 인식한다. 울리히 벡과 엘리자베스 벡-게른스하임 Elisabeth Beck-Gernsheim은 아래와 같이 한층 조심스럽게 언급한다.

[공적 영역은] 더 이상 집합적 결정을 행하지 않는다. 이것은 단결이나 의무에 관한 문제가 아니라 상충적 공존conflictual coexistence에 관한 것이다.… 사실, 문화적 염세주의자들이 비난하기 좋아하는 가치들이 쇠퇴한다는 것은, 생태학적 · 경제학적으로 수단을 극복해서 살아가는 시기에 "더 큰, 더 많은, 더 나은"이라는 신조로부터 탈출할 가능성을 열어두는 것이다. 자아가 항상 집단의 방식에 종속되어야 했던 과거의 가치 체계에 반하여, 이러한 새로운 "우리"라는 지향점은 협력적 또는 이타적

인 개인주의와 같은 무언가를 만들어 내고 있다.[29]

집단 내의 개인성, 상충적 공존, 그리고 협력적 또는 이타적 개인주의 의식을 활용하고 강화하는 공원 프로그램과 공원 경험은 무엇일까? 확실히 포괄적인 적합성을 어렴풋이 아는 것 이상으로, 스케이트 타고 자전거 타고 재활용하며 미소 짓는 사람들이 교란된 부지의 대형 공원에 관한 대부분의 조작된 이차원적 디지털 이미지—포토샵 등의 소프트웨어로 만들어진—로 충만한 경관에 있다. 많은 유형의 교란된 부지들과 그것들을 둘러싼 이웃들만큼이나 많은 가능한 접근 방법들이 있어야 한다.

가능한 많은 만남과 공간을 상상하기 위해서는 새로운 방식의 드로잉과 모델링이 요구된다. 아마도 드로잉이 어떻게 표면에 프로그램의 일시적 펼쳐짐을 보여주는 지에 대한 가장 좋은 예는 아누 마더Anu Mathur와 딜립 다 쿠나Dilip da Cunha의 작품에서 볼 수 있을 것이다. 우리는 유사한 표기 체계notational system를 생태적 과정, 문화적 의식, 산업적 생산, 그리고 정치적 작용의 복잡한 일시적 · 공간적 기보법choreography을 상상하는 데 활용할 수 있는 설계가들을 필요로 한다. 마더와 다 쿠나가 지난 10년 간 다양한 설계 공모전과 연구 프로젝트를 통해 발전시켰으며 프레쉬 킬스 파크 공모전에서도 사용한 표기 다이어그램들은 교란된 부지의 계획과 설계에 있어서 널리 적용할 만한 모델이다. 이러한 분석적 다이어그램은 설계가, 컨설턴트, 고객에게 사건들의 새로운 배치, 병치, 전위, 증폭 등을 상상하게 한다. 그것들 간의 부조화를 통해서 그 사건들은 우리가 안락함과 교환하고자 하는 알려지지 않은 위험들과 관계들을 보다 명백하게 만든다. 2006년 ASLA 학생 공모전의 출품작 중에는 특별한 예들이 있었는데, 제임스 코너James Corner와 알렌 버거Alan Berger뿐만 아니라 마더와 다 쿠나에게서 영감을 얻은 것이 분명한 표기 체계의 훌륭한 사례들이 있었다. 커뮤니케이션 부문 수상작인 브렛 밀리건Brett Milligan의 "커다람을 조종하기Navigating Bigness"는 산업적 경관 안과 밖에서, 그리고 그것을 관통하는 사회적 · 생태적 · 산업적 · 경제적 흐름의 교차에 대한 엄격하고 세련된 묘사였다. 특히 부지에서부터 지역적 · 세계적 규모에 이르는 다중적 스케일을 그려낸 방식이 흥미로웠다(그림 3~9).[30]

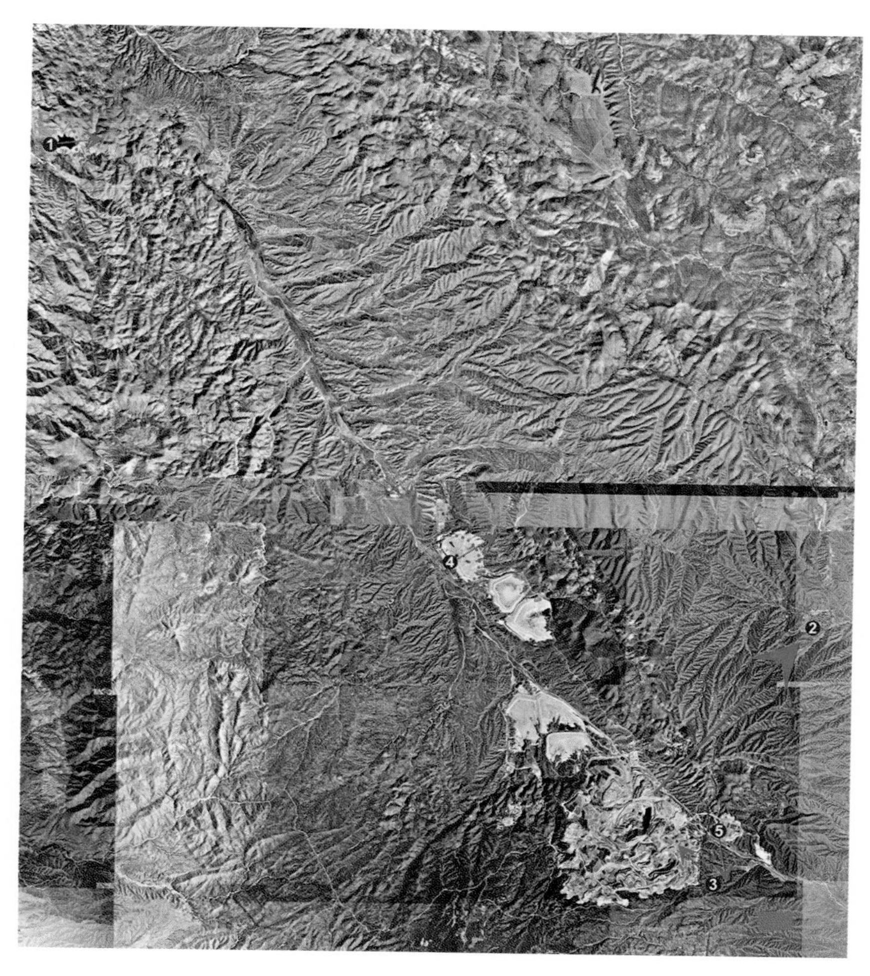

그림 3. "경계의 변환과 확장(Permutation and Extension of Boundary)" 이라는 제목의 티론(Tyrone) 노천 탄광 조감 도면은 브렛 밀리건의 뉴 멕시코 대학교 조경학 석사(MLA) 졸업 프로젝트인 "커다람을 조종하기: 기업적 경관의 재정의(Navigating Bigness: Redefining Corporate Landscape)" 의 핵심이다. 가설적인 대안적 기업 연간 보고서인 그의 프로젝트는 광업 단지와 그 주변 맥락—지역적 스케일에서 지구적 스케일까지— 사이의 흐름을 맵핑함으로써 산업적 경관이 공간적 경계를 결정해 왔다는 관념에 도전하고 있다. 그림 3~9는 "커다람을 조종하기" 내의 다이어그램과 지도의 일부 사례이다.

이 작품은 식물을 이용한 정화지로의 접근, 교란된 부지에 거주하기, 실험 부지 근처의 패스트푸드 가판대, 수 처리 연못 위에서 보트타기 등과 같은 활동의 혼합 중 다수가 용인되기 어렵거나 문제가 될 수 있다는 것을 보여준다. 몇몇 새로운 "대형에 가까운" 공원들은

그림 4. "커다람을 조종하기" : 산타 리타(Santa Rita) 노천 탄광은 45억 톤의 재료로 구리판을 만드는 대규모 집합 채굴 및 제조 네트워크의 일부이다.

이러한 믿기 어려운 병치juxtaposition의 힘을 보여주었다. 예를 들어 하그리브스 어소시에이츠Hargreaves Associates의 샌프란시스코 크리시 필드Crissy Field는 연약한 조류 서식처를 인근 지역의 거주민들이 정기적으로 이용하는 변화한 해변 산책로와 병치시켰다. 이러한 경관에서 공공성은 탁아소, 학교, 여름 캠프, 노인 복지 시설, 그리고 재방문을 장려하는 다른 활동 등 여타 프로그램의 가능성을 제공해 주는 복합적 방문에 의해 강화된다.

그림 5. "커다람을 조종하기": 두 번째 노천 탄광인 비스비/라벤더(Bisbee/Lavender)는 폐광된 지 30년이 되었지만 부식과 오염의 화학적 · 기계적 과정은 계속되고 있다.

하지만 활동의 선별과 기보법만이 개인적 집단성을 발생시키지는 않을 것이다. 그러한 공원들은 그 내부에서 한 개인의 행동이나 그에 따른 상호 작용의 시스템적 영향이 명백해지는 만남과 경험을 제공해야 한다. 그러한 곳에서 우리는 시스템을 넘어서는 행동과 상호 작용—예컨대 생태적 과정이 기술적 과정으로 흡수되는 경우, 정화 기술을 관찰하고 그것에 참여하는 일이 매년 집단적인 사회적 행사 때 일어나는 경우, 우리의 쓰레기 더미가 야생 동물의 서식처가 되는 경우 등—을 상상할 수 있다.

이러한 공원들에 드나들거나 경계를 따라 걷거나 드라이브하는 경험은 설계가에게 매우 도전적인 기회를 제공한다. 어떻게 이런 공간들이 완충 장치buffers로서의 중립적 역할에서 벗어나 교환과 중첩의 공간이 되게 할 수 있을까? 어떻게 하면 공원의 경계가 환경적 결과와 위험이 목격되는 문턱threshold이 될 수 있을까? 교란된 부지에서 대형 공원의 작용은 우리의 상호 의존성을 활용하는 것에 달려 있으며, 협력적 개인으로서, 위험 사회의 소비자-환경주의자 시민으로서 우리의 관계를 규정하도록 하는 데 달려 있다. 우리는 집합적 개인의 경험을 통해, 그리고 독 담론을 통해 자연을 경험한다.

이러한 목적은 야심적이거나 순진하게 보일 지 모르며, 현재의 규제 내에서는 실현하기 어렵게 보일 수도 있다. 그렇다면, 아담스, 벡, 부엘, 코헨과 같은 학자들이 이미 그들의 글에서 이 변화하는 감성, 정체성, 제휴를 언급해 온 이 시점에서, 우리는 왜 고민해야만 하는가? 대형 공원이 그들의 책, 혹은 환경영향평가서, 과학 저널, 실험적 정화 부지보다 더 나은 것은 무엇인가? 교란된 부지의 대형 공원은, 한눈에 살펴보기에는 너무 크고 다중적인 시스템과 과정을 함축할 만큼 포괄적인, 그러한 광대한 경관에 대한 몰입적이고 미적이고 집합적인 경험을 제공해 준다. 이 신체적이고 촉각적인 미적 경험은 추상적 지식을 체화된 지식으로 변화시킨다. 그것은 독서로는 가능하지 않은 방식으로 한 사람을 행동하게끔 하는 능력을 지닌다.

부엘과 벡 모두 환경적 의식을 바꾸는 과학적 연구뿐 아니라 문화적 산물의 힘에 대해서도 주목한 바 있다. 부엘은 우리가 화학적, 의학적, 법적 측면과 같은 독 담론의 다른 형태에 집중하는 것 이상으로 "생각, 가치, 느낌, 표현, 그리고 신념의 구조" 에도 집중해야 한다고 주장한다.[31] 다시 한 번, 부엘은 벡을 인용한다.

> *모든 환경적 노력의 성공은 "어떤 고도로 발달한 기술이나 비밀스러운 새로운 과학" 에 달려있는 것이 아니라 정신 상태, 태도, 느낌, 이미지, 이야기에 달려 있고, "자연이 사람들의 일상적 이미지와 대화 속으로 들어올 때에만 그 아름다움과 고통을 볼 수 있고 집중할 수 있다."*[32]

여기서 우리는 자연의 경험이 출판물이나 실제의 사실이 할 수 없는 방식으로 사람들에게 영감을 불어 넣고 자극한다는 것을 이해하기 시작한다. 이러한 자극의 결과로 나오는 행동들은 물론 예상할 수 없다. 하지만 그것들은 다르다. 그리고 환경적 논쟁들에 스며있는 반감과 혐오의 정도를 고려한다면, 새로운 생각과 행동이 반드시 필요하다. 사실, 교란된 부지의 경관 미에 대한 우리의 기대를 넓히는 탐색은 새로운 공간적 실천과 함께 진행되어야 한다. 자연의 공간에서 아름다움은 단지 행동을 자극할 뿐만 아니라 우리의 관심을 우리 자신으로부터 집합적인 것과 환경으로 옮겨 놓는 능력을 지닌다.
엘레인 스케리Elaine Scarry는 『아름다움과 정의로운 것에 대하여*On Beauty and Being Just*』에서 그러한 예를 설득력 있게 기술하고 있다.

> *무언가를 아름답게 보는 순간, 우리는 급격한 분산을 겪는다. 시몬느 베일Simone Weil에 따르면, 아름다움은 "중심이라는 우리의 가상의 위치를 포기할 것을 요구한다.… 감각 지각의 즉각적 수용과 심리적 인상에 있어서, 우리 감수성의 바로 그 뿌리에서 변형이 일어난다." 베일은 무미건조하게, 종종 묘사 없이 말하며, 독자들에게 그들 스스로의 경험에 대한 그녀의 단언이 사실인 지 검증해 보라고 암시적으로 요구한다. 그녀의 설명은 항상 매우 신체적이다. 무엇이 일어나는 지, 우리의 몸에 무엇이 일어나는 지. 우리가 아름다운 사물들을 접할 때… 그것들은 더 광대한 공간으로 우리를 밀어 넣는 세계의 표면에 맺힌 작은 물방울처럼 행동한다.… 우리는 우리가 예전과 다르게 세계와의 관계 속에 서있음을 발견한다. 그것은 우리가 세계의 중심에 서는 것을 중단하는 것이 아니며, 우리는 그 중심에 서 있지도 않았다. 그것은 우리가 우리 자신의 세계 중심에 서는 것을 그만 두는 것이다. 우리는 우리의 땅을 우리 이전에 존재하는 것에게 기꺼이 양도한다.*[33]

불확실한 부지의 대형 공원 설계를 실천함에 있어서 이 마지막 요점은 신체적 · 미적인 경관 경험을 —즐겁고 일반적인 경치가 아니라— 한 개인과 세계 사이의 관계를 구축하고 책임을 확립하는 수단으로 연관시키는 것이다. 우리는 어떤 종류의 아름다움이 적절한 지, 어떻게 그것이 기쁨과 교란을 혼합하는 지, 그것이 어떤 종류의 경관을 의미하는 지에 대해 상상하도록 도전받는다. 연관된 두 사례가 추가적인 고찰을 하도록 해 준다. 부엘은 체릴 포스터Cheryl Foster의 "미학적 각성, 윤리, 그리고 예술Aesthetic Disillusionment, Ethics, and Art"을 인용하여 첫 번째 사례를 보여 준다.

> *만약 내가 부엌 창문으로 화려한 일몰의 장관을 보고 그 아름다움에서 굉장한 즐거움을 얻고 있는데 광산의 한 친구가 방문하여 모든 색의 원인은 공기 속 이산화황의 급증이 원인이라고 알려준다면, 나는 어떻게 반응해야 할까? 또한 그 친구가 강 상류에서 공장을 가동한 결과인 그 황이 하류 습지 생활에 치명적 결과를 일으키는 오염물질이라는 것을 말해 준다면?*[34]

이처럼 황을 함유한 석양에서 드러나는 역설적 환기는, 에밋 고윈Emmet Gowin과 에드워드 버틴스키Edward Burtynsky의 산업 경관 사진에 대한 필자의 반응을 상기시킨다. 고윈의 부드러운 은색 표면과 어둡고 그늘진 형태는, 그 실체가 광산, 군대의 참호, 핵 실험 분화구라는 점이 표면 밖으로 드러나기 전까지는, 우아하며 매혹적이다. 버틴스키의 부드러운 줄무늬 대리석 노출과 오렌지 빛 용액의 클로즈업 사진 또한 아름답다. 하지만 이 사진은 산을 굴착하는 산업 과정에서 야기된 환경 파괴의 정도를 드러내는, 같은 경관을 멀리서 본 파노라마 사진과 짝을 이룬다. 그것들이 아름답기 때문에 산업적 과정에 대한 필자의 마음이 바뀌는가? 글쎄, 그렇다. 필자는 그렇다고 말함으로써 어느 정도 죄책감이 든다. 하지만 그러한 아름다움은 또한 필자로 하여금 전에 하지 않았던 —그리고 그것에 관한 독서가 하지 못할— 방식으로 파노라마 사진 속의 산과 계곡을 돌보게끔 한다.[35]

불확실한 부지의 대형 공원 설계가를 위한 공리:
오염물 정화에서부터 공동체 다시 상상하기까지

코헨, 부엘, 그리고 벡의 연구는 대형 공원 형식으로 설계된 경관의 새로운 경험을 위한 청중이 이미 존재한다고 제시하고 있다. 그들은 역사적 작용agency과 동시대적 삶이 결부된 확산, 소비, 생산의 부산물인 부지들을 연결할 수 있는 청중이다. 그들의 신체 자체와 집합적 행동들은 건강과 독, 생태와 기술, 과거와 현재 사이의 경계를 넘나든다. 아직 그러한 부지들 위의 놀이와 움직임이 수반하는 위험의 계산할 수 없는 불확실성은 청중들에게 추상적으로 남아있다. 따라서 우리는 '공원의 작용' 대 '다른 형식의 앎' 의 사례를 살펴볼 필요가 있다.

대형 공원은 대형 경관을 개선할 기회를 준다. 하지만 대형 공원은 그 이상을, 즉 환경적 태도를 바꾸고 사회적 집합체의 새로운 자리를 구축하고 행동을 이끌어 내는 기회를 제공해 준다. 이러한 대형 공원들이 지어지고 있는 과거의 산업 부지들은 생산과 소비의 잔여 유산에서 나온 독성의 작용제이다. 만약 1950년대 이래 미국의 발전을 대량 소비 및 재화를 소비하는 시민의식과 동일시하는 코헨의 이론을 받아들인다면, 그러한 부지들이 깊이 관련될 것이다. 공장, 발전소, 특히 매립지는 단지 폐기된 기술의 상징이 아니다. 그것은 20세기 후반의 공유된 미국 문화—풍족, 획득, 의도적 노후화, 폐기물 등—를 상기시킨다. 그러한 부지들을 새로운 도시 시설이자 교외 시설인 새로운 공공 공원으로 재활용하는 것은 —그러한 가치들의 복권과 증명 행위로서, 혹은 우리의 집합적 무절제와 오만에 대한 상징물로서— 하나의 연속선상에서 해석되어야 한다. 만약 우리의 집합적 정체성이 우리가 공유하는 소비 패턴으로 인해 만들어졌고 그 패턴이 의도하지 않은 환경적 퇴락을 일으켰다면, 퇴락된 부지를 공원으로 재이용하는 것은 사적 행동과 공적 가치, 각 개인들과 세계 사이의 새로운 연결을 생성시키는 수단으로서 공원의 작용을 부활시켜야 할 것이다. 대형 공원은 소비자-시민 스스로가 제기하는 환경적 가치와 소비 패턴 사이의 간극을 인식하게 하는 기회를 주는 공간이다. 교란된 부지의 대형 공원에서 소비자-환경주의자 시민 세대는 그들의 모순된 신념과 충동과 행동의 물리적 징후를 발견할 수 있을 것이다.

대형 공원은 추상적 시스템 간의 무언의 비가시적 관계를 가시화시킬 수 있는 독특한 문화적 산물이며 환경적 경험이다. 이는 대형 공원을 큰 것이나 특별한 장소 또는 창발적 시스템을 넘어서서, "일상 생활의 무지" 와 소비 사회의 자기 중심성을 극복할 수 있는 무언의 비가시적 관계에 대한 미적 경험으로 여길 것을 요청한다.[36] 그것은 우리에게 대형 공원을 개인적인 공간적 실천들의 무수히 많은 장으로 상상하기를 촉구한다. 그 공간적

그림 6. "커다람을 조종하기": 빌 에반스 호수(Bill Evans Lake)는 남겨진 여가 공간이자 교란된 부지이다. 이 폐기된 노천광에서는 산업 용수-펌프 장치의 형태로 표면 아래에 위험이 숨어있기 때문에 보트 타기는 허용되지만 수영은 금지된다.

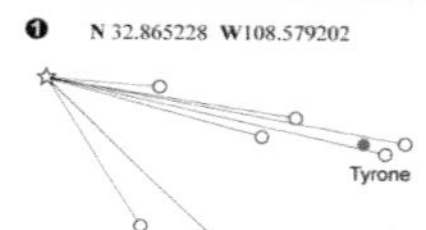

Bill Evans Lake is over twelve miles northwest of the Tyrone mine, yet it was specifically built to supply the mine with water drawn from the Gila River. The water is pumped several hundred feet up to the artificial lake via a pumping station next to the Gila, with a storage capacity of 2100 acre feet of water. The lake gets its name from the lawyer who enabled Phelps Dodge to build the infrastructure in 1969 by selling it as a public amenity. The steep semi-circular earthen dam at the southern edge of the lake ensures the visual impossibility of it being a "natural" lake. The water is stocked with fish and the Saturday evening that I was there people were fishing and hanging out by their RVs. Signs warn against swimming in the lake as someone drowned here in 2003. I wondered if it had anything to do with the massive pumps and pipes that emit the water somewhere out near the middle. A fascinating, largely invisible, engineered phenomena. Bill Evans lake doesn't appear anywhere in Phelps Dodge's recent annual reports.

그림 7. "커다람을 조종하기" : 이러한 노천광과 같은 대형 산업 부지는 번갈아가며 기업 생태계(corporate ecologies)의 일부가 되는 노동자용 주거지를 인근에 필요로 한다.

The in-between landscape

The distilled product is displaced from the corporate site of its origin to be purchased and used somewhere else. The in-limbo process of getting to the buyer involves an elaborately orchestrated system of transportation flows in which the commodity glides along public highways to its destination.

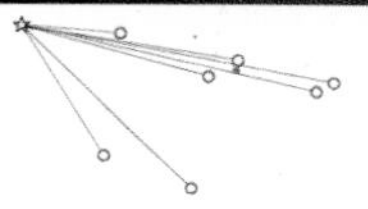

❶ N 33.448819 W 112.073442

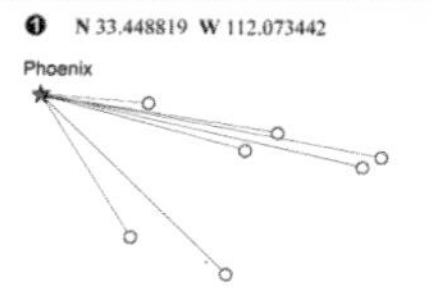

Surprisingly, **there is no landscape facade.** The only *landscape* here is a small curb and gutter parking lot behind the tower. The front of the structure leaves no room for ornamental landscape as it edges right up against the street. The **corporate facade occurs in the slick vertical planes of a tower** that fully occupies the entire block. One does not walk around the building, but rather through its edges. Phelps Dodge **references its productive process through the decorative display of the commodity it produces.** Copper (and facsimiles of copper) in painted plastic, guilded edges and surfaces of the tower. The glass facade reflects outward, rather than inviting one in, creating a fortress that is **visually impenetrable.** The effect is a near perfect built analogy for the secretive strategic positioning of Phelps Dodge's upper and senior administration.

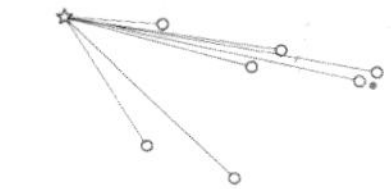

Accepted programmatics of the urban condition:

The everyday clean, crisp assemblage of industrial materials. The invisibility of accumulated landscape pastiche. Glass, steel, stone, concrete, copper...
The enabling systems of material hypermobility are so ingrained that they go unseen.

그림 8. "커다람을 조종하기" : 교란된 산업 부지들은 거대한 수송 인프라 네트워크를 통해 소비자와 공동체로 연결된다(위).

그림 9. "커다람을 조종하기" : 많은 제조업체의 상징인 기업 본사는 얇은 구리 판 생산을 위해 필요한 물질과 에너지 흐름의 거대한 네트워크에 대해서는 아무런 단서도 없는 무언의 이미지만을 갖는다(아래).

실천들의 교차와 중복은 개인의 세심함을 향상시키고, 집합적 행동 의식과 "상충적 공존"을 제공해 준다. 이러한 과정, 그리고 그것과 연관된 위협이나 위험을 가시적이고 명백하게 만드는 데 있어서 개인들은 그것을 인식할 것이고 행동하도록 자극받을 것이다.[37]

집합적 정체성과 환경적 가치를 변화시키는 효과적인 대행자agent가 되기 위해서, 대형 공원의 설계는 다중의 시간적 전략을 구사해야 한다. 이는 결코 조경에 있어서 새로운 관심사가 아니다. 시간적 전략은 경관이라는 매개체에 내재되어 있는 것이다. 시간적 전략은 지난 40년간 로렌스 핼프린Lawrence Halprin의 글과 작품에서 필수적인 것이었다. 필자를 포함한 많은 설계 비평가와 이론가들은 조경 이론과 실천에서 1980년대 후반 이후 볼 수 있는 공간적 점유에서 시간적 점유로의 이행을 언급해 왔다. 최근 뒤스부르크-노드 파크에서 프레쉬 킬스와 다운스뷰 파크에 이르기까지 대형 공원 설계 공모전의 탁월한 출품작들은 역동적 · 수행적 · 비종결적 프로세스의 매개체로 경관의 시간적 특질을 활용하는 설계 전략들을 구사해 왔다.

시간적인 면에 대한 이러한 요청에서 다른 점은, 그러한 접근이 생물학적 정화를 거치고 있는 오염의 역사를 가진 산업 부지들과의 긴밀한 윤리적 의제를 수반한다는 점이다. 아담스는 근대 사회가 환경에 대한 산업화의 영향의 시간적 차원을 개념화할 수 없었다고 말한다. 산업적 시간—달력, 시계, 기계의 시간—이 우선시 되었고, 그러한 시간은 자연의 역동적 과정으로부터 분리된 것으로 여겨졌다. 아담스는 현재의 환경 문제를 극복하는 핵심적인 개념적 도구가 공간성이 아니라 시간성temporality이라고 제안함으로써 그러한 비판적 입장을 불확실한 부지의 조경 설계에 한 걸음 더 가까이 가져다 놓았다.[38] 그녀의 『근대성의 시경관: 환경과 보이지 않는 위험들*Timescapes of Modernity: The Environment and Invisible Hazards*』의 서론에는 교란된 후기 산업 부지들의 오염 원인에 대한 설명이 읽기 쉽게 쓰여 있다.

> *하지만 자연, 환경, 그리고 지속가능성은 단지 공간의 문제가 아니라 근본적으로는 시간적 영역이고 과정이고 개념이다. 더 나아가 그 시간성은 단순함이나 단일함과는*

거리가 멀다. 그것은 이 지구의 존재의 다차원적이고 복합적인 측면이다. 내 생각에, 이러한 시간적 복잡성에 대한 깊은 지식이 없다면, 환경적 활동과 정책은 좌초되고 그것이 스스로 만든 공간적 궁지로부터 끌어올릴 수 없다.… 나는 삶의 산업적 모델 내에서 일어나는 갈등들에 주목한다. 그러한 갈등들은 a)우주적 · 자연적 · 문화적 리듬의 복잡성과 상호 침투, b)생태계의 리드미컬함과 속도에 대한 산업적 시간의 부과, c)시각에서 가려지고 숨겨진 것을 희생하여 눈에 보이는 물질성과 양만을 강조하는 것의 만연 등에서 발생한다.[39]

계속해서 그녀는 경관이라는 주제를 보다 직접적으로 다룬다.

경관landscape, 도시경관cityscape, 바다경관seascape 등 여러 다른 경관들scapes이 유기체와 물질의 과거 및 현재 활동과 상호 작용의 공간적 특징들에 초점을 두는 것인 반면, 시경관timescape은 그 리드미컬함, 타이밍과 템포, 변화와 접촉을 강조하는 것이다.[40]

필자는 조경 설계 비평이 필요로 하는 최후의 무언가가 다른 형식의 "경관scape" 이라고 짐작하는 정도이지만, 아담스의 개념은 "경관landscape" 의 공간적 · 시각적 편향을 명백하게 피한다. 시경관은 부지보다 더욱 분명하게, 시간에 걸쳐 펼쳐진 생태적 · 산업적 과정과 밀접하게 관련된다. 필자는 여기서 설계 언어로 다른 "경관scape" 을 추가하기보다는 이 글의 초반부에서 말했던 공간적 실천이 매일의 일상, 몸짓, 신체의 움직임, 리듬, 그리고 지속성을 전제로 한다는 점을 강조하고자 한다. 시간성은 이러한 공간적 실천들이 역동적이고 혼합적인 생태적 · 산업적 과정에 의해 바뀌는 물질과 표면을 가로지른다는 점에서 복합적이다.[41] 이 풍성한 시간성의 개념은 서로 관련 없어 보이는 많은 범주들, 즉 신체와 부지, 생태와 산업, 소비와 생산 등의 개념적 다리로 작용한다. 이것이 불확실한 부지의 대형 공원 설계 실천—비평적이고 이론적인 실천—의 핵심이다.

낯선 아름다움, 위험의 경관, 그리고 문화적 작용

불확실하고 교란된 부지에 대형 공원을 설계하는 시도는 많은 조경 설계가들에 의해 기술적인 도전으로 받아들여져 왔다. 오랜 기간에 걸쳐 일어나는 프로세스에 의존해야 할 필요성은 크고 복합적인 부지의 작동적 · 수행적 · 시간적 측면에 주목하도록 한다. 필자는 이 대형 공원들이 훨씬 많은 것을 할 수 있다고 확신한다. 그것들은 도시 생활, 독 담론, 그리고 우리의 소비자 공화국에 기여하고 도전할 수 있다. 대형 공원들은 산업적 과정이 담고 있는 사회적 · 경제적 · 정치적 이슈뿐만 아니라 환경 문제의 재구성에 도움이 될 수 있다.

그러한 경우, 대형 공원은 회화와 영화에서부터 생태 비평과 공상 과학 소설에 이르기까지 여러 다른 유형의 문화적 산물과 유사한 기능을 한다. 그것은 우리의 소비자 공화국과 위험 사회의 환경적 결과물에 대한 이해를 확장시키면서 우리의 환경적 불신, 불안감, 꿈을 기록한다. 하지만 대형 공원은 그 주체인 교란된 경관이라는 본질을 철저히 바꾼다는 점에서 다른 문화적 산물들과 다른 방식으로 기여한다. 대형 공원은 우리가 신체를 통해, 그리고 광대한 생태적 장과 경관 매트릭스에 흩뿌려진 공간적 실천을 통해 그 물리적 형태의 특정한 배치를 경험한다는 점에서 우리에게 다른 방식으로 영향을 미친다. 바로 이러한 점에 대형 공원 특유의 역할과 약속이 있다.

독특한 경관의 아름다움은, 예를 들어 뒤스부르크-노드 파크의 잿더미 위에 있는 노란 이끼나 오염된 철로에 이식된 자작나무 숲, 버드나무 덤불, 취어초와 같이, 오염된 부지에서 발견될 수 있다. 그러한 경관의 아름다움은 또한 피터 라츠가 코크스나 석회암 등 이전의 산업 재료를 저장한 철면 벙커에 설계한 놀이터와 정원과 같이 정화된 오염 부지에서 증폭되고 압축되고 창조된다.[42] 독특한 경관의 아름다움은 펜실베이니아주 빈톤데일 파크Vintondale Park의 산성 광산 폐수 처리 웅덩이의 매우 놀라운 연속적 색채에서 응축된다. 그곳에서 탄광 폐수는 불연속적이지만 상호 연결된 일련의 웅덩이를 통해 점점 정화되면서 "산성 오렌지색에서 황록색으로, 알카리성 푸른색으로" 변한다(그림 2 참조).[43]

엘레인 스케리의 『아름다움과 정의로운 것에 대하여』는 교란된 부지의 설계가로 하여금 그 부지를 깨끗하게 하는 것만으로는 충분하지 않음을 인식하게 해 준다. 오염된 산업 부지에서 발견되는 낯설고 특별한 특징에서 우러나오는 아름다움을 창조하는 것은, 환경적 재중심화 과정의 첫 단계이다. 스케리의 주장에 따르면, 교란된 부지의 설계가에게 주어진 도전은 "타자"를 돌보도록 우리를 재중심화하고 불안정하게 하고 이동시키는 아름다움—작용하는 아름다움—이 일반적이거나 친숙한 것이 아니라는 점이다. 그것은 항상 특별하다. 이러한 점을 안 뒤에 교란된 부지의 "위장 접근법"에 대해 어떻게 논의할 수 있을까?

교란의 경관은 항상 불확실성과 위험의 부지이자 걱정과 불편함의 장소일 것이다. 그곳에서 발견되고 창조되는 아름다움의 경험은 우리가 공유하는 그림자 왕국, 즉 오염된 미국 경관에 관한 걱정과 불안을 반영할 것이다. 교란된, 그리고 교란되고 있는 부지의 이러한 새로운 공적 영역은, 그 거대한 공간의 내부 및 주변에서 휴양하고 살고 일하는 목격자들을 필요로 한다. 대형 공원에서의 일상적 경험을 통해 교란, 의심, 불확실성, 그리고 아름다움과 조우하는 목격자들은 당황할 것이고 이내 의문을 가지고 자신을 재중심화할 것이다. 그들은 심지어 시민의식의 공적 영역뿐만 아니라 사적 영역도 생각할 것이다. 위험 속에서 아름다움을 경험하는 것이 개인들의 집합성을 불러일으켜 그들을 일상생활에서 다르게 행동하도록 한다면 어떤 일이 벌어질까? 우리는 경관의 문화적 작용이 해낼 수 있는 것을 진정으로 알게 될 지도 모른다.

notes

1 DIRT 스튜디오의 줄리 바그만(Julie Bargmann)은 오염된 또는 독성 부지에 초점을 둔 자신의 설계에 관한 여러 특강의 제목을 "독성의 미(Toxic Beauty)"라고 붙여왔다. 다음 또한 참조할 것. Mira Engler, *Designing America's Waste Landscapes* (Baltimore: Johns Hopkins University Press, 2004), 그리고 Niall Kirkwood, *Manufactured Sites: Rethinking the Post-Industrial Landscape* (New York: Spon Press, 2001).

2 교란(disturbance)이란 생태계, 군집, 군락 구조를 붕괴시키고 자원, 기질, 활력, 물리적 환경을 변화시키는 어떤 상대적 분리 사건이다. 다음을 참조할 것. Steward T. A. Pickett and P. S. White, eds., *The Ecology of Natural Disturbance and Patch Dynamics* (Orlando: Academic Press, 1985), 7. 그리고 Steward T. A. Pickett, Victor T. Parker, and Peggy L. Fiedler, "The New Paradigm in Ecology: Implications for Conservation Biology above the Species Level," in Peggy L. Fiedler and Subodh K. Jain, eds., *Conservation Biology* (New York: Chapman and Hall, 1992), 66-88.

3 El Toro Marine Corps air station website: http://www.golbalsecurity.org/military/facility/el-toro.htm (2006년 8월 31일에 접속). Gordon Smith, "A Park Like No Other," The San Diego Union-Tribune(May 7, 2006): http://www.signon-sandiego.com/uniontrib/20060507/news_mz1h07park. html (2006년 8월 31일에 접속)

4 이러한 포스트-인더스트리얼 부지들의 개발이 호기를 맞고 있다는 사실의 결정적인 조짐은 여러 대학교의 건축과 조경 프로그램에서 관련 설계 스튜디오, 기술 과목, 세미나 등이 급증하고 있다는 점에서 볼 수 있다. 필자는 2006년 미국 조경가협회(ASLA) 학생 공모전의 심사위원을 맡아서 교란된 부지를 기술하고 분석하고 설계하는 방식을 다룬 수많은 모범적 설계, 연구, 커뮤니케이션 제출작들을 리뷰한 바 있다.

5 Charles Beveridge and Parl Rocheleau, *Frederick Law Olmsted: Designing the American Landscape* (New York: Rizzoli, 1995), 35.

6 Beveridge and Rocheleau, *Frederick Law Olmsted*, 49-50; 그리고 Adam Gopnik, "Olmsted' s Trip," *The New Yorker*, March 31, 1997, 96-104.

7 Paul Driver, *Manchester Pieces* (London: Picador Press, 1996), 156.

8 Engler, *Designing America' s Waste Landscape*, 37; 그리고 Mira Engler, "Waste Landscape: Permissible Metaphors in Landscape Architecture," *Landscape Journal* 14, no.1 (1995): 10-25.

9 Engler, *Designing America' s Waste Landscapes*, 123.

10 Lizabeth Cohen, "The Mass in Mass Consumption," *Reviews in American History* 18 (1990): 548-55.

11 Lizabeth Cohen, *A Consumer' s Republic: The Politics of Mass Consumption in Postwar America* (New York: Knopf, 2003), 408-9.

12 위의 책, 347, 404.

13 노동의 역사와 지역 사회의 역사 또한 교란된 부지와 연관된다. 이 글의 초점에서 벗어나지만, 노동의 역사와 지역 사회의 역사 역시 동시대 설계 실천에 있어서 종종 간과되는 역사이다. 주목할 만한 예로 줄리 바그만과 건축사학자 다니엘 블루스톤(Daniel Bluestone)이 협력하여 진행한 버지니아대학교(University of Virginia)의 조경 설계 스튜디오를 들 수 있다.

14 Cohen, A Consumer' s Republic, 408-9.

15 다음을 참조할 것. Nicholas Nash and Alan Lewis, "Overcoming Obstacles to Ecological Citizenship: The Dominant Social Paradigm and Local Environmentalism," in Andrew Dobson and Derek Bell, eds., *Environmental Citizenship* (Cambridge, MA: MIT Press, 2006), 153-84, 특히 "Cultural Obstacles to Ecological Citizenship," 155-58.

16 Engler, *Designing America' s Waste Landscape*, 123.

17 Barbara Adams, *Timescapes of Modernity: The Environment and Invisible Hazards* (New York: Routledge, 1998).

18 Lawrence Buell, *Writing for an Endangered World* (Cambridger, MA: Belknap Press of Harvard University, 2001), 53, 31, 34.

19 위의 책, 53.

20 *Landscape Journal* 17, no.2 (1998). 특집 "Eco-Revelatory Design: Nature Constructed/Nature Revealed"는 브렌다 브라운(Brenda Brown)이 객원으로 편집했다. 이 특집은 Kristina Hill, "Ring Parks as Inverted Dikes", Julie Bargmann and Stacey Levy, "Testing the Waters" 등 교란된 부지에 관한 몇몇 프로젝트를 담고 있으나, 전체적인 초점은 "생태적 현상, 과정, 관계를 드러내는 설계, 즉 생태-계시적(eco-revelatory) 설계라 불리는 것"에 맞춰져 있다.

21 Ulrich Beck, *Risk Society: Towards a New Modernity* (London: Sage Publications, 1992), Buell, *Writing for an Endangered World*, 30면에서 재인용. 벡은 위험 사회(risk society)를 다음과 같이 설명한다. "(위험 사회는) 진보의 어두운 이면들이 사회적 쟁점에 대해 점점 지배력을 갖게 되는 하나의 중요한 사건이다. 누구도 보지 않았고 누구도 원하지 않았던 것—자기 위협 요소와 자연의 황폐화—이 역사의 구동력이 되고 있다. 여기서 우리는 위험 요소의 분석에 관심을 기울이지 않고, 인류가 그들 자신을 황폐화시킬 산업적 위협의 압력과 그것을 야기하는 사회적 계급 및 사회적 대립의 붕괴를 증명하고자 한다.… 초기 산업 사회의 위기들과는 다르게, 현대의 핵 · 화학 · 생태학 · 생물학적 위협들은 (1) 한정적이지 않으며 사회적이거나 한시적이지도 않다…". Beck, *Ecological Enlightenment: Essays on the Politics of the Risk Society* (Amherst, NY: Humanity Books, 1995), 2. 이 개념은 독성의 불확실한 위험뿐 아니라 재화의 소비, 생산, 처분과도 연결된다. "산업 사회는 재화의 분배에 의해 정의되지만, 새로운 역사의 무대는 위험, 위해, 위난의 분배에 의해 정의된다고 울리히 벡은 말한다. 이러한 새로운 무대를 특징짓는 최선의 방법은 성찰적 근대화(reflexive modernization)인데, 여기서 성찰적이란 '산업 사회의 진보와 붕괴가 동시에 진행된다는 것' 이다. 벡은 위험, 생산의 부작용, 독의 습격

과 같이 최근에 우세해 보이는 것들에 초점을 맞추면서 새로운 근대성을 이론화하고 있다." Lee Clark, review of Beck's *Risk Society*, in *Social Forces* 73, no.1 (Sept. 1994): 328.

22 뉴욕 현대 미술관(Museum of Modern Art)은 "SAFE: Design Takes on Risk"(2004년 10월 16일-2005년 1월 2일)를 선보였는데, 이것은 "위험하고 스트레스가 많은 상황으로부터 우리의 심신을 보호하고 비상 사태에 대응하고 정보의 명쾌함을 확신시키며 편안과 안심의 기분을 제공하기 위해 디자인된 300개의 현대 제품과 견본들"의 전시였다. 테이크아웃 커피 컵 홀더부터 차량 내 어린이용 의자, 어린이는 열지 못하게 만든 약병들에 이르는 작품들이 상당수 이미 친숙한 것이었다는 점에서 알 수 있듯, 우리가 얼마나 우리의 삶에서 위험을 감수하고 있는 지 폭로하는 전시회였다. 참조. http//www.moma.org/exhibitions/2005/safe.html (2006년 9월 1일 접속).

23 Beck, *Ecological Enlightenment*, 66.

24 *Risk Society*에 대한 윌리엄 라이스(William Leiss)의 온라인 북 리뷰(Canadian Journal of Sociology 온라인 판에 기고)는 벡의 주장을 적절하게 요약하고 있다. "우리의 운명은 자연을 넘어선 과학기술에 의해 고의적으로 착수된 위험들—그보다 먼저 시작된 이익들을 위해서—과 긴밀히 연관된다." http://www.ualberta.ca/~cjscopy/articles/leiss.html (2006년 9월 1일 접속).

25 Buell, *Writing for an Endangered World*, 30.

26 Engler, *Designing America's Waste Landscape*, 40.

27 공간적 실천(spatial practices)의 개념에 대한 이해를 위해서는 다음을 참조할 것. Michel de Certeau, *The Practice of Everyday Life* (Berkeley: University of California Press, 1984); 그리고 Henri Lefebvre, *The Production of Space* (Cambridge, MA.: Blackwell Press, 1992).

28 Buell, *Writing for an Endangered World*, 53.

29 Ulrich Beck and Elisabeth Beck-Gernsheim, *Individualization: Institutionalized Individualism and its Social and Political Consequences* (London: Sage Publications, 2002), 26, 28.

30 톰 리더 스튜디오(Tom Leader Studio)와 협업한 아누래더 마더(Anuradha Mathur)와 딜립 다 쿠나(Dilip da Cunha)의 프레쉬 킬스 설계 공모전 출품작에 대한 가장 훌륭한 자료는 *Praxis: Journal of Writing and Building* 4 (2002): 40-47이다. 그들의 표기 체계와 대상지 맵핑에 대한 다른 자료로는 다음의 책들이 있다. Anuradha Mathur and Dilip da Cunha, *Mississippi Floods: Designing a Shifting Landscape* (New Haven, CT: Yale University Press, 2001); 그리고 *Deccan Traverses: The Making of Bangalore's Terrain* (Delhi: Eastern Book Corporation, 2006). 현재 오레곤주의 포틀랜드(Portland)에 거주하고 있는 브렛 밀리건(Brett Milligan)은 뉴 멕시코 대학교(University of New Mexico) 대학원 재학 중에 "커다람을 조종하기(Navigating Bigness)"를 완성했다.

31 Buell, *Writing for an Endangered World*, 31.

32 위의 책, 1; Beck, *Ecological Enlightenment*, 14.

33 Elaine Scarry, *On Beauty and Being Just* (Princeton, NJ: Princeton University Press, 1999), 111-12.

34 Buell, *Writing for an Endangered World*, 212. Cheryl Foster, "Aesthetic Disillusionment, Ethics, and Art," *Environmental Values* 1 (1992): 205-15.

35 Lori Pauli, *Manufactured Landscape: The Photographs of Edward Burtynsky* (Ottawa: National Gallery of Canada, 2005). Jock Reynolds, *Emmet Gowin: Changing the Earth* (New Haven, CT: Yale University Press, 2002).

36 Beck, *Ecological Enlightenment*, 13, 15. Scarry, *On Beauty and Being Just*, 109.

37 Beck, *Ecological Enlightenment*, 11.

38 아담스의 주장은 다음과 같은 벡의 주장과 공명한다. "환경 문제는 우리의 환경(environs)에 대한 문제가 결코 아니다. 산업 사회 그 자체의 위기이며, 제도의 근본에까지 깊이 연관된다…" 다시 말해서, 산업화, 오염, 환경주의의 조정은 정책과 프로그램뿐만 아니라 시경관(timescape)으로서 경관을 재개념화할 것 또한 요구한다. Beck, *Ecological Enlightenment*, 127.

39 Adams, *Timescapes of Modernity*, 9.

40 위의 책, 11.

41 팀 잉골드(Tim Ingold)의 "The Temporality of the Landscape," *World Archaeology* 25, no.2 (October 1993): 152-74는 시각 경관 이론의 막다른 상황을 벗어나고자 하는 최근의 학문적 경향을 보여주는 또 다른 예이다.

42 Brenda Brown, "Reconstructing the Ruhrgebiet," *Landscape Architecture* 91, no.4(April 2001): 66-75, 92-96.

43 Bargmann and Levy, "Testing the Waters," 40.

3장

그림 1. 19세기 후반 프레쉬 킬스의 습지에서 보트를 타는 모습
그림 2. 프레쉬 킬스 매립지의 규모를 보여주는 항공사진

매트릭스 경관 _ 대형 공원에서 정체성의 구축

Matrix Landscape _ Construction of Identity in the Large Park

린다 폴락Linda Pollak

미래는 순수하지 않은 사람들에게… 즉, 타고난 본연의 모습뿐 아니라 다른 이들의 것을 웬만큼 취할 줄 아는 사람들에게 속한다.

- 스튜어트 홀Stuart Hall

뉴욕시의 마지막 매립지가 50년 이상 운영된 뒤 2001년 3월에 폐쇄되었다(그림 2). 약 6개월 뒤, 세계무역센터 붕괴로 인한 1,400만 톤의 잔해를 수용하기 위해 매립지가 다시 문을 열었을 때, 이미 매립지 재개발을 목적으로 국제 설계 공모가 진행 중이었다. 9월 첫 주에는 여섯 개의 다학제간 팀이 공원의 개념 설계안과 계획 제안서를 만들기 위해 2,200 에이커의 부지를 사전 답사했다.[1]

공모전 당선자인 필드 오퍼레이션스Field Operations는 이후 30년 동안 부지의 개발을 이끌 과정을 만들기 위해 뉴욕시 도시계획국 및 다른 기관들과 협력하고 있다. 2006년 4월, 마이클 블룸버그Michael Bloomberg 시장과 도시계획국장인 아만다 버든Amanda Burden은 프레쉬 킬스Fresh Kills 파크의 마스터플랜 초안을 발표했다. 사업의 공식 웹사이트에 따르면, "프레쉬 킬스 파크랜드는 세계에서 가장 야심찬 공공 프로젝트 중 하나가 될 것이며, 최첨단 기술을 사용한 생태 복원 기법이 도시에서는 이례적인 여러 스포츠 및 프로그램을 위해 뛰어난 여가 · 공공 예술 · 시설 환경과 결합될 것이다."[2]

프레쉬 킬스 경관의 크기를 고려해 볼 때, 매립지로서의 역사적 이용, 도시적 위상, 습지 생태계라는 부지 정체성identity 등 세 가지 측면이 경관의 복잡성complexity을 낳는다.[3] 차이를 인식 가능하게 하는 방식으로 공원의 정체성을 구축하는 것이 문제의 핵심이다. 다중적 생태계에서 다양한 이해 관계자에 이르기까지 복합적인 사회적 · 자연적 관심사들을 하나의 경관으로 포용하는 것은 경관의 이질성heterogeneity을 인정하는 하나의 방법이

그림 3. 프레쉬 킬스 매립지의 지역적 맥락. 항공사진과 단면도

될 수 있다. 이러한 이질성은 탄력적resilient인 사회적 · 자연적 경관의 지원을 받으면서 하나로 통합된 공원의 비전에 의존하지 않는 정체성의 구축을 제공해 준다. 중요한 것은 통일성에 단순히 반대하는 것이 아니라, 오히려 부지와 프로그램의 본질적으로 서로 다르고 다차원적인 부분들을 단일한 정체성으로 축약시키지 않으면서도 통합시키는 능력에 관한 것이다.

프레쉬 킬스의 경관은, 그것이 완전히 이해되기에는 너무 크고 복잡하다는 점에서, 기존에 확립된 공원 설계의 미학적 전통에 도전하는 접근들의 촉진제로 작동한다.[4] 이러한 도전은 특히 18세기 후반 영국 풍경화식 정원에 기대어 19세기에 북미에서 발전된 목가적 공원pastoral park이라는 지배적 패러다임에 대한 것이다. 도시 생활의 스트레스와 인공성의 해독제로서 도시와 대조적으로 제시된 공원, 즉 부드러운 표면, 최소한의 프로그램, 조화롭고 자연스러운 환경을 갖춘 목가적 공원은 프레쉬 킬스 프로젝트의 도전을 해결하기에 불충분한 패러다임이다.

공모전의 결선 진출작이자 우승작인 "라이프스케이프Lifescape"의 프레쉬 킬스 설계는 이러한 논의를 위한 필터이다. 그러나 이 논쟁은 다른 대형 공원들에도 적절할 뿐만 아니라, 안정된 "전체"라는 환상이 정체성의 역동적이고 이질적인 국면의 발전을 가로 막는 여러 프로젝트들과도 관련된다.

공모전에 출품한 여섯 팀은 부지에 대한 미학적-환경적 프로그램을 개발함에 있어서 서로 다른 접근을 취했다. 공모전 결선작들에서 볼 수 있는 가장 성공적인 면은, 추상적 수준에서 문제를 해결하기보다 부지의 특수성을 이끌어내는 과정으로 부지 조건의 차이를 다루는 틀을 구성해냈다는 점이다. 그러한 틀은 정체성이 변화하고 그것을 특정한 시공간 속에 담지 못한다는 점을 수용하며, 경관이 완전히 통제되거나 규정될 수 없다는 점을 인정한다.

우주에서 육안으로 볼 수 있는 인간이 만든 두 개의 구조물 중 하나—다른 하나는 중국의 만리장성—이자 세계 최대 규모의 쓰레기 매립지라는 프레쉬 킬스의 신화적 지위는 헤아릴 수 없는 부지의 규모, 특히 습지 사이에서 솟아 오른 90~225피트 높이의 네 개의 쓰레기 언덕의 규모를 암시한다. 네 개의 언덕은 초기의 여덟 개의 언덕이 시간이 지나면서 합쳐진 결과이다. 가장 최근에 만들어졌고 가장 규모가 큰 50에이커의 마운드 1/9는 세계무역센터의 잔해를 매립한 곳이며 평지형 메모리얼이 계획되어 있다.[5]

이 부지의 규모는 그 크기가 생태학적인 면에서 주변 맥락에 매우 중요한 영향력을 갖는다는 것을 의미한다. 특히 이곳의 습지는 다중의 스케일에서 매우 다양한 생명계를 유지시키기 때문이다. 예를 들어, 철새 이동로의 측면에서 허드슨 강 어귀라는 습지의 위치는 그 규모의 역할을 더욱 강화한다. 부지의 서쪽 경계는 뉴욕과 뉴저지를 나누는 좁은 아서 킬Arthur Kill이며, 동쪽 경계는 2,800에이커의 연결된 자연 지역인 스테이튼 아일랜드 그린벨트Staten Island Greenbelt이다(그림 3, 4).

또한 이 부지는 정주, 산업, 개발의 밀도와 유형이 매우 다른 변화하는 도시 영역과 뒤얽혀 있다. 뉴저지의 공업 워터프론트의 기름 탱크가 서쪽을 경계 짓고, 트래비스Travis와 아덴 하이츠Arden Heights를 포함하는 주거 지역이 북쪽과 남쪽을, 스테이튼 아일랜드 몰이 동쪽을 경계 짓는다. 교통 인프라스트럭처의 측면에서, 이 부지는 섬의 남북을 연결하는 주요 간선 도로 중 하나인 웨스트 쇼어 고속도로West Shore Expressway에 의해 양분된다. 그 경계를 따라 남으로 향하는 아서 킬 로드Arthur Kill Road, 동으로 향하는 리치몬드 애비

그림 4. 제임스 코너/필드 오퍼레이션스 등, “라이프스케이프(Lifescape),” 프레쉬 킬스 공모전 설계안, 생태학적 관계를 보여주는 다이어그램

뉴Richmond Avenue, 북으로 향하는 트래비스 애비뉴Travis Avenue, 그리고 북서로 향하는 빅토리 불바드Victory Boulevard가 있다.

보다 조밀하게 도시화된 뉴욕시의 네 자치구로부터의 거리—그리고 부지 인근 주민들 스스로 말하는 차이—에도 불구하고, 프레쉬 킬스는 필연적으로 도시적—최근 그러한 도시성이 잠재적이든 인정되든 간에—이다. 최근의 개발은 도시로부터의 투자 분산과 연관되어 있으며, 이는 이 지역의 계속되는 도시화 과정과 불가분의 관계이다. 라이프스케이프는 도시 공원이 될 것이고, 매립지라는 이전의 정체성을 견뎌온 인근의 주민뿐만 아니라 뉴욕 시민 및 보다 많은 사람들의 여가와 교육 등 여러 가지 집중적인 이용의 영향을 받을 것이다.

프레쉬 킬스의 도시성의 본능적 측면은 뉴욕시 전체를 위한 쓰레기 매립지라는 역사적인 물리적 정체성과 관련된다. 그것은 시의 다섯 자치구에서 나오는 하루 수 천 톤의 폐기물이 반세기 동안 매일매일 트럭과 바지선을 통해 운송되어 만들어졌다. 지금 프레쉬 킬스에 묻힌 어떤 것의 일부는 뉴욕시 구석구석에 맞닿아 있고, 여기에 세계무역센터의 잔해가 더해져서 도시의 사회적 정체성을 만들어낸다.

쓰레기를 시야 바깥으로, 도심부에서 멀리 몰아냄으로써 쓰레기를 무시할 수 있었다. 프레쉬 킬스 경관이 우리의 물질적 욕망과 소비의 결과라는 점에서 보자면, 도시의 중심에서 떨어진 이곳의 위치는 우리가 우리의 폐기물을 잊고 그것과 우리를 동일시하는 위험에서 벗어나 다른 방향을 바라보며 그것으로부터 달아나려고 하는 욕구를 반영한다. 10년 전의 부지 답사는 더 이상 "달아날" 곳이 없다는 점을 명백히 보여주었다. 그러나 공모전 결선작 다수에서 볼 수 있듯이, 매립지 내용물 전체의 뒤이은 매장은 폐쇄된 기반시설의 유행에도 불구하고 다른 것으로도 가장될 수 있음을 보여준다.

프레쉬 킬스가 오늘날 공원으로 바뀌고 있는 대다수 대형 부지들과 마찬가지로 브라운필드brownfield라는 사실은, 현재와 미래에 적용되는 공학 기술뿐 아니라 생태계 교란의 가변적 상태라는 측면에서도 프레쉬 킬스의 복잡성을 증대시킨다.[6] 가시적인 외관은 평온하지만, 이 부지는 심하게 퇴락되고 유독한 상태이다. 언덕들은 플라스틱과 흙의 얇은 뚜껑으로 덮인 채 침출수, 가스 배출, 지반 침하 등의 특징을 보인다.

이 매립지에 관한 영상물의 기록 내용을 보면, 프레쉬 킬스의 예술 퍼센트법Percent for Art

을 위한 예술가로서 지난 30년간 활동해 온 마이얼 래더만 우클레스Mierle Laderman Ukeles가 매립지 안으로 스며든 메탄가스를 밖으로 빨아내는 과정을 설명하는 한 엔지니어와 인터뷰하고 있다. 이 과정은 조심스럽게 조절되어야 하는데, 너무 많이 빨아올리면 산소가 그 내부로 들어가서 메탄이 생산되는 혐기성 과정을 뒤엎어 지하 화재를 일으킬 수 있기 때문이다. 그 엔지니어의 설명은 매립지가 비활성체가 아니라 우리가 중요시 여기고 조심스럽게 다루어야 하는, 살아 숨 쉬고 때로는 위협적인 경관임을 말해 준다(그림 5).[7]

공업 지역, 매립지, 비공식 쓰레기장, 군사 기지와 마찬가지로 접근 금지의 역사를 지닌 브라운필드는 오염 정화를 넘어서는 설계적 도전에 직면해 있다. 브라운필드를 공원으로 전환하는 것은 곧 그동안 받아들여져 온 가치의 전복이다. 특히 부지의 경계부에서 그러한 전복은, 도시 설계적 사고의 맥락에서 보자면, 부지의 역사적 정체성에 대한 재인식이 인근 커뮤니티가 부지와 다시 관계를 맺도록 하는 데 매우 중요하다는 점을 알려준다. 이 부지는 인근 커뮤니티로부터 고립되고 접근이 차단되고 방치되어 장애물로 존재해 왔다. 부지 인근 지역의 요구와는 반대로, 부지의 남용의 역사를 인식하는 프로젝트는 새로운 사회적-자연적 정체성을 생산하는 과정의 일부로 부지의 새로운 의미를 형성하게 해 준다.

무질서disorder와 복잡성complexity을 누르는 목가적 공원은 프레쉬 킬스와 같은 브라운필드 부지를 다루는 데 부적절한 패러다임이다. 하지만 그러한 부지에서 일어난 것을 잊고 싶어 하는 인근 주민들의 강한 열망을 고려한다면, 이 패러다임의 매력을 부정하기 어렵다. 목가적 경관 조성 방식의 매력은 원치 않는 "부자연스러운" 상태를 위장camouflage하는 능력에 있다. 남용된 토지에 "생명을 다시 불어넣는" 힘은 공원이 치유의 상징이 되는 시나리오 속에서 종종 구원의 소망과 뒤얽힌다. 그러한 부지를 재생시킨다는 생각은 — 그 경관의 정화뿐 아니라 경관과 연관되고 어느 정도 그것을 대표하는 개인과 집단의 정화에 대한 보다 보편적인 요구의 측면에서— 개발의 상처를 견뎌온 토지를 다시 자연화하는 오래된 경관 사용 방식의 전통과 관련된다. 이러한 구원에 대한 욕구는 공모전 결선작들에서 빠지지 않고 드러나는데, "능동적인 레크리에이션 수요"나 "부지의 섬세한 생태"에 집착하는 수사rhetoric에서 그러한 점이 잘 드러난다.[8] 공모전 결선작 대부분은 언덕의 녹색 표면 아래에서 발생하는 것에

그림 5. 마이얼 래더만 우클레스, 침투와 투명(*Penetration and Transparency*), 파이프가 박힌 프레쉬 킬스 지면의 모습(위)
그림 6. 로버트 스미슨(Robert Smithson), *Six Stops on a Section*, 1968, ⓒ로버트 스미슨 소유/ 뉴욕 VAGA 허가(아래)

대한 표현을 담고 있지 않으며, 프레쉬 킬스를 습지 현상으로 과장하거나 시각적으로 구축된 요소로 축소하면서 단지 자연 보호지로 정의하려는 경향을 보인다.

프레쉬 킬스와 같은 부지가 자연 상태로 되돌아갈 수 있을 것이라는 생각은 자연이 인간·문화·기술·역사와 분리되어 있다는 신화를 영속시킨다.[9] 지저분한 내부를 덮는 방식은 모든 과거를 깨끗이 청산하고 다시 시작하는 것이 가능하다는 미국식의 역사적 기억 상실증의 단면이다. 하지만 쓰레기 언덕의 내부는 유토피아적인 목가적 경관 내러티브에 맞지 않는 땅의 역사를 고스란히 간직한 채 남겨진다.

이미 30여 년 전에 예술가 로버트 스미슨Robert Smithson은 원시 자연과는 다른 경관의 숭고성sublimity을 드러냄으로써 프레쉬 킬스의 역설적 도시성에 접근하는 방법을 제안한 바 있다. 스미슨의 넌사이트Nonsite 프로젝트들은, 오염에 대한 억제된 두려움이 자연에 대한 과거의 억제된 두려움을 대체함에 있어서 나타나는 숭고를 재현한다(그림 6). 이러한 스미슨의 작업은 미국적 경관 인식에 있어서 숭고the sublime에 대한 전통적 관념의 영향에 대한 비평이라고 볼 수 있다. 즉, 세계 속에서 미국이라는 예외적 장소를 이상화하는 과정에서 어떻게 숭고의 내러티브가 영토 확장주의expansionism의 들러리가 될 수 있었는지, 그리고 탐험과 정복의 폭력, 자연의 도용, 원주민의 추방을 조장하고 합법화하는 방식으로 서부 개척과 연관되면서 황야wilderness, 웅장함grandeur, 압도하는 힘overwhelming power 등과 같은 숭고의 특징이 어떻게 미국의 자연과 동일시될 수 있었는 지에 대한 비평인 것이다.[10]

숭고는 공간의 웅장함에 녹아있는 경외심을 일으키는 기념비성과 불가분의 관계를 맺으며 미국이라는 "신" 세계에 내재된 특성인 것처럼 여겨져 온 것이 사실이다. 그럼에도 불구하고 숭고 개념은 미국 대륙에 상륙할 때부터 이미 영국의 풍경화식 정원landscape garden이라는 문화적 인공물에서 발전한 목가적인 미학적 감성의 모순적 이면으로 정의되어 있었다. 한편으로, "야생"의 자연이 지닌 압도적 힘의 재현으로서 숭고는 길들여질 필요가 있었다. 다른 한편으로, 그러한 길들임—다시 말해, 설계 행위—은 숭고성을 "인간"을 넘어선 힘으로 연관시키고자 하는 열망으로 인해 인정될 수 없었다. 따라서 초월적 숭고와 아름다움the beautiful의 형식 미학과의 은밀한 융합이 어느 정도 발생했다. 이러한 융합

그림 7. 18세기 풍경화식 정원

은 "인간의 손길" —즉, 설계—이 잘 보이지 않는, 부드러운 자연주의적 경관을 생산해 냈다(그림 7). 이러한 개념적 조절에도 불구하고, 18세기 후반까지 풍경화식 정원 내에서 인정되지 않은 숭고의 존재는 숭고의 개념적 구축을 불가능하게 했고, 영국 풍경화식 정원의 시대가 종결되었다. 정원은 보다 작아졌고 한층 더 경작되었으며 그 경계가 다시 명확해졌다. 그 대신 "경관"은 교양 있는 관광의 대상이 되었다. 처음에는 영국의 호수 지역Lake District으로, 나중에는 더 멀리 미국으로(그림 8) 그 대상이 확장되었다. 이러한 장소를 여행하는 관광객들은 그들의 시야 앞에 펼쳐진 웅장하고 야생적인 "자연적" 전망을 묘사하기 위해 풍경화식 정원의 언어와 시각적 테크닉을 차용했다.

경관에 대한 미학적 언어의 수입은 강력한 자연을 통제하고 동시에 그러한 통제를 감추고자 하는 욕망이 존재하는 미국의 공간을 구축하는 데 지대한 영향을 미쳤다. 그러나 영국의 풍경화식 정원에서 미국 대륙으로의 스케일 변화는, 정원 내의 손닿지 않은 자연이라는 합의된 미학적 허구를 영원히 망가지지 않는 자연으로의 영원한 회귀라는 국가적 신화로 변모시켰다. 더 나아가 새로운 "세계의 정원"으로서의 미국의 "발견"은 세계의

그림 8. 숭고한 미국 경관

기원과 황금시대라는 공간적으로 양립할 수 없는 두 가지 신화를 통해 재현되었고, 계속 재현되고 있다. 두 가지 신화는 유대-기독교적 기원을 대변하는 경계 있는 정원인 에덴 Eden, 그리고 그리스 수호자들과 그 신자들의 경계 없는 목가적 공간인 아카디아Arcadia—풍경화식 정원의 영감이 된—이다. 이 아카디아는 작동 중인 경관으로 보이지 않지만 작동하고 있는 경관이다.[11] 프레쉬 킬스 부지의 "재생"의 가능성, 그리고 공리주의 이데올로기를 지지하면서 목가적 내러티브와 에덴의 내러티브를 뒤섞은 미국 경관의 역사적 발전에서 비롯된 모순된 신념 구조 사이에서 우리는 이데올로기적 유사성을 볼 수 있다. 이론상으로 이 둘은 양립할 수 없지만, 실제로는 작동할 수 없는 융합을 만들면서 그 모순은 감춰지거나 무시되고 목가적 공원을 교착 상태로 이끈다.[12]

숭고의 가상적 상징과 연관된 자연에 대한 두려움은 통제될 수 없는 것에 대한 두려움과 관련된다. 프레쉬 킬스에서 쓰레기 언덕들은, 그 크기를 포함하여, 전-산업 시대에는 자연의 영역이었던 방식으로 교란을 만들어내는 잠재력을 지닌다. 언덕을 다루는 기술이 그것을 덮어버리는 데 기초하고 있기 때문에, 언덕은 닫힌 형태를 이룬다. 그러한 닫힘은 아름다움이라는 미학적 범주의 특징을 보인다. 하지만 그 내부의 무질서를 쉽게 재병합하지 못하도록 시각적 통일성을 교란시킬 수 있다. 이러한 맥락에서 설계 행위는 동요나 교란의 일종이라고 이해될 수 있다. 설계는 움직이는 힘과 요소를 그것이 이해될 수 있도록 하는 방식으로 설정하는 행위인 것이다.[13]

숭고는 이해하기 너무 크거나 너무 복잡한 것을 다루는 수단—규정할 수 없는 것을 설계하는 일시적 수단—을 제공해 준다. 만일 숭고한 공간이 수용할 수 없는 어떤 속성을 갖는다면, 그것은 초경험적이기 때문이 아니라 완벽하게 상상될 수 없기 때문이다. 숭고는 비교할 수 없는 성질에 기반을 둔 미이다. 너무 커서 흡수될 수 없는 이러한 차이를 발견하는 일은 대형 공원의 다중적 정체성을 계발하는 데 유용하다.

역사적 구축이라는 점에 있어서, 숭고는 무한함infinity을 받아들이는 하나의 방식이 되어 왔다. 비록 그 자체로 밖을 향하기는 하나, 그것은 또한 물질적 공간이다. 숭고를 구축하거나 재현하는 것이 가능하다면, 그것은 운동을 그 주변으로 설정하는 방식을 취하는 사건에 의한 것이며, 존재하지만 담을 수 없는 무언가에 대한 호소에 의한 것이다. 이미 그

곳에서 발생한 치환displacement과 설계 과정이 수반할 미래의 치환, 이 두 측면 모두에서 프레쉬 킬스 경관의 재조성을 어느 정도 의미 있게 하는 것은 숭고의 물성materiality이다. 숭고는 단일하지 않은 정체성의 구축을 통해 복잡성과 연관된다. 시공간 내에 수용할 수 없는 것에 대한 숭고의 연관engagement은, 미국 동부 해안을 가로지르는 철새들의 점유와 같이 부지 경계를 넘어서 확장하는 생태적 기능, 또는 안정적이고 정태적인 정체성을 피하고 시간에 따라 변화하는 과정으로 존재하는 생태적 기능의 스케일과 아주 유사하다. 이해하기에 너무 크거나 복잡한 것과 관련되는 미학으로서의 숭고와, 특정한 부지 내에 담을 수 없는 힘과 흐름을 연관시키는 생태적 틀 사이에는 유사점이 존재하는 것이다.

매립지가 되기 이전의 프레쉬 킬스는 습지였다.[14] 닫히고 덮힌 매립지로서의 프레쉬 킬스와 도시 습지로서의 프레쉬 킬스 사이의 관계는 그 부지에 공원을 조성함에 있어서 매우 결정적인 문제이다. 역사적으로 매립지는 대개 위험하고 질병을 옮기는 환경으로 여겨졌던 습지wetland에 만들어졌다. 습지는 쓰레기 더미가 되기 마련이었는데, 습지가 쓰레기 더미보다 더 나을 것이 없다고 여겨졌기 때문이다(그림 9). 1969년에 엘리자베스 발로우 로저스Elizabeth Barlow Rogers가 쓴 글에 따르면, "'매립지landfill'는 '위생의sanitary' 라는 형용사 뒤에 붙어서 쓰인 '쓰레기 더미garbage dump'의 완곡한 표현이다. 그리고 늪marsh—요즘은 담수 습지로 인식되는—의 낮고 평평하고 나무가 없는 지형은 그곳을 지자체의 이상적인 매립지가 되게 한다. 또한 늪이 대부분 공공의 영역이라는 점이 매립지의 조건이 됨은 물론이다."[15]

매립지로서의 프레쉬 킬스 부지의 정체성에 내재된 부정적 의미는 습지로서의 역사적 정체성에도 이미 존재했던 것이다. 보통 늪swamp이라 불리는 이러한 부지는 바람직하지 않을 뿐만 아니라 대개는 접근할 수도 없어서 여러 유형의 도시 활동에 커다란 장애가 되었다. 프레쉬 킬스에 대한 설계적 접근은 바람직하지 않은 공간으로부터 공공 어메니티로의 전환을 고심해야만 한다. 프레쉬 킬스가 매립지가 되기 이미 오래 전부터 바람직하지 않게 인식되었다는 사실은 이러한 도전의 실마리를 제공한다. 특히 습지로 살아남아 온 부지의 일부 지역이 이제는 긍정적 가치를 갖는다는 점에서 더욱 그러하다.

혐오스러운 늪으로부터 높이 평가받는 자연 지역으로 습지 개념이 변모한 것에는 1981

그림 9. 1930년대부터 사실상의 쓰레기 매립지였던 스테이튼 아일랜드 습지

년 습지보호법으로 시작된 법령 제정의 지원이 있었다. 습지가 개발로부터 보호된 것이 그 이후이기 때문에, 현존하는 대부분의 습지는 도시의 무가치한 지역에 위치하고 있다. 프레쉬 킬스 매립지의 고안자인 로버트 모시스Robert Moses는 거의 2,000에이커에 달하는 뉴욕시의 습지를 메웠다. 도시 지역에서 이러한 서비스를 꽤 중요하게 다루어야 한다는 것은 충분히 정치적인 표현이다. 스테이튼 아일랜드의 많은 습지 지역들이 2차 대전 이후에 당시 절실하게 요구되던 주거 개발을 위해 메워졌고, 무계획적이고 단조로운 다가구 주거 단지 및 불규칙하게 뻗는 필지 분할 형식의 주거 개발이 이루어졌다. 프레쉬 킬스 부지의 1/3에 달하는 습지는 매립지와 근접해 있다는 이유로 그러한 개발의 영향을 받지 않았다.[16]

골칫거리에서 자산으로 습지의 가치가 변화했다는 맥락에서 보자면, 한 때 장애물이었던 이 땅의 변모는 부지의 자연적 정체성뿐만 아니라 도시적 정체성에 대해서도 다시 생각하게 한다. 이러한 재고의 과정은 환경 정의의 메커니즘을 통해 자연적 공간과 사회적 공간 간의 관계의 이해에 대한 문화적 전환에 기여할 수 있다.

습지는 지저분하고 수용할 수 없으며 잠재적으로 위협적인 자연이라는 점에서 목가적 경관 전통의 일부가 아니다. 습지의 가치에 대한 재인식은 교란을 인정하는 공원 경관의 설계를 뒷받침해 주며 목가적 공원을 특징짓는 시각적 조화에 집착하지 않게 한다. 목가적이고 회화적인 의미에서의 "경관"은 더럽지 않다고 여겨진다. 교란이 없음을 보여주는 부드러운 표면 속에 더러움이 봉인되기 때문이다. 습지 생태계의 다공성과 가변성은 이러한 회화적 정체성의 시간적 · 공간적 안정성에 위협을 가한다.

습지의 가치가 변한 것과 뗄 수 없는 관계에 있는 것은 비평형non-equilibrium 생태학이라는 최근의 패러다임이다. 비평형 생태학은 평형 상태와 동질성을 향한 유기적 자연의 경향에 중점을 두었던 과거의 과학적 "진리"를 거부하고 지속적인 교란의 관점에서 자연을 재구성한다. 교란이 자연계에 있어서 근본적이라는 발견은, 단일 생태계 모델로부터 "끊임없는 혼란의 포화에 반응하는… 패치들의 경관"[17]이 중첩된 다중 생태계 모델로의 전환을 낳았다. 스튜어드 T. A. 피켓Steward T. A. Pickett과 P. S. 화이트P. S. White는 다음과 같이 서술한다.

> *생태학자들은 생태계에서 자연적 역학의 중요성을 언제나 알고 있었지만, 역사적으로 보면, 평형 상태의 군집들의 천이와 발전에 초점을 두어 왔다.… 최근 많은 생태학자들은 교란의 과정과 그러한 사건의 진화론적 중요성으로 관심을 돌리고 있다.… "패치 역학patch dynamics"이라는 어구가 그들의 공통적인 연구 초점을 설명해 준다.… 평형 상태의 경관은 법칙이 아니라 예외로… 보일 것이다.*[18]

경관생태학적 사고와 실천에 있어서 이러한 패러다임 변화의 중요성은 관례적 생태계와 창발적emerging 생태계의 특징 간의 차이점을 다룬 니나-마리 리스터Nina-Marie Lister의 논의에서 분명하게 나타난다. 경관의 설계와 개발에 대한 리스터의 핵심적인 지적은, 생태계에 대한 이해는 다중적인 관점 · 시스템 유형 · 스케일에서 비롯된다는 것이다. 또한 이러한 특징들이 혼합되어 있으므로, 경관의 계획 · 설계 · 관리에 있어서 의사 결정은 적응적adaptive이어야 한다는 것이다.

역동적 복잡계를 강조하는 동시대 생태학의 입장은 도시설계에서도 유사하게 나타난다. 다중적 행위자, 힘, 시스템, 기관 등을 포함하는 긴장의 장에서 나타나는 사회 현상의 상호 작용이라는 관점에서 보자면 도시설계도 크게 다르지 않은 것이다. 어떻게 하면 이러한 다중성을 억제하지 않으면서 연관시키는 것이 가능할까?

1967년, 넌사이트 프로젝트들을 진행하면서 로버트 스미슨은 다음과 같이 기록했다.

> *예술가는 고립된 갤러리에서 나와 실존하는 현재에 대한 구체적 자각을 제공해야 하며,… 생태주의자와 산업주의자가 직면한 실제의 문제들을 받아들이고 그 속으로 들어가야 한다.… 우리는 특정한 부지와의 관계에 기초를 둔 예술 교육을 계발하기 시작해야 한다. 우리가 사물과 장소를 어떻게 보는가가… 최우선이다.*[19]

작가의 이 통찰력 있는 문장은 특정성specificity 또는 특정 부지의 예술적 재현(우리가 사물과 장소를 보는 방식)의 필요성을 결부시키면서 생태학과 후기 산업 경관 사이의 연관성을 기술하고 있다. 재현 행위에 있어서 물성과 부지 특정성의 통합은 그가 넌사이트를 "물질적 기초와 함께 변화하는 실재"[20]라고 정의한 점에서 명확하게 드러난다. 그는 이러한 변화하는 실재를, 후기 산업 경관의 역동적 정체성이 지니는 두드러진 국면인 엔트로피 개념과 연결했다. 1968년에 만들어진 그의 첫 넌사이트 작품인 〈넌사이트, 소나무 모래밭, 뉴저지*A Nonsite, Pine Barrens, New Jersey*〉는 모래를 채운 알루미늄 상자, 항공사진, 지도를 포함하고 있다(프레쉬 킬스 부지에도 유사한 소나무 모래밭의 생태계가 있다). 다른 넌사이트 작품들은 갤러리에 설치된 강철과 광재slang뿐만 아니라 광산과 같은 후기 산업 경관을 재현한다. 스미슨은 "시각적 아름다움보다는 탈자연화를 위해… 여러 측면에서 붕괴되거나… 분쇄된 부지들"[21]을 찾아내고 있었다.

넌사이트 조각들에서 스미슨은 갤러리—도시의 대용물로 기능하는—를 작업의 두 번째 부지라고 정의했다. 작업의 첫 번째 부지인 채취의 부지는 폐기된 산업 지역이었다. 그는 넌사이트를 구축하기 위해 사진, 지도, 물질 샘플 등을 통해 그곳을 상세히 기록했다. 작품의 정체성은 예술가가 탈장소화한 각각의 물질들을 다시 연결하는 역동적 과정에서 비롯된 진동oscillation을 통해 생산된다. 이러한 종류의 진동은 부지 주변에 숭고한 공간을 구축하는 운동을 만들 수 있다.

하지만 이러한 비교에는 잠재적인 역설이 숨어 있다. 스미슨에게 도시 갤러리는 두 번째 부지이다. 프레쉬 킬스의 경우, 도시는 물질들이 탈장소화되어 온 "첫 번째" 부지이다. 매립지는 갤러리의 위상을 갖는다. 매립지는 물질들이 옮겨져 왔다는 점에서 두 번째 부지이기 때문이다. 하지만 프레쉬 킬스는 스미슨의 "첫 번째" 부지와 유사한 지리적 위상을 가지고 있다. 스미슨의 넌사이트 작품 다수는 뉴저지에 있었고, 일부는 프레쉬 킬스 인근에 있었으며, 맨하탄으로부터 비슷한 정도의 거리에 있었다. 프레쉬 킬스 부지가 공원으로 재구축되면서 매립지로서의 역사적 정체성 또한 설계의 한 부분으로 재현될 것이다. 그러한 방식으로 프레쉬 킬스는 첫 번째 부지와 두 번째 부지, 즉 채취의 부지와 재현의 부지 모두로 작동할 것이다.

프레쉬 킬스와 넌사이트의 유사성은 물질을 한 부지에서 다른 부지로 탈장소화하는 것뿐만 아니라 부지 정체성의 재현과도 관련된다. 스미슨은 그러한 물질들을 "부지를 다시 나타내는 상자, 돌, 지도 등을 담은… 갤러리 조각들"[22]이라고 묘사한다. 〈한 단면 위의 여섯 번의 멈춤*Six stops on a Section*〉과 같은 작품은, 기록의 다중적 형식이 부지를 그림 같이 만들거나 다른 것으로 환원하지 않으면서 부지를 재현하기 위해 역동적으로 상호 작용하는, 매트릭스와 같은 배열을 보여준다(그림 6). 부지의 이러한 혼합적 재현은 대형 공원의 정체성 구축에 참고할 만한 넌사이트 시리즈의 중요한 공헌이다.

넌사이트 프로젝트를 통해 스미슨은 자연으로서의 경관, 즉 전통적인 예술의 영감으로서의 경관은 더 이상 순수하지 않다는 것을 보여 주었다. 각 넌사이트들은 "보다 큰 파편화 중 하나의 파편"[23]이다. 도시의 욕망과 궤적은 자연을 "건드릴" 뿐만 아니라 그 정체성을 돌이킬 수 없게 변경시켜왔다. 이러한 변경은 도시와 자연 개념이 각각의 안정적인 정체성을 가지면서 분극화된다고 보는 본질주의적 주장에 도전하면서, 대신에 정체성이 역사적으로 보다 중층적이고 내적으로 차별화된 개념임을 제안한다.

이러한 역동적 복잡성의 자취를 추적하고 조직화하기 위해서는 개념적 도구가 필요하다. 수학적 의미에서 매트릭스matrix는 복잡성을 다루는 하나의 도구이다. 이런 유형의 매트릭스를 역동적 방식에서 매개 변수 간의 관계를 정렬하고 조정하기 위해 사용하는 것은 공원을 한편으로는 프로그램의 집합체 이상의 것이 되게 하며, 다른 한편으로는 자연주의적 보존지 이상의 것이 되게 한다. 리스터의 적응적 설계 모델과 같은 선상에서 이러한 매개 변수들의 중첩은, 예기치 않은 공간적 특징들이 구성 요소들 간의 상호 작용을 통해 드러나는 것—예를 들어, 시나리오—의 측면에서, 잠정적으로 사고하는 것을 요구하고 또한 가능하게 한다.

수학에서 매트릭스는 구성 요소들의 직사각형 표로 이해되며, 수량이나 작용을 드러내는 하나의 독립체로 여겨진다. 많은 종류의 정보를 담을 수는 있지만 그 내용들과 상호 작용할 수 없거나 그 내용들이 스스로 상호 작용하도록 할 수 없는 격자형grid과 달리, 매트릭스에서는 다른 조건들에 대한 각 조건들의 행위가 일련의 역동적 관계에 연관되는 것이다.

수학적 매트릭스는 여러 매개 변수에 의존하는 데이터의 자취를 추적하는 데 유용하다. 수학에서 이러한 데이터는 일차 방정식과 그 변형들의 체계에서 계수coefficient가 될 수 있다. 프로젝트 설계의 각 단계에 있어서 참조물과 자원을 관리하는 데 이용되는 디지털 매트릭스의 한 가지 예로, 지속가능한 설계를 위한 자원 접근을 가능하게 하는 웹사이트, 즉 "그린 매트릭스green matrix"가 있다(그림 12).[24] 그린 매트릭스의 수평 축을 가로질러 수자원 보전, 실내 환경, 에너지 효율성과 같은 지속가능성의 주제들이 있다. 수직 축은 마스터플랜, 개념 설계schematic design, 실시 설계construction document와 같은 프로젝트 설계의 각 단계를 반영한다. 이용자는 적절한 자원을 찾기 위해서 각 주제와 단계의 교차점에 커서를 위치시키면 된다.

하나의 설계 프로젝트에서 매트릭스는 일종의 통일성을 구축하는 데 도움이 될 수 있다. 그러한 통일성은 프레쉬 킬스와 같은 복합적인 도시 생태계 경관의 개발에 포함되는 다중적 관점 · 스케일 · 유형 간의 상호 작용을 창조적이고 작동적인 측면에서 관리함에 있어서 단일한 시각이나 지배적인 질서에 의존하지 않는다. 이러한 유형의 매트릭스는 지속가능성의 측면에서 사고하는 것을 돕는다. 프로젝트의 미래가 변한다는 점에서 뿐만 아니라 이 프로젝트가 깨끗한 판에서 시작한다고 생각될 수 없기 때문이다. 현존하는 생

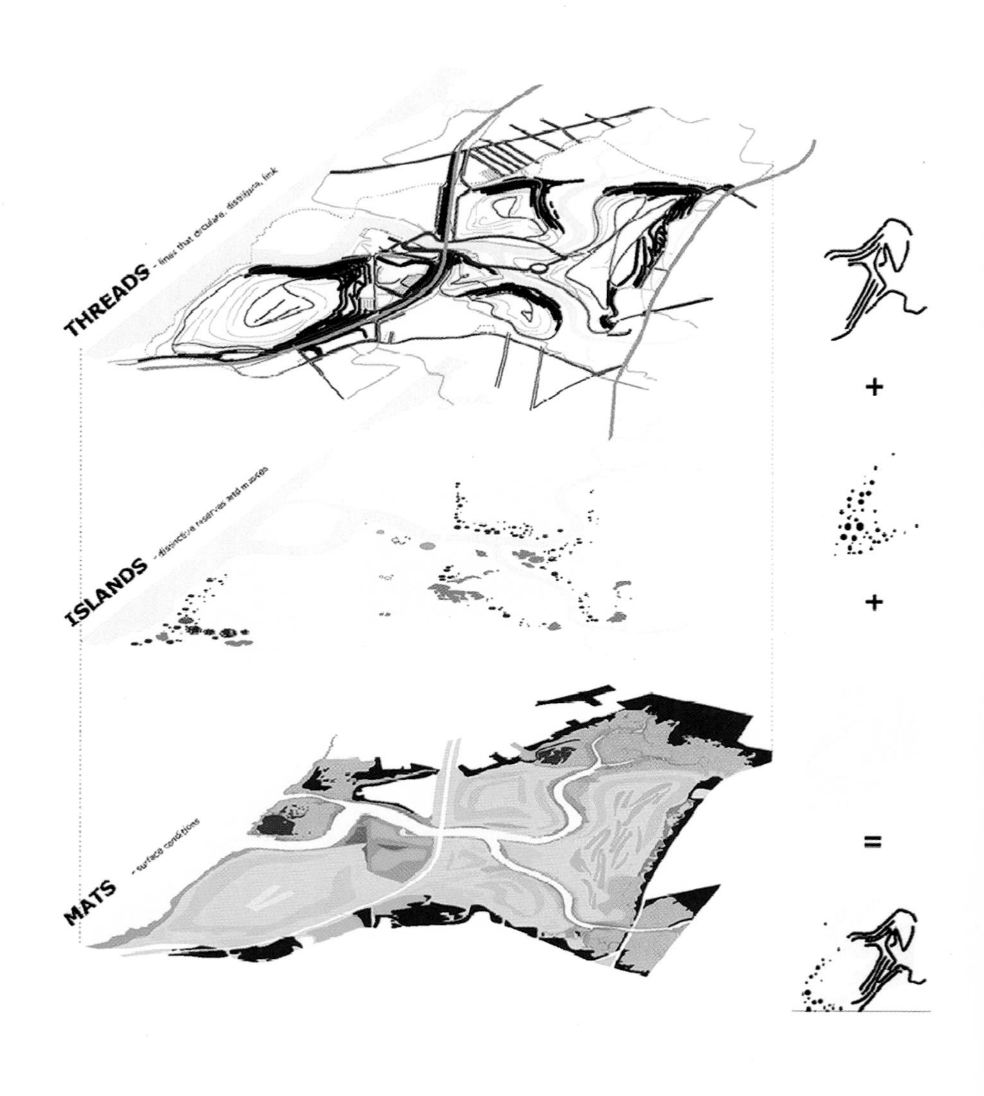

그림 10. 제임스 코너/필드 오퍼레이션스 등, '라이프스케이프,' 프레쉬 킬스 공모전 당선작. 실, 섬, 매트의 시스템을 보여주는 다이어그램

HABITAT PROGRAM CIRCULATION

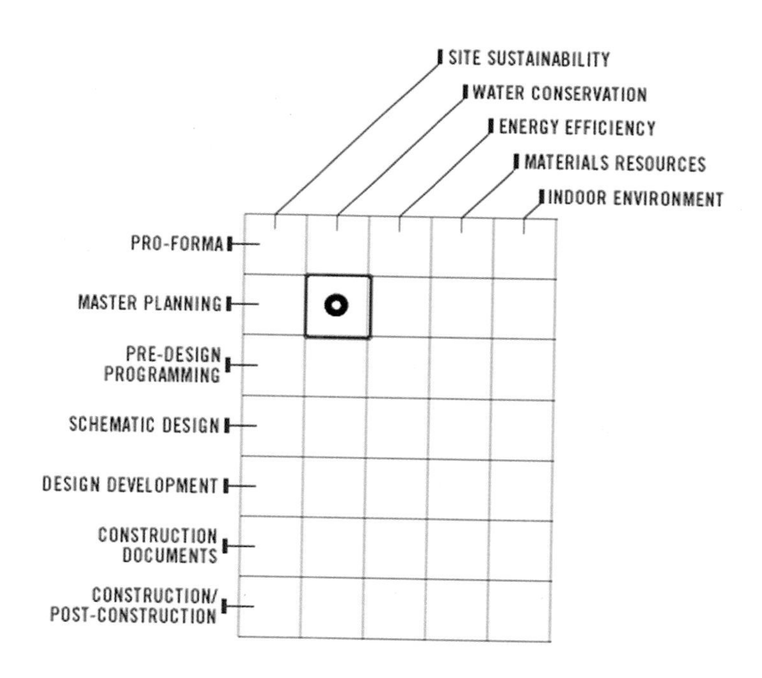

그림 11. 제임스 코너/필드 오퍼레이션스 등, '라이프스케이프,' 프레쉬 킬스 공원. 서식지, 프로그램, 동선 체계를 보여주는 개념 설계 다이어그램(위)
그림 12. "그린 매트릭스"(아래)

태계뿐만 아니라 공학적 과정과 그 산물의 측면에서, 이미 그곳에 있는 것을 재현할 필요가 있다. 그럼으로써 시작 단계부터 충분히 이해되지 않는 대상을 설계할 때 그러한 혼합된 바탕 속에서 사고할 수 있다.

매트릭스는 매우 상이한 유형의 장소를 만들고 뒤섞도록 하여, 한 부지에서 동시에 작동하는 크고 작은 스케일 간의 관계를 인식할 수 있게 한다. 매트릭스는 앞에서 논의한 생태계의 언어가 조경을 통해 형태를 만들어 낼 수 있도록 해 주며, 가변적인 동시에 명확한 틀을 발전시킬 수 있도록 해 준다. 공간적 · 시간적 복잡성을 프로젝트의 구조 내로 포용할 수 있는 것이다.

프레쉬 킬스 공모전의 여섯 결선작 중 세 개는 프로젝트를 표현하기 위해 일종의 수학적 매트릭스를 활용하고 있다. 하그리브스 어소시에이츠Hargreaves Associates, 필드 오퍼레이션스, 마더/다 쿠나+톰 리더 스튜디오Mathur/da Cunha+Tom Leader Studio의 제출작은 공원 개념화 전략에 바탕을 두고 상호 작용하는 작동과 요소의 매트릭스에 따라 각각의 프로젝트를 구조화했다. 이는 부지에 복잡하고 내적으로 차별화된 정체성을 부여하는 역동적 관계들 속에서 시간적 · 공간적, 사회적 · 자연적 특성의 행렬을 구축하는 혼성적 전략을 분명히 표현할 수 있게 해 주었다.

이들 제출작 각각과 라이프스케이프 프로젝트의 발전된 설계안을 살펴보는 것은, 대형 공원의 정체성을 역동적 측면에서 다루기 위한 하나의 보조물로서 매트릭스 개념의 의미와 활용을 이해하는 데 도움이 된다. 매트릭스 이론을 철저히 탐구하지 않아도, 상호 의존적 관계에서 생성되는 역동적 정체성의 잠재력이 이러한 프로젝트를 이해함에 있어서 적절하다는 것을 알 수 있다. 매트릭스가 단순한 은유 이상으로 활용되는 것이다.

크고 복잡한 부지의 각기 다른 측면들이 각기 다른 궤도를 따라 작동한다는 가능성을 인정하고 있는 각각의 제출작들은 한 프로젝트의 다른 측면들 역시 그러한 방식으로 작동하며 따라서 차이들 간의 어떠한 유기적 통합도 거부한다는 점을 담고 있다. 설계에 있어서 과거와 미래, 보호와 접근, 건조 환경과 자연 환경 사이의 긴장은 항상 존재할 것이다. 그러한 긴장을 인식하는 설계 접근은 그러한 긴장들을 풍요롭게 배치할 수 있다. 매트릭스는 단일한 관례적 재현 방식으로 표현할 수 없는 각기 다른 종류의 작용과 질서, 그리고 경우에 따라서는 실행 불가능한 대안들 간의 긴장과 관련하여 그 긴장을 풀거나 제거하지 않으면서 부지 표면에 드러내기 위한 맵핑을 보조할 수 있다. 매트릭스의 이용은 "현 조건을 증대시키는 장을 만드는 요소들 간의 순간적인 중첩, 접점, 공명을 포착하는"[25] 장치라는 점에서 개입의 개념화에 도움이 될 수 있다.

마더/다 쿠나+톰 리더 스튜디오의 설계안은 부지의 역사적 구성과 재건 작업에 있어서 추상적 측면과 물질적 측면 간의 비교 지점을 만들기 위해 정교한 수학적 매트릭스를 활용하였다. 다섯 가지 공간적 용어—표면surface, 지면field, 데이터datum, 경계edge, 구역zone—는 완전히 서로 다른 다섯 가지 종류의 물질에 맞추어져 있다: 1) 매립지의 표면에 가장 가까운 세계무역센터의 잔해, 2) 가장 일반적인 지면 상태인 생활 쓰레기, 3) 설계안이 그 식물의 수위를 새로운 자료로 보는 습지 식물 스파르티나*Spartina*, 4) 수천 년 전 이 섬에서 떨어져 나간 빙하의 가장 먼 경계라는 부지의 위치를 반영한 빙성glacial till, 5) 부지 아래의 땅으로 깊게 흐르는 단층 구역을 차지하는 바위. 또한 다섯 가지 공간적 용어 각각은 경관생태학적 또는 도시생태학적 전략에 기반을 두고 계획된 행동들에 맞추어져 있다. 예를 들어, 공원 경계를 사회적 경관으로 다루는 역의 공간threshold을 구축하기 위해, 프레쉬 킬스를 스테이튼 아일랜드 몰과 분리시키는 숲의 언덕에 재활용 상품을 사고파는 시장 지역을 만드는 길의 조성을 의도한다(그림 13).

마더/다 쿠나+톰 리더 스튜디오의 매트릭스의 강조점이 형태보다 수행performance에 있다는 점은, 만약 그렇지 않았으면 역사적/현대적, 인공적/자연적, 순수함/불결함 등의 전통적 범주에 갇힌 채로 머물렀을 물질들에 대한 일관된 접근을 가능하게 하며, 완전히 다른 용어에 접근할 수 있게 한다. 이 설계안은 부지를 다른 시간과 장소의 파편으로 구성되어 미래에 투사된 경관으로 고쳐 쓴다. 이질적 행위의 시간에 따른 축적으로 부지를 이해하는 것으로부터 부지의 논리와 미학을 도출하는 것은 이 설계안이 매립지의 쓰레기 물질들을 노골적으로 포함시키는 것을 가능하게 한다.

매트릭스는 다중적 의미를 가진 용어이다. 이 책의 다른 장에서 조지 하그리브스는 대형 공원의 복잡성을 유지하기 위해 하나의 설계 안에서 전혀 다른 형태들과 부지 조건들을 가져야 할 필요성을 드러내고자 매트릭스를 "어떤 사물이 주조되고 형성되는 틀" 이라고

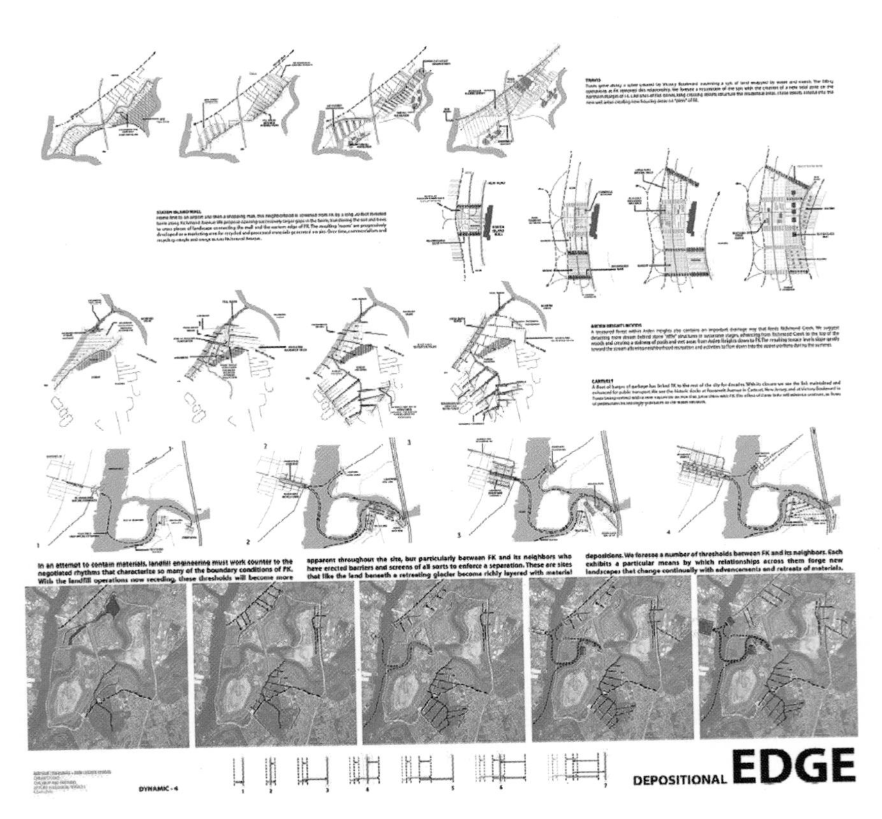

그림 13. 마더/다 쿠나+톰 리더 스튜디오 등, '역동적 연합(Dynamic Coalition),' 프레쉬 킬스 공모전 출품작, 경계부 관계의 다이어그램

정의하면서 논의를 시작한다. 이와 같은 용어의 사용은 매트릭스를 경관 구조의 근본적 구성 요소로 보는 경관생태학의 용법을 반영하고 있다. 경관에 있어서 지배적 구성 요소인 매트릭스는 가장 광범위하게 연결된 경관 유형이다. 만약 경관생태학자가 매트릭스를 고려하지 않고 어떤 서식처를 관리하고자 한다면, 아마도 야생동물이 그 지역에서 필요로 하는 것을 제공하지 못할 것이다.

하그리브스는 매트릭스 개념을 이미 설계되거나 사람이 살고 있는 공간에 대한 다른 인식을 가능하게 하기 위한, 즉 역사적 경관을 다르게 보기 위한 수단으로 사용한다. 예를 들어, 그는 암스테르담의 보스 파크Bos Park에서 두 개의 매트릭스를 일치시키지 않는 관리 계획이 "공원에 경험적 특질을 불어 넣는다" 고 주장한다. 조경 실무를 비평하면서 그는 "동일성에 대한 예속, 획일적인 계획, 전체 부지의 개조에 대한 요구, 프로그램에 대한 혐오가 [조경가들로 하여금] 공원이 지닐 수 있는 완전한 복잡성과 다양성의 실현을 가로 막는다" 고 말한다.[26]

경관생태학에서 매트릭스 구조의 특성에는 다공성(또는 패치들의 밀도), 경계 형태, 네트워크, 이질성 등이 포함된다. 매트릭스 지역 내에서 네트워크들은 크기와 모양이 다른 서식지를 연결하면서 경관 내의 이질성을 지속시킨다. 각각의 서식지 패치들이 매트릭스 도처에 복제되어 있다는 사실은 대규모 부지의 프로그래밍과 점유에 대한 하나의 사고 방식을 제시해 준다.

리처드 포먼Richard Forman과 미셸 고드론Michel Godron은 그들의 경관생태학 교과서의 한 장을 "경관 매트릭스의 본질을 이해하기 위한 도전" 에 할애했다.[27] 그들의 설명에 따르면, 매트릭스는 에너지, 물질, 종의 흐름을 포함하여 경관이 작동하게 하는 데 핵심적 역할을 수행한다.[28] 한편으로 "몇몇 경관들은 산발적인 각각의 패치들을 포함하는 광대한 동질적 매트릭스를 지니며," 다른 한편으로는 "전체의 경관이 서로 다른 작은 패치들로 구성된다."[29]

포먼과 고드론은 다양한 지식 영역에서 사용되는 매트릭스 개념의 세 가지 정의에 대해 언급한다: 1) 각기 다른 작은 요소들이 나타나는 동질적 덩어리, 2) 독립적 요소들을 둘러싸고 결합시키는 물질, 3) 금속 조각이 생산되는 틀 또는 척추동물에서 배아가 자라는 기관. 세 가지 정의 각각은 경관을 이해하는 형태적 기준을 보여준다. 예를 들어, 동질적 덩어리라는 첫 번째 정의는 주로 면적과 관련이 있다. "일반적으로, 매트릭스의 면적이 다른 유형의 경관 요소의 전체 면적보다 넓다"[30]는 점에서 규모나 스케일은 경관 내에서 매트릭스가 갖는 역할의 지표이다. 접합 물질이라는 두 번째 정의는 이질성을 지원하는 경관 매트릭스의 역할에 대한 이해를 넓혀준다.

매트릭스에 대한 정의 중 다른 모든 의미를 통합한다고 볼 수 있는 정의는 "무언가가 발생하고 발전하고 수용되는 상황 또는 환경적 실체"[31]이다. 이 개념은 "자궁" 을 뜻하는 라틴어에서 유래하였으며, 이는 엄마mother를 뜻하는 라틴어 마테르mater에서 파생되었다.

이러한 의미의 매트릭스 개념은 형성적인 동시에 생성적이다. 이러한 의미는 "'그레코로만Greco-Roman 세계가 서양 문명의 매트릭스였다'와 같은 문장에서처럼 무언가가 발생하고 형성되고 발전하는 장소나 지점을 구성하는 어떤 것"[32]이라는 용어의 정의에서도 마찬가지이다. 이러한 매트릭스의 의미는 설계 프로젝트를 장소에 매트릭스를 구축하는 것으로 파악하는 것을 가능하게 한다.

필드 오퍼레이션스와 마더/다 쿠나+톰 리더 스튜디오의 설계안들은 하나의 틀이 복잡한 창발emergence 현상을 인식하면서 시간의 차원을 공원 조성에 가져다 주는 방식을 보여주는 사례이다. 이 작품들에서 매트릭스는 완전히 다른 종류의 정보를 서로 관여시키는 방법을 제공한다. 매트릭스는 경관의 배치와 설계를 전통적으로 생태적 체계라고 여겨지는 것을 넘어서 사회적이고 도시적인 관계로 확장시켜 준다.

하그리브스 팀의 설계안 "파크랜드Parklands"는 경관 매트릭스의 개념을 각기 다른 스케일에서 이질성을 지원하는 장치로 사용했다. 즉, 세 개의 서로 연결된 경관 전략인 변형transformation, 천이succession, 작동operation은 생생하고 역동적인 전체로서의 부지의 역할을 강조한다. 각각의 전략은 시간적 성분을 지니는데, 이는 부지의 생태적 발전의 기초를 제공한다. 이러한 생태적 발전은 다시 개념적으로 중첩된 세 가지 환경으로 부지를 공간적으로 구축하는 것을 지원한다. 세 가지 환경은, 첫째 상당한 양의 식생을 포함하지만 개인적이든 집단적이든 실내이든 실외든 우선 사회적 공간으로 인식되는 주요부the Domain, 둘째 자연 현상에 대한 인간의 지각을 기록하는 방식으로 그 현상에 초점을 둔 초지the Meadows, 셋째 서식처로서 공원의 새로운 중심지가 될 새롭게 재조성되는 섬에 위치한 조류 보호구역인 호수 섬Lake Island이다(그림 14).

하그리브스의 용법에 따르면, 파크랜드 설계안의 세 가지 환경은 각각 특정한 지역에서 지배적인 경관 유형으로, 하나의 경관 매트릭스를 구성한다. 벤 다이어그램과 마찬가지로, 하나가 다른 두 개와 개념적으로 중첩된다는 사실은 단일한 정체성에 의존하지 않는 전체적 통일성의 잠재력을 마련해 준다. 이 설계안은 각기 다른 환경들 간의 부분적 유사성을 확보함으로써 수단의 경제성도 갖춘다. 즉, 자연을 유지하면서 사람을 위한 지역, 사람을 참여시키기 위해 자연에 초점을 맞춘 지역, 대량의 건물 없이 부지의 다중적 스케

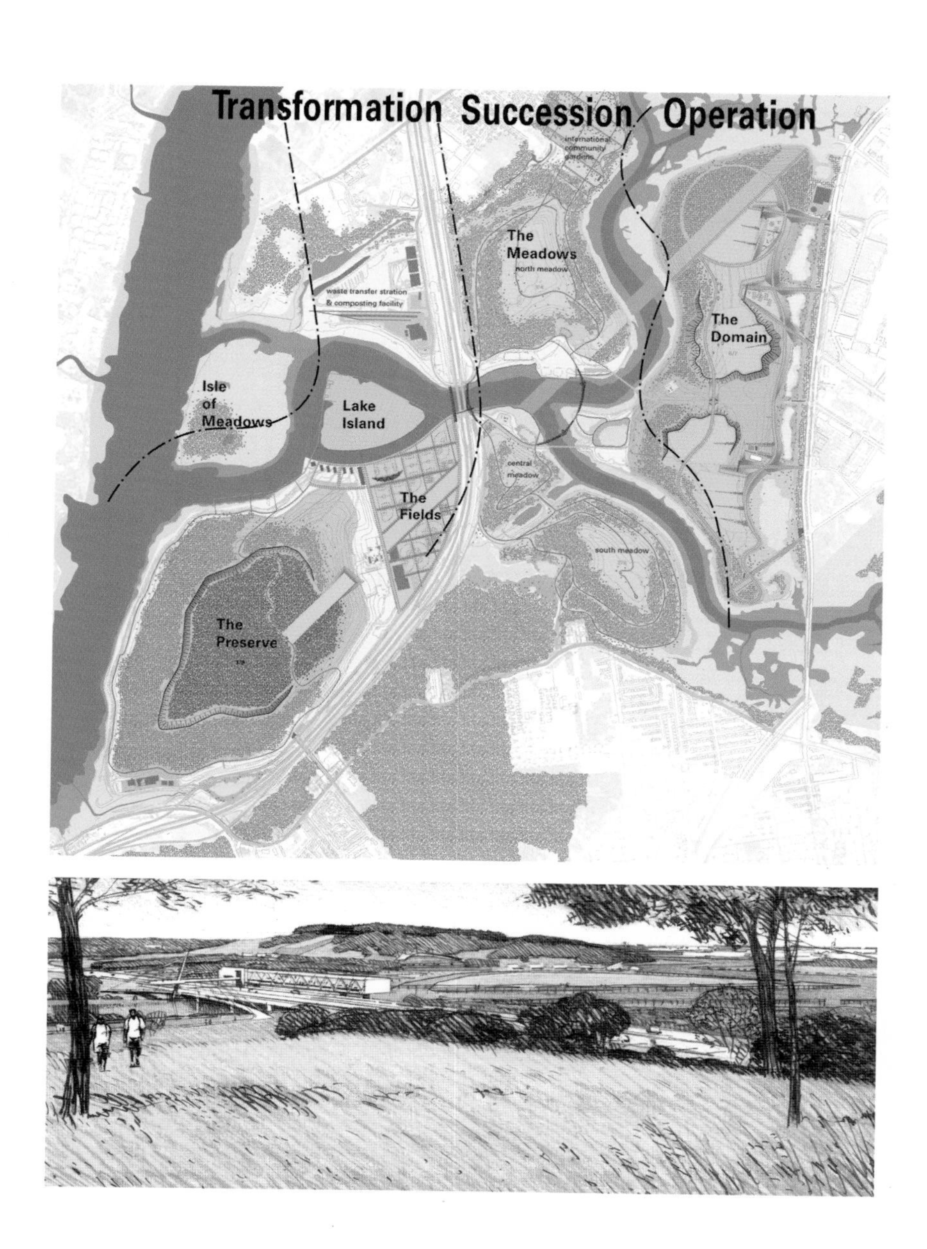

그림 14. 하그리브스 어소시에이츠 등, "파크랜드," 프레쉬 킬스 공모전 출품작, 세 개의 경관 매트릭스를 보여주는 평면도와 파크랜드 전경

일을 이끌어 내는 사회적 · 자연적 공간을 유지하며 현재의 기반시설과 건축물의 상호 독립성을 확보하는 지역을 말한다. 예를 들어, 중요한 건축적 개입인 전시탐구관은 습지를 가로지르는 다리, 즉 부지의 주 동선을 따라 놓여진다.

필드 오퍼레이션스의 당선작인 라이프스케이프의 제출 패널에는 "다양한 생물 형태들과 진화하는 전략들로 재구성된 매트릭스"라는 설명이 들어 있다. 이 매트릭스는 다중적 스케일에서 물리적 설계와 지질학적 · 수문학적 · 생물학적 과정의 통합을 지원한다. 실threads, 섬/클러스터islands/clusters, 매트mats로 이루어진 공간적 틀은 프로그램적 · 문화적 · 자연적 요소들이 복잡하고 종합적인 환경을 만들 수 있도록 하는, 생태계의 유동적 세트의 대리자로 이해될 수 있다(그림 10, 11). 예를 들어, 생태학적 관점에서 프레쉬 킬스 파크는 염생 습지, 자생 초원, 해변 참나무 숲, 자작나무 덤불, 소나무/참나무 서식 모래밭을 포함하는 다양한 서식처를 지원할 것이다(그림 15).

실, 섬, 매트라는 세 가지 요소는 전략, 형상, 재현 도구로 작동한다. 각 요소가 지배적 경관 유형이 될 때, 각 요소들은 경관생태학적 의미의 매트릭스를 구성한다. 개별 매트릭스는 고유의 조직화 법칙과 고유의 변수를 지니는데, 그것이 나머지 두 개의 요소와 반드시 연관되는 것은 아니다. 설계안은 세 가지 매트릭스에 따라 식재, 활동, 건물 등 모든 것을 분류한다. 또한 새로운 동일화를 구축하려는 범주들을 초월하기 위해, 변화의 잠재력을 주는 일종의 "명확한 개방성"을 지원하기 위해, 내재적 차이에 기초하여 매트릭스를 사용한다.[33]

필드 오퍼레이션스 설계안에서 언덕 경관의 단계적 고밀화를 보여주는 실 요소는 산울타리hedgerow 네트워크의 논리에 따라 작동한다. 포먼과 고드론이 설명하듯이, 산울타리 네트워크는 매트릭스를 결정함에 있어서 더 많은 기준을 연관시킨다. 산울타리는 천이의 선구 종으로 구성될 때 매우 역동적이어서 미래의 경관을 주도하는 원천이 될 수 있다. 산울타리 네트워크가 전체 경관 영역의 1/10도 차지하지 않지만, 사실 전체 영역의 다른 부분을 에워싼다는 점에서 매트릭스로 이해될 수 있다. 산울타리는 "독립적인 요소들을 둘러싸고 결합시키는 물질"[34]이라는 매트릭스의 정의를 충족한다.

라이프스케이프에서 실 요소는 언덕들의 최종 복토층 계단식 등고를 활용하여 수목을

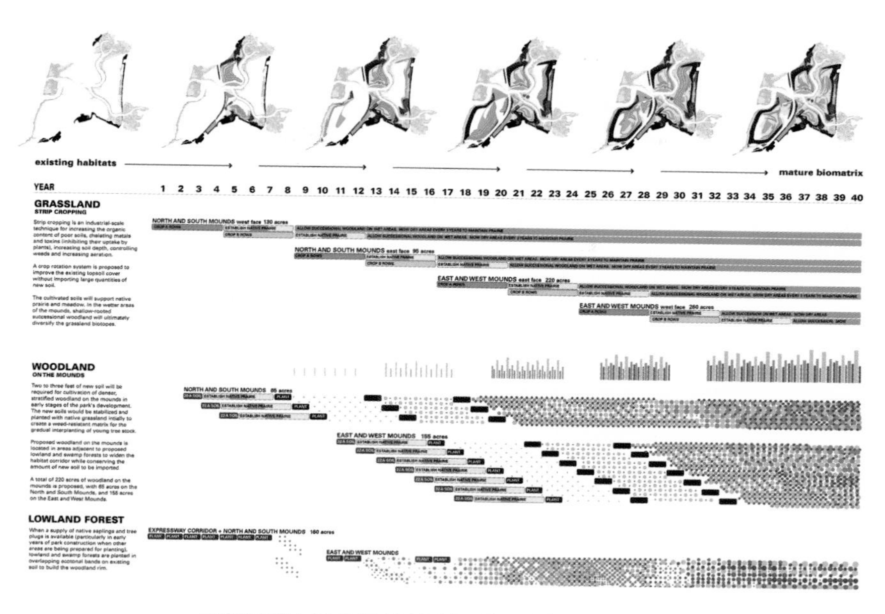

그림 15. 제임스 코너/필드 오퍼레이션스 등, 프레쉬 킬스 파크, 기본 프로세스 다이어그램, 2005

위치시키고 조직하기 위해 사용된다. 단 외곽부의 깊은 토양이 수목의 뿌리 체계를 유지해주는 동시에, 단 안쪽 부분의 습지대는 관개용수를 모아 준다. 언덕 북동쪽에 식재된 수목들은 새로운 환경을 만들기 위해 미기후를 활용하고 그것을 가시화해 주며, 남서쪽에서 불어오는 세찬 바람을 막아준다(그림 16~18).

조경의 영역에 대한 많은 논쟁에서 보인 코너의 역할과 자세는 프레쉬 킬스 프로젝트에 신뢰성을 부여해 주었고 고유의 수사법rhetoric을 공모전 이후 수년간의 공공적 진행 과정과 승인 절차에 맞추도록 해 주었다. 이러한 진행 과정에 걸쳐서 프로젝트의 구성 성분들 간의 균형을 재구조화한 것은 이러한 규모와 범위의 공원 개발에 있어서 핵심적이며, 이는 필드 오퍼레이션스가 다른 프로세스들과 개념적으로 겹치도록 했던 것이다.

매립지를 경관으로 변환하는 데 핵심이 되는 측면은 부지의 경계를 따라 형성된 인간의 점유와 관련하여 새로운 흐름을 가능하게 하는 것이다. 앞에서 논의한 바와 같이, 다른 브라운필드 부지와 마찬가지로 매립지의 경계부는 바람직하지 않은 위치에 인접한 결과로 형성된 막다른 길이나 빌딩 뒷골목 같이 기능 장애가 있는 장소가 되는 경향이 있다.

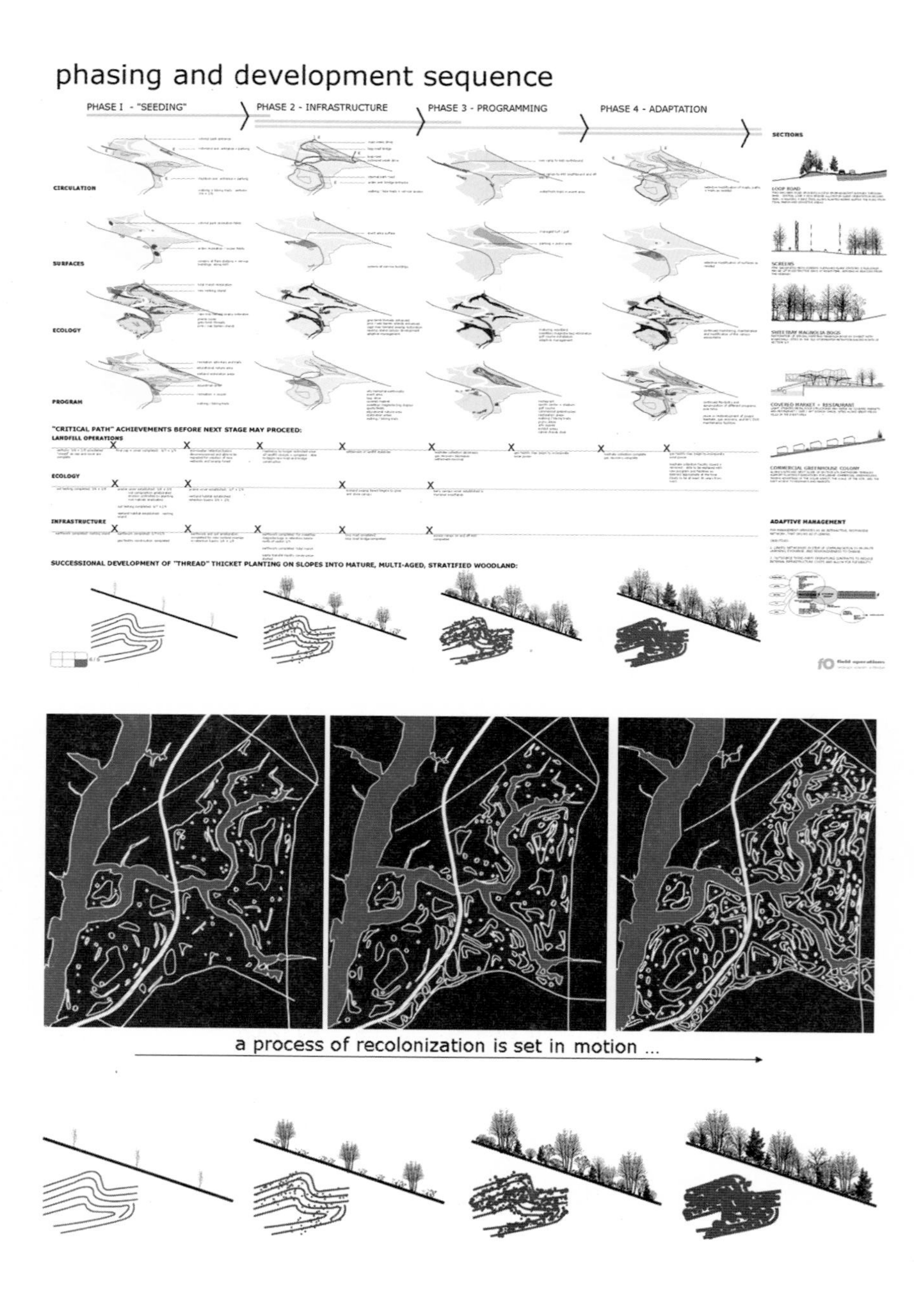

그림 16, 17. 제임스 코너/필드 오퍼레이션스 등, "라이프스케이프," 프레쉬 킬스 공모전 당선작. 단계별 개발 다이어그램(위)과 공원 성장 다이어그램(아래), 2005

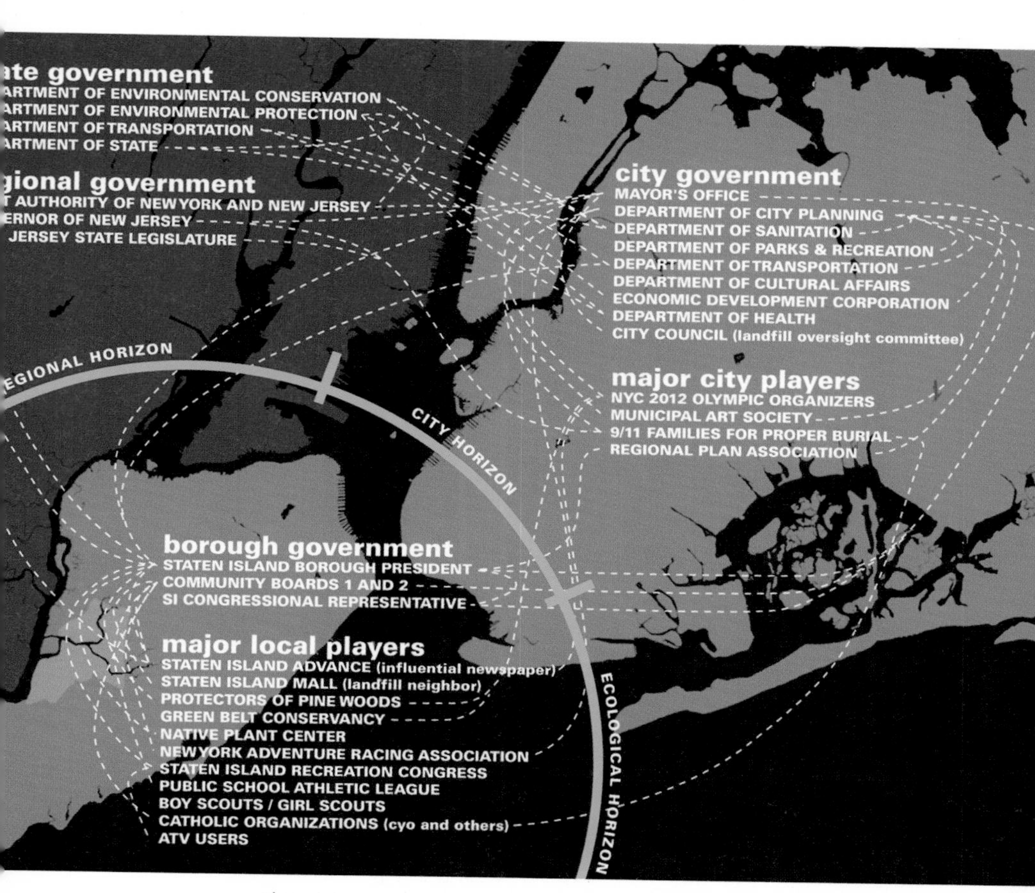

그림 18. 제임스 코너/필드 오퍼레이션스 등, 프레쉬 킬스 프로젝트에 관여된 행위자들의 맵핑, 2005

하지만 이러한 경계부는 수많은 도시적 관심사를 공원 개발에 끌어들이고 관여시키는 새로운 문턱threshold으로서 중요한 잠재력을 갖는다. 경계부에 대한 전략을 명확히 세우기 위해서 부지의 사회적 · 자연적 역사가 어떻게 주변 지역과의 차이를 만들어 왔는 지 다양한 스케일에서 인식하는 것이 필요하다. 필드 오퍼레이션스는 프레쉬 킬스 파크의 일부이자 부지 경계에 위치한 근린공원들에 대한 전략을 공모전 이후 진행된 공공적 진행 과정의 일부로 발전시켜 왔다.

필드 오퍼레이션스는 애초부터 프로젝트의 실현 과정을 고려한 매트릭스에 라이프스케

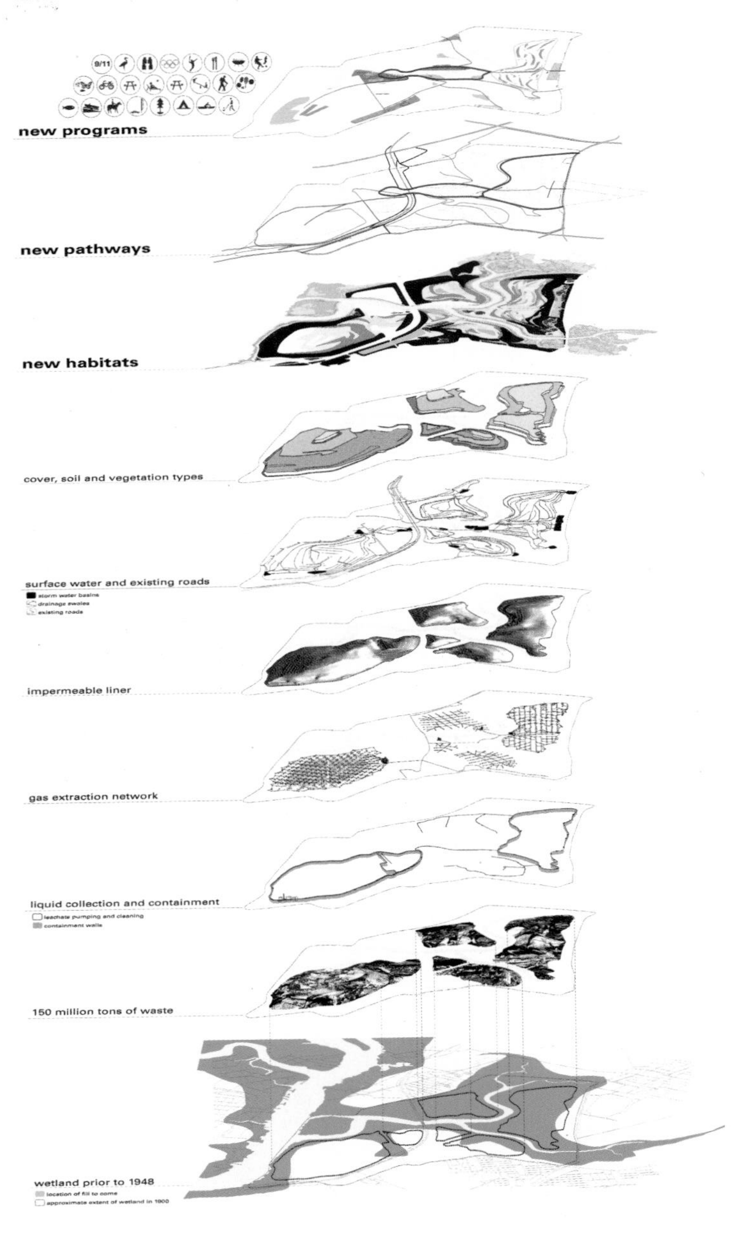

그림 19. 제임스 코너/필드 오퍼레이션스 등, "라이프스케이프," 프레쉬 킬스 공모전 당선작, 공간적 틀: 세 개의 새로운 시스템을 현재의 부지 시스템에 중첩

이프의 정체성의 기초를 두어 왔다. 프레쉬 킬스 프로젝트는 공간적 관점뿐만 아니라 시간적 관점에서 브라운필드로서 부지의 복잡성을 조정하고 조직화해야 한다. 단계별 계획은 30여년 동안 진행된 쓰레기의 부패, 메탄 가스의 발생, 침출수 배출, 100피트에 달하는 언덕의 부동 침하 등을 고려해야 하는 의미 심장한 공학적 · 생태학적 도전이다. 그러한 조직화가 정교하면 정교할수록 프로젝트를 가능하게 하고 풍성하게 하기 위한 단계별 계획에 더 큰 기회가 부여될 것이다.

필드 오퍼레이션스는 향후 30년 간 퇴락된 부지를 복구하고 변화시키기 위해 자연적 과정, 농업적 실천, 식물의 라이프사이클 등에 기초한 장기 전략을 그려왔다. 이 전략은 하나의 매트릭스가 여섯 개의 프로젝트 단계를 다루고 각 단계는 분리된 하위 단계들을 지니며 이러한 전략을 통해서 공원이 씨뿌리기seeding, 경작하기cultivating, 번식하기propagating, 진화하기evolving의 과정을 거쳐 "성장"할 것이라는 공모전 제출안을 발전시킨 것이다. 코너가 말한 바와 같이, 프레쉬 킬스의 설계는 "그것이 특수한 장소에 관한 설계라는 점에서 변형의 방법과 과정에 관한 설계"[35]이다. 프로젝트가 진화해 오면서, 프로젝트의 공간적 틀은 씨뿌리기 · 기반시설 · 프로그래밍 · 적응adaptation의 네 단계로 정리되었다. 앞의 세 단계는 30년이라는 시간적 틀에 걸친 주요 개발 내용이다. 그리고 마지막 적응 단계는 변하는 수요와 상황에 대응하기 위한 협상의 가능성을 남겨 두고 있다.

공모전 출품작과 마찬가지로 현재의 프로젝트에서도 세 개의 조직적 시스템이 전체 프레쉬 킬스 경관에 대한 형태적 · 물질적 · 프로그램적 구조를 구축한다. 그러나 이들 시스템의 정체성은 프로젝트 발전 과정에 따라 변해 왔다. 첫 번째 시스템인 매트 같은 초지의 표면은 이용이 많은 지역에서는 그 패턴의 결grain이 더 곱고 소극적으로 이용되는 지역에서는 결이 더 거칠다. 비록 같은 재료는 아니지만, 같은 패턴의 결이 포장 지역의 처리에도 적용된다. 두 번째 시스템인 실은 기존에 있거나 새로 조성되는 차도, 보도, 오솔길을 포함하는 순환 고리를 형성하여 방문자들로 하여금 출발한 곳에서 순환을 마칠 수 있도록 해 준다. 세 번째 시스템은 섬에서 숲으로 진화했다. 즉, 다양한 연령대의 자생 수종이 혼합되어 경관을 중첩하는 산림 지대로 발전한다. 이국적이고 특이한 수종은 특정 지역에 구름 같은 배열로 집중적으로 식재된다(그림 19).

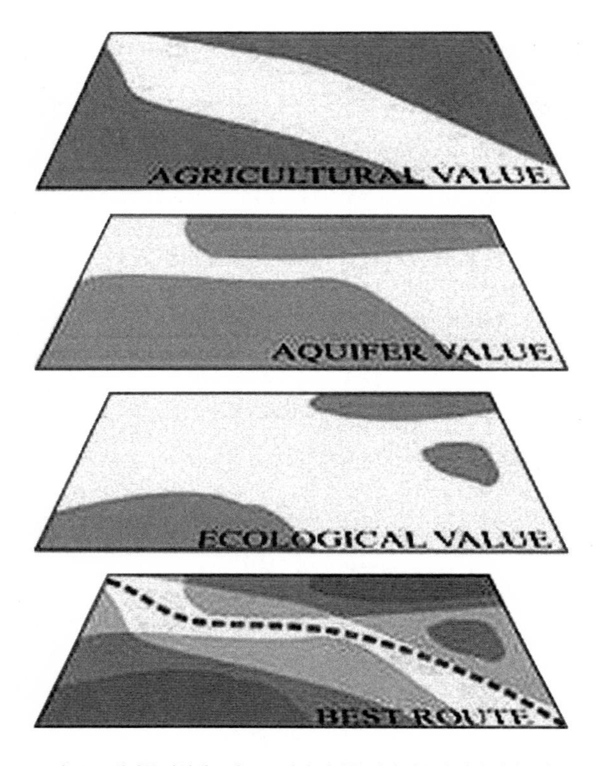

그림 20. 스테이튼 아일랜드의 도로 적지 평가를 위해 사용된 이안 맥하그의 중첩 기법

필드 오퍼레이션스의 접근 방식과 제임스 코너의 스승인 이안 맥하그Ian McHarg의 접근 방식에는 차이가 있다. 맥하그는 『디자인 위드 네이처*Design with Nature*』를 통해 경관의 설계에 있어서 여러 다른 변수를 중첩하는 경관 분석 기법을 제시한 바 있다.[36] 맥하그의 방법의 결점은 그가 그러한 분석 기법을 설계적 이슈를 유예하거나 대체하기 위해 사용했다는 점이다. 필드 오퍼레이션스의 접근은 맥하그와 유사한 재현 테크닉을 사용하고 있지만 단순한 문제 해결 방식을 넘어서고 있다.

맥하그 이전에 환경적 고려가 계획과 설계에서 차지하는 역할이 작았던 이유 중 하나는 그것을 재현할 기법이 부재했기 때문이다. 많은 양의 공간적 정보를 정확하게 전달하는 맥하그의 도면 중첩 기법은 평가와 의사 결정에 있어서 다중적 기준의 복합적 분석 형식을 제시한 선구적인 것이었다. 『디자인 위드 네이처』는 스테이튼 아일랜드의 주 도로를 어디에 위치시킬 것인가와 관련해 역사 · 수문 · 식생 · 야생동물 · 경치 · 여가 · 주거지 · 공공시설 · 토지 가치 등의 요인을 고려하면서 사회에 대한 비용과 편익을 의미하는 "사회적 가치"와 연관시켜 분석하고 있다. 각각의 요인이나 가치는 투명한 도면에 재현되며 가장 어두운 색이 가장 가치가 높은 지역을 나타낸다. 원본 지도 위에 투명한 그림들을 중첩함으로써 가장 높은 사회적 가치를 갖는 지역이 가장 어둡게, 가장 낮은 가치를 갖는 지역이 가장 밝게 표현된다. 그리고 사회적 가치를 나타내는 이 지도가 지질학적 지도 등 유사한 다른 지도들과 비교된다. 이러한 비교의 결과로 도로의 최종 위치가 결정된다(그림 20).

필드 오퍼레이션스의 프레쉬 킬스 설계에서 매트릭스는 복잡성을 분류하는 도구에서 형상화의 도약판으로 변화한다. 이러한 변화는 매트릭스적 사고에서 발생한 구성 성분을 활성화하는 긴장의 장을 생성하는, 콜라주collage를 중심으로 한 복합적 재현 기법들을 통해 생겨난다. 구성 성분 또는 부지 시스템의 목록inventory이 이미지로 재현된다. 그러나 재현 이미지에서 각 부분들 간의 긴장은 개별적인 의미를 지탱시켜 준다. 이러한 접근 방식은 매트릭스를 기반으로 한 이미지화를 활성화한다. 공간의 콜라주적 구성을 가능하게 하는 다중적 관여 지점들을 통해 그 구성 성분 간의 관계가 역동적으로 이해된다. 콜라주를 기반으로 한 재현 기법은 부지를 가상의 백지 상태가 아니라 이미 도시화된 상황으로 다룸으로써 부지의 기존 요소와 역사를 인식한다. 각 요소는 그 자체의 공간적 · 시간적 조건에서 펼쳐질 수 있는 힘과 역학을 갖는다. 즉, 각 요소는 중첩을 통해 재현의 평면을 두텁게 하며 각기 다른 시간성을 포괄한다.

라이프스케이프의 매트, 실, 숲은 물질적이다. 다이어그램적일 뿐 아니라 물질적인 매트릭스는 이 땅ground의 설계에 대한 접근 방식을 제공해 준다. 그것은 그 땅을 유일한 기원이나 본질화된 자연으로 인식하는 것을 막으면서 잠재된 복잡성, 즉 내부의 차이성을 인정하는 방식이다. "매트릭스"라는 용어는 땅이 아무도 문제 삼지 않는 배경background으로 다시 좌절되는 것을 막기 위해 땅에 다중성과 공명을 부여하는 방식을 통해 "땅"이라는 용어를 대체할 수 있다. 또한 매트릭스는 구축된 의미와 자연적 의미를 동시에 갖는다. 그것은 잉태의 과정을 포함하는 여러 과정들을 명백히 포함한다는 점에서, 수동적 배

0 - 15 YEARS
HABITAT DIVERSIFICATION OVER TIME
early stages: preliminary plantings related to existing biomass and habitat

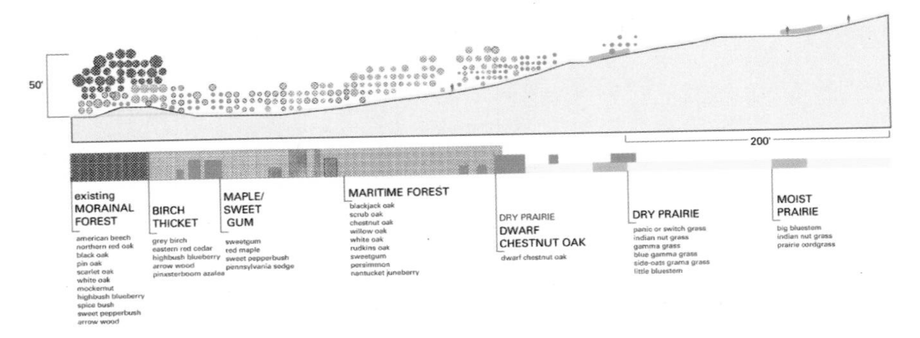

15 - 30 YEARS
HABITAT DIVERSIFICATION OVER TIME
developed stages: overlapping inter-plantings and "spread" of seed bank and species, establishing stratified habitat communities and diverse ecological matrices

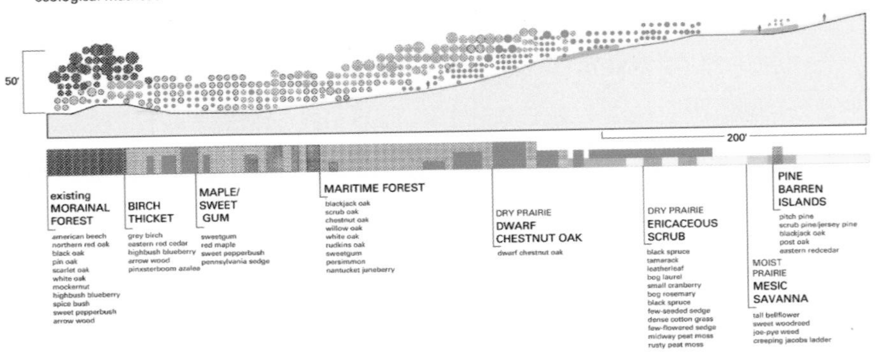

그림 21. 제임스 코너/필드 오퍼레이션스 등. 시간에 따른 서식처 다양화를 보여주는 프레쉬 킬스 파크의 단면도들

경으로 격하될 수 없다(그림 21, 22). 단계별 계획 다이어그램이 명확히 보여주는 바와 같이 머지않아 부지의 다양한 생태계가 발생하고 가시화될 것이다.

숭고의 개념과 프로젝트 설계에서 매트릭스의 이용 사이의 교차점은 물성materiality이다.

그림 22. 제임스 코너/필드 오퍼레이션스 등. 프레쉬 킬스 파크의 조감도

이러한 경우 물성은 매립지의 작동을 포함하는 생명계들을 말한다. 이러한 맥락에서 물성은 형성과 모방 과정의 고정된 결과물이나 인식 행위의 고정된 대상으로 이해되어서는 안 된다. 물성의 개념은 엔트로피를 포함하는 더 광범위한 과정으로 다시 쓰여진다. 그러할 때 물리적 발현은 성장은 물론 쇠락의 과정도 포함하는 더 긴 시간적 틀의 주기 및 일관된 조건과 관련된다. 물질은 그것이 자연의 순환 과정에서 추출되었다는 이유로, 그리고 생산 과정의 부산물이라는 이유로, 대개 생명이 없는 것으로 간주되어 왔다. 물성에 대한 재고는 시간의 흐름, 방향, 리듬 등 시간에 대한 새로운 인식과 연관되어야 한다. 주체-객체의 관계에서 보자면, 그것은 객체가 안정적이지 않음을 의미한다. 객체 역시 성장과 쇠락 과정의 일부이기 때문이다.

notes

1 공모 지침 어디에서도 이 프로젝트를 분명하게 공원으로 정의하지는 않았지만, 다른 프로그램들에 대한 인근 커뮤니티의 저항과 결합된 건축 부지로서의 복잡성은 이곳의 프로그램을 공원으로 선택하게 만들었다.

2 뉴욕시 도시계획국, "Fresh Kills Lifescape," http://www.nyc.gov/html/dcp/html/fkl/(2006년 6월 11일 접속).

3 하나의 부지(site)로서 프레쉬 킬스의 복잡성은 예를 들어 200개가 넘는 용어의 어휘 사전이 수록된 이 프로젝트의 웹사이트에서 단적으로 나타난다. "복잡성(complexity)"은 하나의 시스템에서 설계나 실행이 얼마나 이해되고 검증되기 어려운 지에 대한 수준으로 이해될 수 있다. 라틴어 complexus는 서로 얽히고 꼬인 것을 의미한다. 이것은 다음과 같이 해석될 수 있다. 복잡성을 갖기 위해서는 분리하기 어려운 방식으로 결합된 두 개 이상의 구성 요소들, 다시 말해 얽히면서도 혼합된 것들이 필요한 것이다. 『옥스포드 영어 사전(*Oxford English Dictionary*)』은 어떤 것이 "긴밀하게 연결된 (대개 여러 개의) 부분들로 이루어지고" 각기 다르면서도 동시에 연결되었을 때, "복잡하다"고 정의한다. 하나의 시스템은 더 많은 부분들로 구별될 수 있거나 그들 사이에 더 많은 연결들이 존재할 때 더 복잡하다. 시스템이 생물학적이든 기술적이든 사회적이든 혹은 다른 특성을 갖든 간에 재현될 수 있는 부분들이 많다는 것은, 그것이 더 광범위한 모델이며 발전할 시간이 더 많이 필요하다는 것을 의미한다.

4 이 글은 *Praxis: Journal of Writing and Building Issue* 4: Landscape, 2002에 실은 "Sublime Matters"에서 시작된 프레쉬 킬스에 대한 탐구의 연장선에 있다. 그 논문이 설계 공모전에 초점을 둔 반면, 이 글은 설계 접근 방식 및 실현의 틀과 관련하여 프레쉬 킬스를 대형 공원으로, 특히 그 크기와 복잡성의 측면에서 조망한다. 또한 이 글은 라이프스케이프 프로젝트의 발전을 작동적 측면에서 파악하면서, 프로젝트를 어떻게 조절하여 프레쉬 킬스 경관의 개발에 내재된 복잡성의 정도를 이끌어내는 지에 대해 살펴본다.

5 각 언덕의 흔적은 두 개의 "단면(section)"으로 이루어진다. 각 단면은 한 때 하나의 쓰레기 언덕이었다. 네 개의 언덕은 서쪽 언덕이 1/9인 것처럼 숫자로 불리면서도, 북쪽 · 남쪽 · 동쪽 · 서쪽 언덕으로 불리기도 한다.

6 브라운필드(brownfield)는 과거의 공업적 이용이나 폐기물 처리로 인한 환경 오염 때문에 제대로 활용되지 않고 버려진 자산이다. 1990년대 이후로 연방 정부와 주 정부의 프로그램들은 사적 · 공적 부문에서 브라운필드의 재개발을 장려해 왔다. 다음을 참조할 것. Thomas Russ, *Redeveloping Brownfields* (New York: McGraw-Hill, 2000). 그러한 공원 프로젝트 중 가장 잘 알려진 것은 피터 라츠+파트너의 뒤스부르크-노드 파크(Landschaftspark Duisburg-Nord)이다. 다운스뷰 파크와 라빌레뜨 파크의 부지 또한 브라운필드이다.

7 래더만 우클레스의 3화면 비디오 설치 작품은 2002년에 스누그 항만문화센터(Snug Harbor Cultural Center)와 스테이튼 아일랜드 몰에서 동시에 상영되었다.

8 뉴욕시 도시계획국. http://www.nyc.gov/html/dcp/html/Fresh Kills/ada/competition(2006년 6월 11일 접속).

9 사실상 "뚜껑(cap)과 덮개(cover)"의 개선 과정은 재생이 아니라 재녹화의 과정으로, 매장된 쓰레기가 생물 분해를 일으키지 않고 점진적으로 비활성의 상태가 되는 것이다.

10 엘리자베스 마이어는 특히 오래된 교란의 메아리 한가운데에서, 숭고의 논의를 동시대적 해석의 틀로 설명한다. 다음을 참조할 것. Elizabeth K. Meyer, "Seized by Sublime Sentiments: Between Terra Firma and Terra Incognita," in William S. Saunders, ed., *Richard Haag: Bloedel Reserve and Gasworks Park* (New York: Princeton Architectural Press, 1997).

11 Leo Marx, "The American Ideology of Space," in Stuart Wrede and William Howard Adams, eds., *Denatured Visions: Landscape and Culture in the Twentieth Century* (New York: Museum of Modern Art, 1991), 62-78.

12 심리학 용어에서 융합(fusion)은, 두 개체의 정체성이 합쳐지고 뒤이어 개별적 정체성이 흐려지고 사라지는 기능 장애의 상태를 말한다. 이를 공간적 측면과 비교해 보자면, 그러한 흐려짐(blurring)이 발생하지 않는 방식으로 요소들의 결합을 유지하는 것이 바람직하다.

13 설계와 교란 사이의 관련성에 대한 논의로는 다음을 참조할 것. Linda Pollak, "American Ground: Four Kinds of Disturbances," *Lotus* 100 (1998), 104-28.

14 프레쉬 킬스는 또한 이 부지를 통과해 흐르는 강 지류의 명칭이기도 하다. "킬(kill)"은 네덜란드어로 "시내"를 뜻한다.

15 Elizabeth Barlow Rogers, *The Forests and Wetlands of New York City* (Boston: Little, Brown, 1969), 36.

16 프레쉬 킬스 부지의 약 45%는 매립지로 이용된 반면, 부지의 나머지 부분은 습지, 수로, 빈 저지대이다.

17 Donald Worster, *The Wealth of Nature: Environmental History and the Ecological Imagination* (New York: Oxford University Press, 1993), 164.

18 Steward T. A. Pickett and P. S. White, *The Ecology of Natural Disturbance and Patch Dynamics* (Orlando, FL:

Academic Press, 1985), xiii, 5, 12.
19 Nancy Holt, ed., *The Writings of Robert Smithson* (New York: New York University Press, 1979), 221.
20 위의 책, 172.
21 위의 책.
22 Robert Hobbs, ed., *Robert Smithson: Sculpture* (Ithaca, NY: Johnson Museum of Art, 1980), 서문.
23 Holt, *The Writings of Robert Smithson*, 84.
24 Ratcliff, "Ratcliff Green Matrix," http://www.greenmatrix.net (2006년 6월 6일 접속)
25 Sandro Marpillero와의 대화, 2006년 5월 3일.
26 이 책에 조지 하그리브스가 쓴 "대형 공원: 한 설계가의 시각" 을 참조할 것.
27 Richard T. T. Forman and Michel Godron, "Matrix and Network," in *Landscape Ecology* (New York: Wiley, 1986), 157. 저자들은 다음 논문을 참고했다. A. W. Kuchler, "Natural and Cultural Vegetation," *Professional Geographer* 21(1969): 383-85.
28 Forman and Godron, "Matrix and Network," 159.
29 위의 책, 157.
30 위의 책, 161.
31 Webster' s Online Dictionary, "Matrix," http://www.websters-online-dictionary.org/definition/matrix(2006년 6월 6일 접속)
32 위의 웹사이트.
33 Anita Berrizbeitia, "Scales of Undecidability," in Julia Czerniak, ed., *Downsview Park Toronto* (Munich and Cambridge, MA: Prestel and the Harvard University Graduate School of Design, 2002), 116-25.
34 Forman and Godron, "Matrix and Network," 164-65.
35 필드 오퍼레이션스 프로젝트 개요. 프레쉬 킬스 웹사이트. http://www.nyc.gov/html/fkl/ada/competition/2_3.html (2006년 5월 24일 접속)
36 Ian McHarg, *Design with Nature* (Garden City, NY: Natural History Press, 1969).

그림 1. 하이드 파크, 그린 파크, 세인트 제임스 파크, 켄싱턴 가든의 진화, 2003

대형 공원 _ 한 설계가의 시각
Large Parks _ A Designer's Perspective

조지 하그리브스George Hargreaves

왜 대형 공원인가? 왜 대형 공원의 역사가 중요한가? 무엇이 대중으로 하여금 경관 또는 공원을 그 자체로서 환영하게 하는가? 어떤 종류의 부지와 설계가 그것의 유지와 생존을 위해 필요한 재정 자원을 만들어내는가? 정치적 체제의 밀물과 썰물 같은 영향을 약화시킬 전략이 있는가? 이러한 질문들은 나를 설계가이자 시공자로서 역사의 위대한 프로젝트들로 이끌었으나, 이는 모방의 목적이 아니라 문화 내의 근본적인 흐름들이 그 문화 내에서 영속성, 지속성, 중요성과의 매개체가 됨을 확인하기 위해서였다.[1] "크다large"라는 문제와 관련해서는 아마 크기size가 중요할 것이다. 대형 공원—이 책에서는 500에이커 이상의 공원—은 생태, 서식처, 인간의 이용과 개입, 문화적 의미, 도상학적 의미 등과 같이 공공 경관과 관련된 여러 쟁점들의 성패의 정도를 현실적으로 평가할 수 있을 만한 규모를 제공해 준다. 이러한 쟁점들은 부지 자체의 물리적 특성, 즉 경관의 근본적 토대를 고려하지 않고서는 이해될 수 없다. 대형 공원은 부지와 그것의 물리적 형태 및 자연 체계에 대한 설계가의 태도가 중요함을 보여 준다. 작은 규모에서는 감춰지거나 수정될 수도 있는 부지의 특성이 이 500에이커 이상의 부지에서는 위장되거나 영구적으로 변형되기 어렵다. 설계가가 어떤 부지의 물리적 역사와 시스템을 받아들이거나 맞서는 정도는 공원의 장기적 성공을 결정하는 중요한 요소이다.

대형 공원은 오늘날의 조경 실무와 관련되는 대형 공공 공간 및 부지의 설계에 대한 의문점들을 제기한다. 하이드 파크와 불로뉴 숲에서, 우리는 부지의 특성들—오래되고 풍요로운 삼림지의 역사, 이용 가능한 물, 왕실의 사냥터—이 각 공원에 특정한 특질을 계속해서 불어넣어 왔음을 발견한다. 하이드 파크 단지와 불로뉴 숲 모두 그 부지 때문에 큰 규모로 만들어졌으며, 부지의 물리적 역사는 특별하게 규정된 특질과 함께 각 공원에 계속 스며들어 있다. 그런 거창한 공원 부지가 거의 남아 있지 않은 오늘날의 환경에서, 설계가는 조성되고 개조되어 온 부지에 어떻게 접근하는가? 샌프란시스코에 있는 골든 게이트 파크와 시드니의 센테니얼 파크랜드에서, 우리는 공원은 마땅히 이러해야 한다고 대중이 규정한 공원의 이미지를 추구한다는 미명 하에 부지의 개성과 특성을 개조시킨 공원을 발견한다. 골든 게이트 파크의 모래 언덕과 센테니얼 파크랜드의 습지는 뉴욕 센트럴 파크나 런던 하이드 파크의 특징인 잔디와 낙엽수로 대체되었으며, 그 결과 지속가능하지 않은 공원 시스템이 만들어졌다. 오늘날 대중이 다른 어떤 것을 요구할 지도 모르는 상황에서 우리는 어떻게 지속가능성을 성취하는가?

암스테르담의 보스 파크와 파리 외곽의 소셋 파크는 획일적인 계획과 전체 부지의 개조를 피하면서 한 공원 내에서 다층적 매트릭스를 가지고 설계한 훌륭한 예를 보여준다. 이들 공원은 만들어진 것과 만들어지지 않은 것, 설계된 것과 설계되지 않은 것을 적층하고 병치시키며, 프로세스의 이슈 그리고 작동operation과 프로세스의 차이를 제시해 준다.[2] 이는 폐기된 부지를 다루는 오늘날의 조경에 비춰 볼 때 특히 적절하다. 어디에서 개선 과정이 공공의 경험을 결정하는 요소가 되기를 그치고 그 대신 연결성, 측정, 사건 등 인간적 이슈가 두드러지게 되는가에 대한 논쟁이 있다. 내가 답사하고 촬영했던 대형 공원 중 다음에서 논의할 일곱 가지 사례 연구 공원에서 그러한 쟁점들을 해결하기 위해 애써 온 설계가들의 작품을 만날 수 있다. 다양한 부지, 특히 그 부지의 스케일과 특성에 초점을 둘 것이다.

하이드 파크 단지Hyde Park Complex: 양피지palimpsest로서의 공원

하나의 그룹인 하이드 파크Hyde Park, 그린 파크Green Park, 세인트 제임스 파크St. James Park, 그리고 켄싱턴 가든Kensington Garden은 사실상 모든 런던 여행자, 거주자, 조경가가 방문하는 하나의 집합적 공공 공원을 형성하고 있다. 공공에 개방되기 시작한 역사가 1600년대로까지 거슬러 올라가는 서구의 초창기 공공 경관 중 하나인 하이드 파크 단지는 공공 경관에 관한 어떠한 토론에 있어서도 시금석이 된다. 뉴욕의 센트럴 파크처럼 이곳은 다른 공원의 관리자와 설계가에 의해 비교의 기초로 종종 이용된다. 하이드 파크 단지 전체는 약 750에이커이다. 이 땅은 한 때 화이트홀 공관Whitehall Palace 근처의 왕실 사

그림 2. 켄싱턴 가든, 양피지 같은 특징을 드러내는 나무 배열, 2001

냥터였으며, 템즈강의 두 지류인 타이번Tyburn과 웨스트보른Westbourne이 이 곳 중심을 관통한다(그림 1). 이 공원은 양피지palimpsest로 간주될 수 있다. 실제로 공원 전체에 걸쳐서 설계의 층위layer들을 볼 수 있기 때문이다. 누군가 이 공원 단지의 역사와 최근 관리에 대해 연구한다면, 이러한 양피지의 느낌은 다양한 방식으로 증대되고 명백하게 된다. 켄싱턴 가든 가장자리에 있는 여러 다양한 패턴의 식재 배열은 그 원형이 더 이상 뚜렷하지 않고 서로 이상하게 병치된 옛 산책길의 흔적을 보여준다(그림 2). 그런 파크는 뜻밖의 이

그림 3, 4. 그린 파크의 미조성 지역(옆 쪽 위), 런던 계획의 교목 산책로(옆 쪽 좌)
그림 5, 6. 하이드 파크, 높은 지대에서의 특별한 레크리에이션(옆 쪽 우), 서펜타인 호수 쪽 경사지를 이용하는 사람들(위)

용을 초래하는 이해하기 어렵고 복잡한 지형 조건을 가지고 있다. 반면, 그러한 고유의 지형을 덮고 있는 교목들의 배열은 과거 왕족의 생활과의 연결, 혹은 여왕 즉위 기념 축제 Queen's Jubilee를 위한 세팅과 같은 최근 시간과의 연결을 드러내고 있기도 하다(그림 3, 4). 고유의 지형과 토양 조건은 어느 공원보다도 가장 유연하고 성공적인 개방형 잔디밭을 하이드 파크에 마련해 준다. 이 높고 배수가 잘 되며 겉으로 보기에는 평탄해 보이지 않는 땅은 근처 빌딩에서 근무하는 회사원들의 일과 후 축구나 라운더스rounders 경기장 역할을 한다(그림 5). 높은 땅은 때로는 주요 이벤트 공간으로 변모한다. 여왕 즉위 기념 축제 기간에 로드 스튜어트Rod Stewart 콘서트와 같은 공연들이 개최되기도 한다. 하이드 파크와 그린 파크의 고유한 지형은 인근 주민들과 회사원들의 쉽고 우연한 친교를 가능하게 한다. 높은 땅은 여러 활동을 유발시키고, 그린 파크의 오목한 땅은 시각적으로 사람들을 끌어당기기 때문이다(그림 6).

그러나 두 개의 만들어진 지형도 있다. 한 때 크리스탈궁Crystal Palace이 있었던 킹 로우King Row를 따라 나 있는 장소, 그리고 켄싱턴 가든 전체가 그러하다. 런던 플라타너스로 둘러싸인 크리스탈 궁전 부지는 과거의 유명했던 점거자의 영혼을 환기시키는 공간적 입체감을 만들어내고 있다. 나이츠브릿지Knightsbridge 거주지의 이 편평한 땅은 활동적 레크리에이션과 단체 스포츠를 위해 보존되어 있다. 켄싱턴의 지형과 경관은 다른 역사를 가지고 있다. 윌리엄 3세William III는 좀 더 건조한 땅과 공기를 찾아 1688년, 템즈강과 화이트홀로부터 떨어진 켄싱턴 마을의 가장자리로 궁전을 옮겼다. 초기의 정원은 17에이커의 작은 정원 단지로 형성되었다. 1708년, 조지 1세George I에 의해 100에이커가 추가되었고, 1726년, 찰스 브릿지맨Charles Bridgeman은 켄싱턴에서 자신의 작업을 시작했으며, 이는 조지 2세의 시대까지 이어졌다. 다른 150에이커의 땅을 가지고 브릿지맨은 거대한 단지를 구상했는데, 이는 인공 지형의 편평하고 경사진 부지를 이용하여 장엄한 조망, 보도, 그리고 하이드 파크와의 연결망을 만드는 것이었다. 긴 가로수길을 갖춘 매우 공간적이면서도 비종결적이며 입체감이 없는 이 설계는 여전히 남아 있지만 상이한 유지 관리 체제 속에 있다. 1998년에 시작한 왕실 정원사와의 대화를 통해, 나는 이 정원이 겪어야 하는 많은 복원 작업에 대한 직원들의 고충을 알게 되었다. 그들은 빅토리아 시대 사람들이 만든 선형의 공간적 특질을 제거한 것이 정원의 의의를 퇴색시켰고 하이드 파크와의 균질화를 이끌었다고 생각했다. 그들은 또한 왕실의 정원이건 아니건 자신들의 자원이 제한되어 있다는 것도 알고 있었다. 적응적 관리adaptive management라는 매우 현명한 전략을 가지고, 그들은 틈새의 경관을 차지했던 비현실적인 동물원과 정원이 아니라 가로수길을 복원하는 과정을 밟고 있다. 그들은 긴 풀과 야생화를 자라게 해서 초원을 형성하도

그림 7. 켄싱턴 가든의 초원, 2002

록 하고, 이 초원은 표면 상태에 따른 인간의 이용을 관리하고 조류 서식지를 증대시키며 유지 관리비를 감소시킨다(그림 7). 지난 십년에 걸쳐 이 공원 단지의 진화를 주시해 온 우리가 보기에 아름다움과 우아함이 눈에 띄게 강화되었다.

공원에 가는 사람의 이용 측면에서 조성된 평탄한 지형과 하이드 파크 및 그린 파크의 자연 지형 사이의 차이점을 관찰하는 것은 흥미로운 일이다. 하이드 파크와 그린 파크는 우연하게 방문자들에 의해 채워지고 그들은 고정된 한 지점에서 공원을 감상하는 반면, 켄

그림 8. 세인트 제임스 파크의 잔존하는 물새 서식지, 2002

싱턴 가든의 이용자는 마치 조성된 지형이 끊임없는 전진을 요구하는 것 마냥 늘 움직인다. 인간의 힘이 정지하는 유일한 곳은 조지 1세의 거북이를 위해 조성된 라운드 연못Round Pond이다.

세인트 제임스 파크에서 양피지의 개념은 또 다른 방식으로 드러난다. 찰스 1세의 명령으로 1660년 앙드레 몰레Andre Mollet와 가브리엘 몰레Gabriel Mollet에 의해 장엄한 직선형으로 만들어졌기 때문에, 이전의 지류는 대운하의 방식으로 화이트홀과 만나게 되었다. 시간이 흐르면서 러시아 펠리칸 무리들을 비롯한 동물떼가 세인트 제임스 파크의 남쪽 끝을 차지하게 되었다. 1823년 존 내쉬John Nash가 세인트 제임스 파크를 완전히 울퉁불퉁하게 리모델링한 후, 그리고 공공 영역으로 완전히 공개된 이후에도 300년 전의 외래종이 여전히 존재한다. 설계와 관리의 결합을 통해 한 개 또는 두 개의 섬을 외래 서식지 보호구역으로 지켜왔으며, 이것은 관리된 강변의 조건과 더불어 도시의 물새 서식지를 위한 필수 성분이 되고 있다(그림 8).

서펜타인 호수Serpentine Lake를 다루지 않고서는 하이드 파크에 대한 논의가 완전할 수 없다. 윌리엄 켄트William Kent는 1728년 우리가 오늘날 알고 있는 서펜타인의 형태를 만들었다. 표면상으로 왕족의 요트 두 척을 수용하기 위해 행해진 재설계는 수역을 두드러지게 확장시켰고, 공공 영역에서 가장 이름 있는 수 공간 중 하나로 하이드 파크와 켄싱턴 가든을 결합시켰다. 이러한 논의와 밀접히 관련되는 것은 서펜타인 주변의 프로그램이 어떻게 진화해 왔는가와 서펜타인과 경관 및 포장 체계와의 관계이다. 차도 겸 다리의 남쪽

그림 9. 하이드 파크, 서펜타인 호수의 남쪽 지역 및 이와 연결된 프로그램 지역, 2002

지역은 하이드 파크의 고지대의 낮은 경사 부분과 인접하며, 연속적인 산책로, 두 개의 식당, 보트 대여점, 수영 구역, 롤러브레이더를 위한 전시 구역을 가지고 있다. 이는 인간의 이용 요소들과 연결된 프로그램의 탁월한 예라고 할 수 있다(그림 9). 상이한 환경이 차도 겸 다리의 북쪽에서부터 생성되어 왔다. 서펜타인의 이 지역에 대한 접근은 오직 켄싱턴 가든의 주축 면으로부터만 가능하다. 호안의 나머지 부분은 수목이 밀식되어 있어서

그림 10. 하이드 파크, 왼쪽은 켄싱턴 가든의 평지와 함께 서펜타인 호수의 북쪽 지역, 오른쪽은 멀리 떨어진 야생동물 서식처, 2002

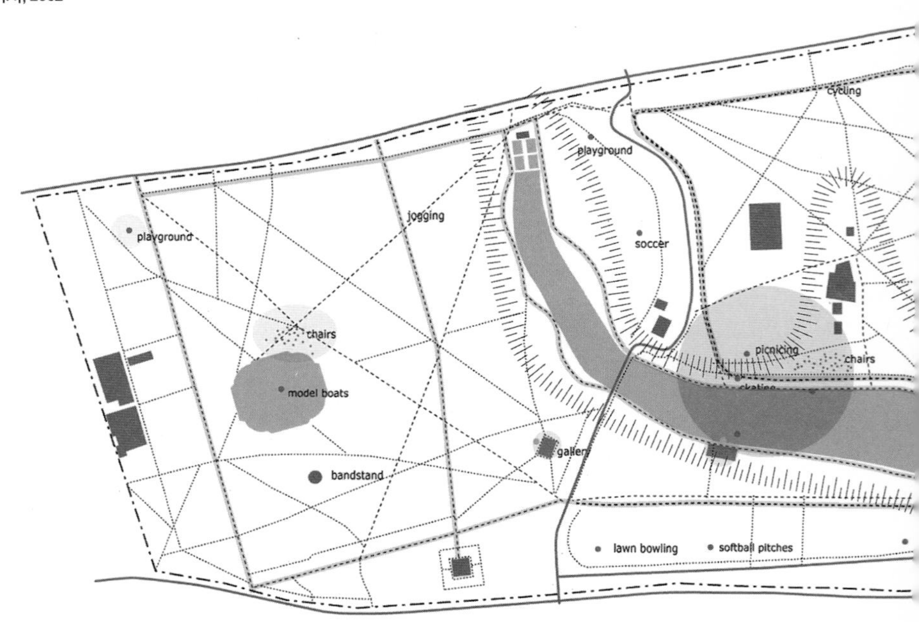

지면과 물의 접근으로부터 보호되고 있다(그림 10). 이 일대는 서펜타인 남쪽 지역을 따라 이어진 매우 프로그램적인 경관과는 대조적으로, 서식지와 경관의 복잡성complexity을 한 번에 만들어내고 있다는 점에서 차라리 인간보다는 도시 야생동물을 위한 지역이라고 보는 것이 정확할 것이다.

이들 공원은 하버드대학교 설계대학원 학생 세미나에서 연구된 복합적 단지로서는 다소 규모가 작은 편이다. 그러나 면밀히 연구해 보면, 나는 이곳이 오늘날 현존하는 보다 복합적이고 성공적인 공공 공원 중의 하나라고 확신한다. 이러한 복잡성의 어느 정도는 4백년이라는 시간에 걸쳐 진전되어 왔다는 바에는 의심의 여지가 없지만, 나는 다양성과 성공의 상당 부분은 만들어진 것과 만들어지지 않은 것의, 설계된 것과 설계되지 않은 것의 중첩layering과 병치juxtaposition로부터 기인했다고 말하고 싶다. 이 공원들은 잔디, 나무, 보도와 같은 여러 요소 면에서는 공통점이 있지만, 지형과 형태에 있어서는 각각 다르다(그림 11). 따라서 이 혼합물amalgam은 유연한 표면과 적응적 관리를 통해 왕실의 뿌리를 드러내는 경관을 형성한다. 그러나 대중이 빈번하게 이용하는 이 경관은 사람들이 지나가는 매 순간마다 그들의 정신에 더 깊이 각인된다. 나는 우리가 왕실이 없는 영국은 상상할 수 있지만 이들 공원이 없는 영국은 상상할 수 없다고 생각한다.

그림 11. 하이드 파크 단지, 지형과 프로그램 다이어그램. 제이슨 시벤모겐(Jason Siebenmorgen) 작성, 2003

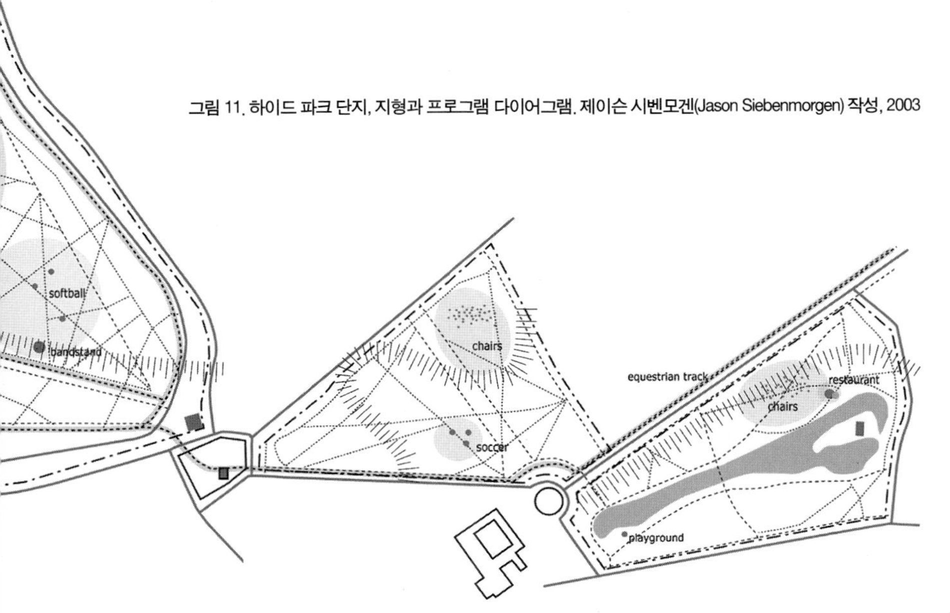

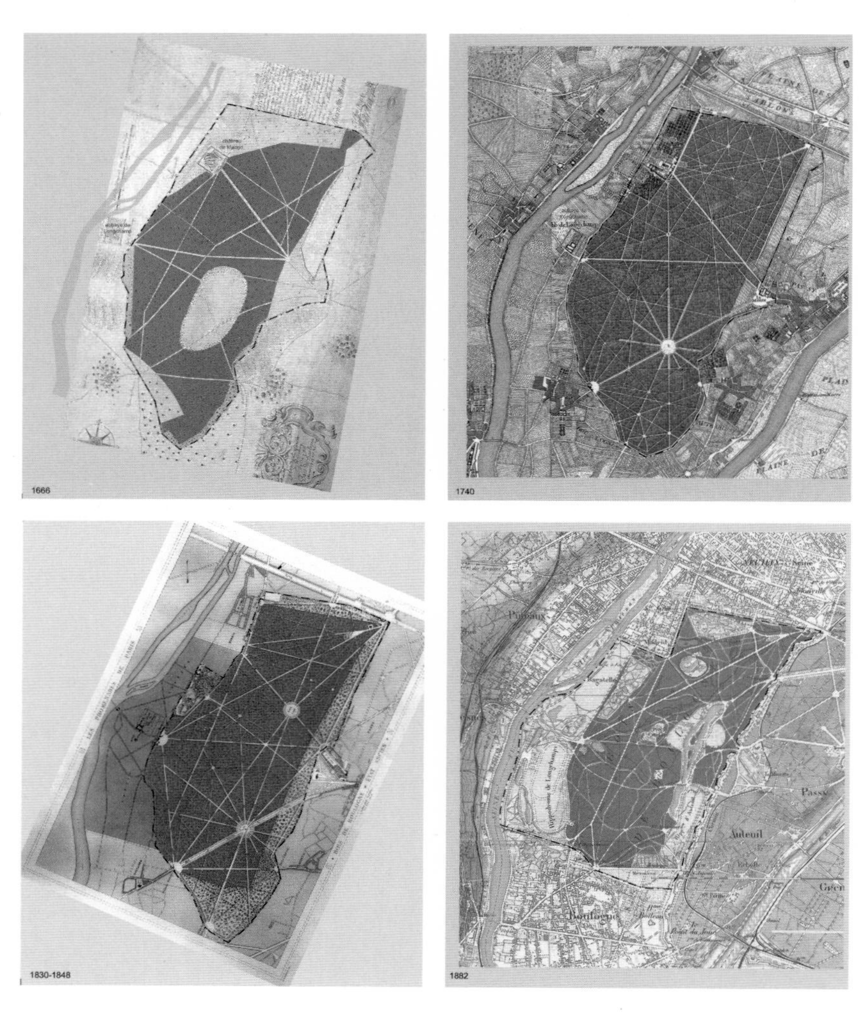

그림 12. 숲(1666)에서 불로뉴 숲(1882)으로의 진화

불로뉴 숲The Bois de Boulogne: 잭슨 폴록Jackson Pollock으로서의 공원

불로뉴 숲은 파리시의 서쪽 가장자리에 위치한다. 과거의 왕실 사냥터 외에 700에이커가 추가된 이 부지는 전체 약 2,000에이커이다. 1852년 나폴레옹에 의해 공공에게 되돌려졌으며, 아돌프 알팡Adolphe Alphand의 지시 하에 1년 뒤 공사가 시작되었다(그림 12). 세느Seine 강의 충적 평야에 위치하는 이 숲은 고대의 루브레 숲Forêt de Rouvray의 자취를 포함하고

있다. 오늘날 불로뉴 숲 상태의 전조가 되었을 지도 모르는 천년 이전의 여러 커뮤니티들이 숲 내에 간벌지와 도시로의 길을 만들었다. 숲을 지나는 이 여행길들은 늘 위험했으며, 숲에서는 불법 행위가 벌어졌다. 16세기에 이 숲은 둘러막혀져 왕실의 사냥터가 되었으며, 시대의 흐름에 따라 왕족의 사냥과 사회 활동을 용이하게 하기 위해 직선으로 분할되었다. 알팡은 공원을 관통하는 두 개의 직선 여행길을 제외한 모든 길을 제거함으로써 개조를 시작했고, 직선의 길을 복잡한 곡선의 보도와 마차길로 대체하여 도시를 가로지르는 새로운 축인 오스망Haussman의 대로와 대조를 이루도록 했다. 우리는 이로부터 15년 후 센트럴 파크에서도 도시 격자가 곡선의 여행길로 변하는 유사한 은유적 표현을 볼 수 있다.

알팡이 수행한 루브레 숲으로부터 불로뉴 숲으로의 개조를 검토해 볼 때, 그 범위는 숲으로부터 멀리 벗어나지 않는다. 심지어 오늘날에도 그렇다. 캐서린 앤더슨Katherine Anderson이 불로뉴 숲에 소속된 두 명의 산림관 중의 하나인 브리지트 세리Bridgette Seere와 나눈 대화에서 그러한 점은 더욱 명백하다. 불로뉴 숲은 파리지앵에게 분명히 낭만적이고 어쩌면 생물학적이며 신비적이기까지 한 것으로서 그들 정신의 한 부분을 차지하고 있다는 것이다(그림 13).[3] 아마도 이전의 정주 패턴으로부터 빌려오거나 혹은 큰 땅 조각이나 통로를 통해 직관적으로 유도되었기 때문에, 인간의 활동이나 프로그램은 대체로 숲 전체의 곳곳에 흩어지게 되고 산길과 보도에 의해 합쳐진다(그림 14). 숲에서의 불법 행위의 전통도 계속되고 있다. 사실 경찰은 숲이나 숲길에서 매춘이 이루어지는 것을 선호한다. 그것이 거리의 상업적 성 행위를 없애기 때문이다.

숲을 가로질러 여행하면서 우리는 또한 경마 트랙, 개인 테니스 클럽, 프랑스 오픈이 열리는 테니스 경기장, 축구장, 운동장, 볼게임boulles 코트, 장식 정원, 식당 등을 만난다. 의도적으로 모든 프로그램 요소들은 서로 연결되어 있기보다는 숲 전체에 걸쳐 분산되어 있다. 더 많은 프로그램 수요가 불로뉴 숲에 있는 만큼, 새로운 전략을 채택하는 것에 대한 저항이 있다. 초지가 거의 없는데, 이러한 점이 현재의 관리 정책이 자랑스럽게 이야기하는 것처럼 불로뉴 숲을 "하이드 파크와 같지 않게" 만든다. 경사 조작이 실제로 거의 없다는 점 또한 흥미롭다. 경사를 조작한 유일한 장소는 호수 상류와 하류로, 초지가

그림 13, 14. 불로뉴 숲의 숲 풍경, 2003(위). 지형 및 프로그램 다이어그램, 캐서린 앤더슨 작성, 2003(아래)

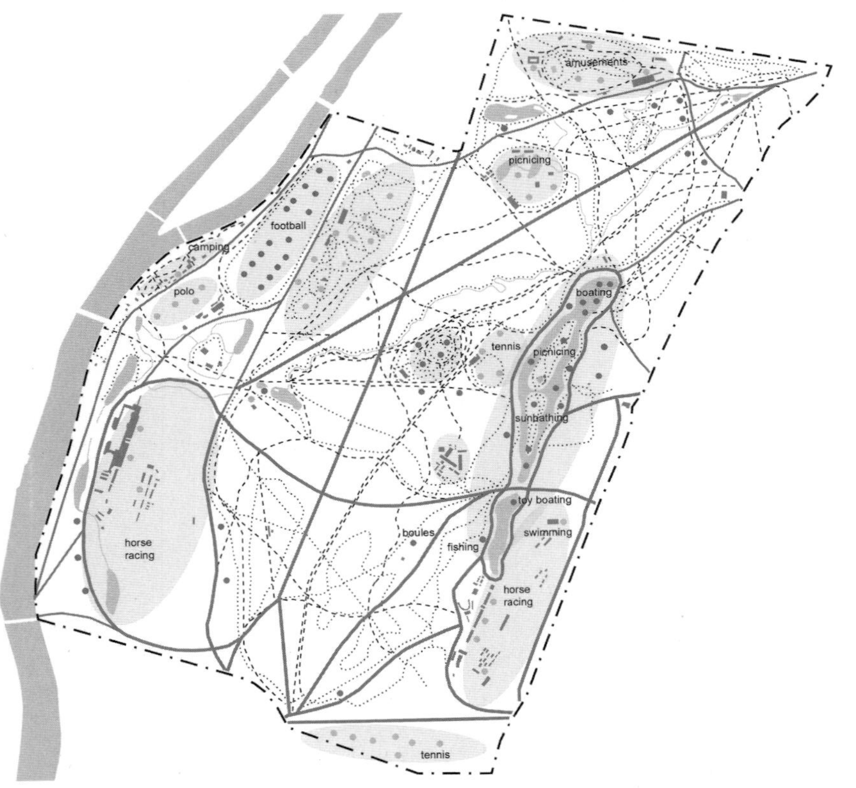

거의 없는 곳이다. 이곳은 알팡의 본래 계획에서 프로그램 연결이 존재하는 유일한 장소이기도 하다(그림 15). 아마도 가장 많이 사람이 머물고 활동적으로 이용하는 이 호수 체계는 폭이 좁은 섬들과 얕은 호안 주위의 이국적 식재가 특징적이며 지극히 선적인 형상을

그림 15. 불로뉴 숲, 멀리 에펠탑이 보이는 호수 상류에서 일광욕하는 사람들, 2004

하고 있다. 어떤 이는 호안의 경사도를 읽고 측량한다. 이 곳은 윗 호수부의 잘려진 경사와 수면의 평면성이 충돌하는 곳이며, 일광욕과 피크닉 장소로 이용되는 개방형 잔디밭을 끼고 호수 상하부 사이에 산책로를 제공하고 있다(그림 16). 호수 하부는 편평하게 다져진 자연 지형을 넘어서 확장되며, 파리의 보트 타는 사람들이 피크닉장 위의 호수를 떠다닌다(그림 17). 보트 타는 사람, 피크닉 하는 사람, 산책하는 사람, 조깅하는 사람으로 가득한 호수 지역은 인근 주거 밀집 지역과 인접해 있어서 주말이면 파리지앵의 삶으로 충만하다.

그림 16. 불로뉴 숲, 자연 지형을 깎아 만든 호수 상류, 2002

불로뉴 숲의 나머지 지역과 비교해 보았을 때 적극적으로 이용되는 이 지역은 그 크기가 상당히 작다. 사실, 불로뉴 숲에서 벌어지는 인간의 개입의 정도와 원생의 구역으로 숲을 유지하려는 욕구 사이에는 긴장이 있다. 현재의 관리 방법은 가장자리로부터 공원으로 더 이상의 프로그램이 유입되는 것을 막는 것이기 때문에, 숲 패치가 어느 정도는 손상되지 않고 유지되고 있다. 공원 내 일부 요소의 사유화를 허용하는 정부의 정책 경향만 아니라면, 이것이 아마도 지금으로서는 최선의 전략일 것이다.

그림 17. 불로뉴 숲, 호수 하류, 자연 지형 너머로 보이는 수면 위의 풍경, 2002

1999년 착빙성 폭우가 북부 프랑스를 휩쓸어 불로뉴 숲을 비롯한 많은 대규모 조림지를 황폐화시켰다. 어쩌면 숲의 양과 위치에 관한 숲의 이용 레이아웃을 재고해 볼 수 있는 기회가 되었을 텐데, 이는 숲의 완전한 대체를 지지하는 입장을 고려한 끝에 거절되었다. 공원 관리에 세 가지 전략이 사용되고 있다. 첫째는 유전적 원천을 유지하는 자연스러운 재생 또는 파종이다. 둘째는 대규모 황폐화 지역에 조밀하게 묘목을 심는 전략이다. 셋째는 산길, 보도, 호수, 잔디와 그 밖의 다른 공공 지역을 따라서 큰 포대처럼 식재하는 것이다(그림 18). 이것은 올바른 접근인가? 아니면 이용자의 요구를 조금 더 편하게 해결하는 불로뉴 숲만의 미묘하게 다른 버전을 마련할 수 있었지만 그 기회를 잃은 것은 아닌가? 공원 관리진이 마치 멜로드라마처럼 사람을 문제로, 숲을 완벽한 것으로 언급하고 있기는 하지만, 이 공공 영역에서 독특한 것은 바로 숲이다. 불로뉴 숲을 특별한 부지로 만들어주는 것은 바로 숲이다. 결국, 부지 고유의 독특한 특징으로 되돌아가야 한다는 것을 기본 입장으로 하는 결정을 비난하기가 어려워진다. 비록 이제는 천 년 전 규모의 십분의 일 이하로 줄었지만, 만약 미래에 있을 잠식과 사유화로부터 그것이 보호된다면, 남겨진 루브레 숲은 유럽의 신성한 장소 중 하나가 될 수 있을 것이다.

불로뉴 숲은 잭슨 폴록의 그림을 닮은 것처럼 보일 수 있다. 미친 듯이 흩어져 달려오는 도로망은 통근 교통을 고동치게 하여 공원 전체로 내보낸다. 불로뉴 숲은 생생한 이미지를 창출하는 프로그램의 얼룩 및 방울과 연결되며, 싸움판을 방불케 하는 격노의 캔버스 같을 때도 있다. 이 곳 불로뉴 숲에서 머문 두 번째 날 이른 아침에 자동차와 스쿠터의 충

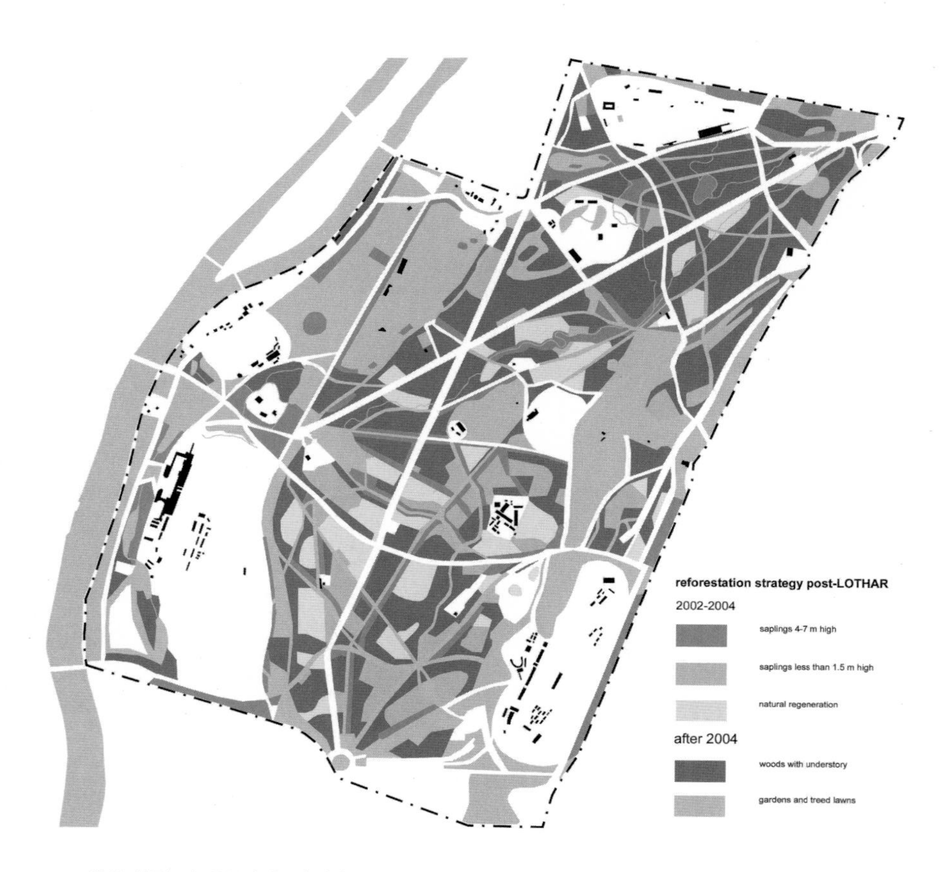

그림 18. 불로뉴 숲, 2002년 재조림 전략 다이어그램, 캐서린 앤더슨 작성

돌을 목격하기도 했다. 잠식과 사유화의 축소와 더불어, 불로뉴 숲을 관통하는 도로를 축소하는 것은 불로뉴 숲의 생존을 확보해 주고 분산 배치된 활동들 간의 더 쉽고 더 안전한 연결점을 생성시켜 줄 것이다. 숲을 보호하기 위해 대중과 숲의 신비로운 접속에 관심을 가져야 할 때이다.

불로뉴 숲과 하이드 파크 단지는 부지의 역사를 특성과 정체성의 원천으로 계속해서 끌어들인다. 이어서 이야기할 두 개의 공원, 즉 골든 게이트 파크와 센테니얼 파크랜드는 부지에 대한 매우 다른 접근을 보여 준다. 그것은 부지 특성의 정체성을 개조하고 지우는 방법이다.

골든 게이트 파크Golden Gate Park: 동일한 그림엽서

골든 게이트 파크의 본래 부지 조건은 약 4분의 3이 사구였는데, 태평양과 인접한 본 부지의 서쪽 지역부터 사구화가 시작되었으며, 남겨진 동쪽 지역은 주로 점질 양토였고 매우 건강한 자생 관목과 교목으로 뒤덮여 있었다. 1,000에이커를 조금 웃도는 이 부지는 샌프란시스코 시에 의해 1870년 공공 공원으로 지정되었다. 이 공원은 미국에서 19세기 공원 운동이 한창일 때 구상되었다. 서부에서 제일 큰 이 공원의 계획은 전형적인 뜨내기 정치가처럼 동부로부터 흘러들어왔다. 공원의 설계와 시공 기술자이자 감독관이었던 윌리엄 해몬드 홀William Hammond Hall은 당대 문학으로부터 회고적인 목가적 경치의 개념을 빌려 발전시켰다. 그는 또한 고정된 그림 또는 경치라는 아이디어를 고취시켰는데, 이것이 경관과 수동적 결합을 맺는 사회적 프로그램에 잘 들어맞는다고 보았다. 홀에 따르면, 그러한 경관은 가장 고매한 수준의 도덕적 질서를 유발시킨다. 이러한 사회 공학적 지침을 확립시킨 그는 성가신 사구를 북동부의 삼림 지역과 유사한 시골풍의 픽처레스크 경치로 바꾸는 방법을 개발하는 데 착수했다. 미국 북동부의 시골 지역을 변형한 지형으로 이 곳 사구를 변형시킨 후 그 곳을 도시의 습지에서 나온 진흙으로 덮음으로써 변모 과정이 시작되었다(그림 19).

산림화 과정의 첫 번째 문제점은 수종의 대다수를 점한 낙엽수들의 쇠퇴였다. 그러나, 두 번째 시도로, 몬테레이Monterey 부근에서 가져온 침엽수, 자생 아카시아, 오스트레일리아로부터 수입한 다양한 종류의 유칼리나무는 무성하게 자라 우람한 나무로 이루어진 독특한 숲을 형성했다. 홀이 구상한 그림엽서는 도착했지만, 조금은 다른 모습을 가지고 있었다. 초원은 완만한 기복의 언덕과 골짜기를 따라 거기에 존재했으나 참나무와 단풍나무 숲은 없었다(그림 20).

인간의 이용 측면에서 홀은 전경이나 도시 인근에는 프로그램 요소의 배치를 억제한 것으로 보인다. 그래서 우리는 불로뉴 숲의 경우와 마찬가지로, 프로그램이 숲 전체에 걸쳐 분산되었음을 알 수 있다. 또한 불로뉴 숲의 경우처럼 이러한 배치는 누군가가 어디를 보아야 할 지 알지 못한다면 많은 요소를 발견하기 어렵게 한다. 아마도 이것은 활동적 레크리에이션을 피하고 초원, 언덕, 골짜기를 선호한 북동부 지역의 패러다임을 계속 이어간 홀의 의도 때문일 것이다. 미국인들은 아주 활동적이다. 알렉산더 본 호프만Alexander Von Hoffman이 옴스테드와 보의 프랭클린 파크Flanklin Park에 대한 역사 연구에서 주목한 바와 마찬가지로, 초원은 애초의 계획처럼 피크닉과 산책의 장소가 아니라 완성되자마자 골프 코스와 구기 운동장으로 바뀌었고 마찻길은 자전거 경주 코스로 변모했다.[4] 그리고, 샌프란시스코에서는 더뎠지만 확실하게, 숲 전체에 분산된 프로그램으로 폴로 경기장, 축구장, 양궁장, 놀이터, 회전목마, 온실, 새 사육장, 들소 목장이 추가되었다(그림 21). 우리는 평면도에서 시간에 따라 숲이 감소했음을 볼 수 있는데, 간혹이기는 하지만 거기에는 하나의 견고한 막이 홀이 본래 추구했던 모방적 비전의 환영을 유지하고 있다. 1894년 한겨울 국제 박람회Midwinter International Exposition가 이 공원 동쪽 끝에서 열렸다.

그림 19, 20, 21. 골든 게이트 파크, 자연 사구의 경사 조정 작업(위), 초원과 골짜기(반대 쪽), 지형 및 프로그램 다이어그램, 아난다 칸트너(Ananda Kantner) 작성, 2003(아래)

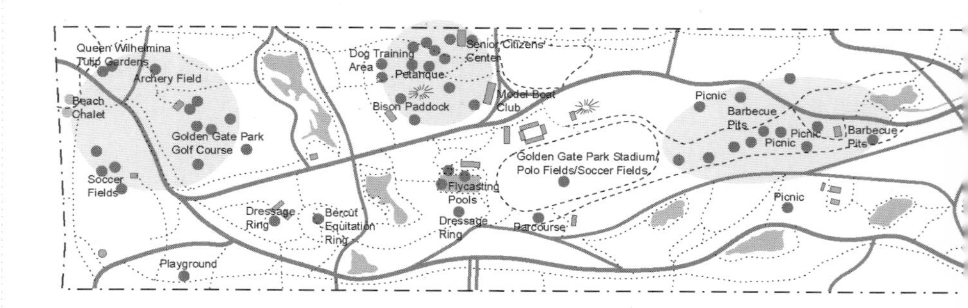

Conservatory
of Flowers
Picnic
Horseshoe Pits
M.H. de Young Museum
Asian Art Museum
Japanese Tea Garden
Morrison Planetarium
California Academy of Sciences
Steinhart Aqarium
Handball
Courts
Tennis Courts
Lawn Bowling
Children's
Playground
Strybing Arboretum
& Botanical Gardens
Big Rec
Ball Field
Carousel
Library of
Horticulture
Kezar
Stadium

골든 게이트 파크는 이 이벤트가 남겨놓은 야외 음악 광장을 중심으로 결합된 여러 프로그램 요소들을 누리게 되었다. 공원 내에서 가장 빈번하게 방문되는 장소인 이곳에는 미술관, 천문관, 수족관, 일본식 다실과 정원이 있다. 여러 프로그램 요소들이 연결된 이 지역은 인근의 도시 활동을 담기에 충분한 양적 규모를 지니고 있으며, 많은 이용자들에게 골든 게이트 파크에 대한 서론 격으로 기능하고 있다. 비록 시간이 흐르면서 숲 지역의 상당 부분이 노숙자, 마약 상습자, 동성애자의 헌팅, 불법 쓰레기 투기, 방랑하는 갱들로 채워졌지만, 이곳에서 시작하여 공원의 나머지 부분으로 이동하는 것이 권장되고 있다. 도덕적 환희를 고무하는 수동적 이용이라는 윌리엄 해몬드 홀의 공원에 대한 비전은 아무것도 아닌 것이 되어 버렸다. 공원에서 성공적인 지역은 원래의 계획에는 없던 활동적인 공간이며, 낙엽수로 가득 찬 숲은 실현되지 못했다. 그 대신 많은 시민들이 곤란하다고 생각하는 활동들을 감춰주는 상록수림이 마련되었다. 이러한 어려운 상황에 더하여, 1970년대에 숲은 그 수명의 마지막에 도달했고, 자생이나 자연의 상태가 아니라 쇠퇴하고 황폐한 상태가 되었다(그림 22). 골든 게이트 파크 숲 관리 계획에 따라 1980년대와 1990년대에 수천 그루의 나무가 식재되었다. 토리 소나무, 비숍 소나무, 해안 삼나무, 해안 참나무 등 새로 식재된 나무의 상당수는 이전의 수목보다 이 곳 환경에 더 잘 적응할 것이다. 하지만 본래의 지형학적 조건인 사구층에는 이 나무들 중 어느 것도 존재하지 않는다. 이에 더하여 변화에 대한 인근 주민의 저항과 직원의 실험으로 인해, 향후 100년 이내에 새로운 재조림이 필요할 지도 모른다.

골든 게이트 파크는 대형 공원의 창조와 관리에 관련된 설계가 및 여타 전문가들에게 활동적 프로그램 요소가 불가피하다는 점을 보여주는 사례이다. 활동적 프로그램 요소는 민주주의라면 늘 존재하는 공공 영역 내로 계속 들어올 것이다. 이 공원은 또한 부지의 토대인 지형학적 조건이 부정되면 지속가능한 경관의 창조가 어렵다는 점을 보여주는 중요한 사례이기도 하다. 논란의 여지가 있겠지만, 나는 적어도 공원 서쪽 지역의 일부를 사구로 되돌리는 것을 면밀히 검토해 보아야 한다고 제안한다. 그렇지 않을 경우, 골든 게이트 파크는 지속가능하지 않은 미래로 운명 지워질 것이며, 동일한 그림엽서entropic postcard라는 이름에서 결코 벗어나지 못할 것이다. 부지의 근본적인 생물학적 특징을 부

그림 22. 골든 게이트 파크, 이식되어 썩고 있는 사이프러스와 유칼리나무가 앞쪽에 보인다.

정한 것이 어리석었음을 인정하는 것은 이제 너무 늦은 것인가?

센테니얼 파크랜드Centennial Parkland: 지속적 변화에 놓인 공원

대조적인 접근으로, 시드니의 센테니얼 파크랜드는 공원의 작은 일부분을 습지로 되돌리고 있다. 오스트레일리아 건국 100주년을 축하하기 위해 1888년에 헌정된 센테니얼 파크랜드는 동쪽의 무어 파크Moore Park와 서쪽의 퀸 파크Queen Park를 포함하는 900에이커

그림 23, 24. 센테니얼 파크랜드, 오른쪽으로 보이는 링과 이식된 자생 수목, 2002(위). 조셉 메이든의 수계와 자생 식물의 재도입, 2002(아래)

의 공원 단지의 중심이 되었다. 센테니얼 파크랜드는 라클란Lachlan 습지와 주변의 사암 절벽을 19세기 공공 공원의 오스트레일리아적 비전으로 변형시켰다. 이 공원은 완결되지 않은 특질을 지녔다. 그래서 누군가는 대중의 사랑이 센테니얼 파크랜드를 골든 게이트 파크처럼 지속가능하지 않은 상태가 되도록 했다고 주장할 수도 있을 것이다.

중앙의 링은 센테니얼 파크랜드의 초점을 제공하는데, 아마도 이것은 하이드 파크의 승마 코스 링을 연상시킬 것이다. 모턴 무화과나무로 둘러싸인 이 순환로는 산책로와 마차로로 조성되었으며, 정신뿐만 아니라 시각도 차분하게 하는 넓은 들판에 에워싸여 있다(그림 23). 신세계의 대형 공원에서는 익숙했던 것들이 이곳에서는 곧바로 변하기 시작했다. 이국적인 빅토리아풍 식재의 상당수가 오스트레일리아의 더위에서 말라죽었다. 시드니 최초의 공공 공원에 적합한 환경이라고 생각되는 것들을 만들어내기 위해 심지어는 습지와 절벽조차도 파괴되었다.

초기 식재들이 죽은 지 오래지 않아 대중은 그 땅이 크리켓이나 축구와 같은 활동적 스포츠를 위해 개방되기를 요구했다. 왕실 식물원의 관리관 찰스 무어Charles Moore는 중앙의 넓은 지역을 유연한 녹지로 유지하면서, 공원 가장자리를 활동적인 이용에, 주로 스포츠에 적합하게 개조함으로써 센테니얼 파크랜드의 첫 번째 주요 변화를 꾀했다. 다음 관리관이었던 조셉 메이든Joseph Maiden은 무화과 나무의 링을 유지하면서도, 오늘날 많은 시드니 사람들이 즐기고 있는 물과 식물 체계를 구축했다. 서로 연결된 일련의 호수에 배수체계를 다시 살리고 광범위한 자생 수종의 식재에 착수한 메이든은 부지에서 자연적 힘이 우세함을 인식하기 시작했다(그림 24). 그는 넓은 들판의 괴로운 여름 더위로부터 이용객을 보호하는 그늘 쉼터 또한 만들었다. 1925년의 메이든 사후 공원은 파수꾼을 잃었다. 정부가 센테니얼 파크랜드의 퇴락을 방치하자, 후원자를 자처하고 결집한 것은 공원의 대중 이용자들이었다. 오늘날 공원 전체를 순환하면, 승마 링이자 조깅과 걷기의 링이고 자동차와 자전거 도로이기도 한 무화과 나무 링이 여전히 존재한다. 매우 활동적인 대중들에 의해 끊임없이 이용되고 있는 이 링은 넓게 트인 들판과 조류로 가득한 저수지가 교차하는 경관을 에워싸고 있다. 사실 무화과나무 링은 시드니 시의 공공 영역에서 하나의 도상학적iconographic 부분이 되었다. 1988년 바이센테니얼 파크Bicentennial Park가 시드니

그림 25. 센테니얼 파크랜드, 자생 유칼리나무 공간의 재도입, 2002

서부 교외에 조성될 때 공원의 중심적인 특색은 무화과나무로 식재된 링형 도로였으며, 2000년 올림픽을 위한 올림픽 광장에도 역시 무화과나무가 열 지어 식재되었다.

1970년대에 정부가 센테니얼의 많은 부분을 올림픽 훈련 시설로 바꾸려고 했을 때, 대중은 센테니얼 파크랜드와 정부의 분리를 요구했으며, 1983년에는 센테니얼 파크랜드 신탁Centennial Parklands Trust이 설립되었다. 피터 던컨Peter Duncan이 이끄는 이 신탁은 문화유산계획heritage plan을 최근 위탁했는데, 이것이 논란이 되고 있다. 센테니얼 파크랜드를 둘러싼 정책은 기껏해야 논쟁적이기만 하고, 인근 주민과 이용자들은 의심의 눈초리로 볼 뿐이다. 오직 신세계에만 있는 상황의 또 다른 국면에서, 시드니는 탄생 순간부터 끊임없이 변화해 오고 있으며 관목 숲과 습지를 다시 도입함으로써 지금도 여전히 변하고 있는 공원을 가지게 되었다. 그러나 문화 유산적 지위로 인해, 역사적인 이유로 변화와 적응적 관리에 영향을 받지 않는 점들이 매우 유연하게 생태적이고 프로그램적이었던 환경들을 질식시킬 지도 모르는 일이다(그림 25). 이 문화유산계획은 공원의 지속가능한 특성을 증대시키지만 어떤 공간의 성격과 외관을 변화시킬 수도 있는 여러 의견들 사이에서 난관을 겪고 있다. 서펜타인과 켄싱턴 가든 담당자가 적응적 관리에 참여한다면, 센테니얼 파크랜드가 어째서 누군가의 특정한 시간의 특정한 버전에 얼어붙어 있는 지 의아해 할 것이다. 너무 많은 대중의 의견이 이 대형 공원을 부적절할 지도 모르는 순간에 고정시켰다고 할 수 있을까? 습지, 연결된 집수 구역으로의 우수 집수, 그리고 관목 숲 사

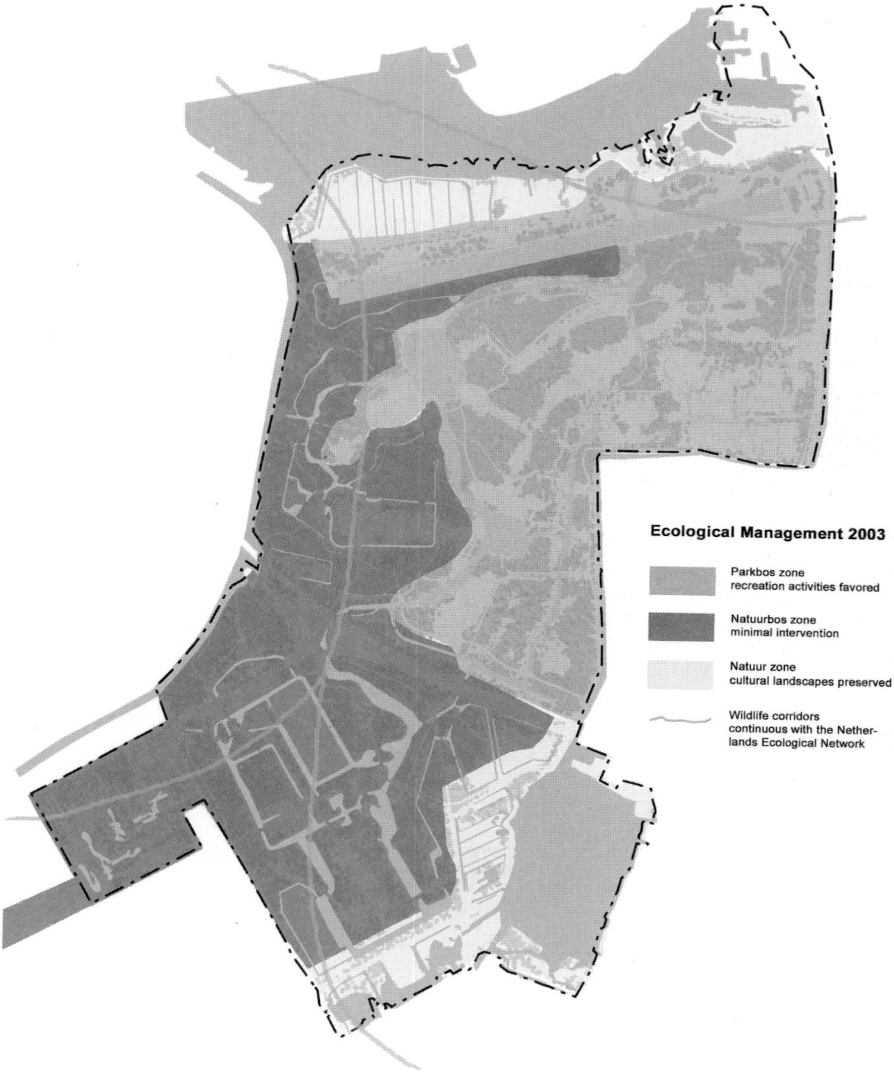

그림 26. 보스 파크, 생태적 관리 구역 다이어그램, 레베카 스터게스(Rebekah Sturges) 작성, 2003

이의 뒤얽힌 관계를 재검토함으로써 링과 공원 가장자리의 생생한 특질을 유지하는 것이 적절할 것으로 보인다.

그림 27. 보스 파크, "도시의 허파" 전략을 그린 지역 지도

암스테르담 보스Amsterdam Bos: 다이어그램으로서의 공원

암스테르담 보스는 한 때 바다였으며 그 이전에는 토탄지였던 농지에 만들어진 2,212에이커의 공원이다. 1920년대에 파크랜드로 구상되고 1930년대에 인력에 의해 건설되었으며, 1950년대에 한 경관의 네 번째 버전으로서 보스 파크가 완성—이 용어를 쓸 수 있다면—되었다. 보스 파크는 스포츠 프로그램, 일상적 이용, 지속가능한 숲, 잔여 농지와 수로를 통합하는 하나의 근대적 다이어그램modern diagram이다. 공원을 다이어그램으로서 중첩시키는 것은 레크리에이션을 위해 설계된 경관이 뚜렷하게 나타나는 "공원 숲park bos"의

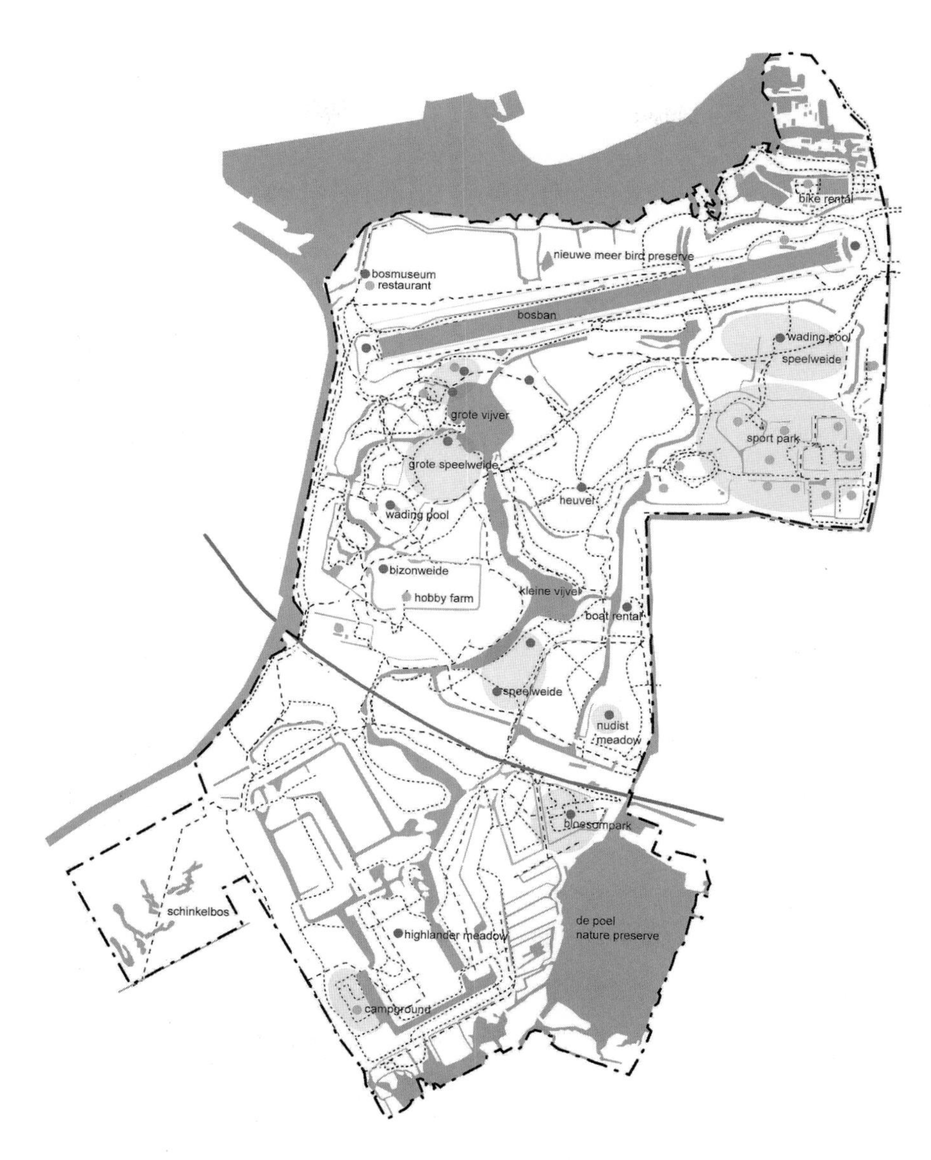

그림 28. 보스 파크, 지형, 물, 그리고 프로그램 다이어그램, 레베카 스터게스 작성, 2003

개념, 그리고 숲이 지배적이고 농경지와 수로가 풍부한 서식처를 제공하는 "자연 숲 nature bos"의 개념이다(그림 26). 지역 계획으로서의 보스 파크는 도시화된 환경을 개선하는 녹색 스포크green spoke—녹색 허파 전략green-lung strategy의 또 다른 버전—라는 보다 큰 전략의 일부였

그림 29, 30. 보스 파크, 2002, 네덜란드 해안 간척지의 잔여 부분(위)과 여전히 작동 중인 잔여 농지(아래)

다(그림 27). 설계안으로서의 보스 파크 계획—코넬리스 반 에스테른Cornelis Van Eesteren과 자코파 멀더Jacopa Mulder가 계획—은 활동적 스포츠와 레크리에이션을 수용하는 독일의 기능적 공원 패러다임인 민중공원volkspark 개념과 근대의 회화적 경관 개념을 결합하고 있다. 그렇게 함으로써 보스 파크는 공원 내에 인간 활동을 위치시키는 연결과 분산의 방식 모두를 떠받치는 하나의 프로그램 전략을 도입한다(그림 28).

두 가지 다른 점이 암스테르담 보스를 두드러지게 한다. 첫 번째는 성숙 단계에 이르기까지 지속가능하도록 1,500에이커 이상의 숲이 초기에 조성되었다는 점이다. 두 번째는 이전에 조성된 경관을 포용한다는 점이다. 이러한 점은 후에 조성된 경관을 마치 발견된 오브제found object처럼 여겨지도록 한다. 원안은 전체 공원을 현재의 "공원 숲"처럼 계획했다. 그러나 다행스럽게도, 경제적 이유에서인지 혹은 단계적인 조성 때문인지 아니면 전체 경관이 굳이 개조될 필요가 없다는 인식 때문인지 확실하지는 않지만, 보스 파크의 남쪽 부분은 매우 다른 특성을 지닌다(그림 29, 30). 조성된 공원은 두 개의 구별되는 매트릭스matrix를 지닌다. 여기서 매트릭스는 어떤 사물이 주조되거나 형성되는 틀로 간단히 정의될 수 있다. 나는 때로는 하나의 설계가, 특히 설계 규모가 클 경우에는, 서로 다른 형태와 부지 조건을 포함하는 능력을 갖는 것이 오래도록 복잡성을 유지하기 위해 필수적이라고 믿게 되었다. 하이드 파크 단지는 이와 같은 효과의 미묘한 버전을 보여주는 훌륭한 사례이다. 암스테르담 보스 파크는 보다 더 드라마틱한 버전이다. 다시 말해서, 대형 공원은 단일한 시스템을 따를 필요가 없다. 더 나아가 나는 두 개 혹은 그 이상의 시스템 사이에 전환부가 꼭 필요한 것은 아니라고 말하고 싶다. 서로 다른 둘 이상의 시스템의 접합은 그것이 시각적이든 생물학적이든 간에 강화된 다양성을 생산할 수 있다.

이 공원에 관한 비평 문헌이 많지도 않고, 더욱이 공원 내부의 매트릭스의 존재와 그것의 의미에 관해서는 언급된 경우가 드물다. 하지만 공원의 상당 부분은 조림 계획forestation plan, 그것을 만드는 작동operation, 비종결적open-ended 자연으로 구성되었다. 그러나 나는 공원에 경험적 특질을 심어준 것이 조림된 숲과 비종결적 자연 둘(을 화해시키기 보다는) 사이에서 모호한 입장을 취하고 있는 관리 계획상의 두 매트릭스의 존재가 아니지 않았나 의심해 본다. 또한 그 둘이 단지 작동과 숲 이상을 의미하지는 않는 지도 의심스럽다.

그림 31. 보스 파크, 50여년 된 지속가능한 숲, 2002

숲의 초기 식재는 너도밤나무, 오크, 물푸레나무, 단풍나무와 같이 천천히 자라는 활엽수를 보호하고 기르기 위해 포플러나 오리나무와 같은 빨리 자라는 수목을 격자형으로 구성했다. 배수, 토양 유형, 그리고 수종 선택을 신중하게 조정했기 때문에, 누군가 지정된 순환 동선에서 길을 잃고 숲으로 들어가면 울창한 숲이 그 건강함, 복잡성, 성숙함, 재생력으로 인해 인상적으로 다가온다(그림 31). 여기에서 설계가들과 과학자들은 지혜롭게 자연적 프로세스를 움직이게 한다. 이러한 자연적 프로세스는 활동적이고 일상적인 이용요소들이 담긴 숲에서 잎사귀, 서식처의 특징, 조직 등을 보는 대중에게 즐거움을 제공해준다.

현재 보스 숲에서 진행되고 있는 어떤 프로세스와 작동—또는 일련의 연계된 작동들—을 구분하는 것은 중요하다. 프로세스는 진행 중이고 늘 변화하는 상태인 반면, 작동은 만드는 행위로부터 시작된 일련의 수행performance이고 비종결적이지 않다. 암스테르담 보스는 작동이 가장 쉽게 읽히는 곳 중 하나로, 누구나 조정을 위한 넓은 연못, 토취장, 그리고 언덕 간의 관계를 명확하게 감지할 수 있다(그림 32, 33). 네덜란드의 드라마틱한 편평함으로 인해 언덕은 그 차원에 상관없이 인상적이다. 적어도 이 언덕은 설계가가 저작권을 포기해 온 비종결적 프로세스가 아니다. 언덕은 매우 정확한 위치에 있다. 그래서 언덕은 파노라믹한 녹지와 보트하우스, 광대한 자전거 및 보행자 순환 체계의 조직화된 요소, 그리고 공원의 절반 이상이 보이는 중앙 플랫폼 등과 매우 대조적인 경관을 제공한다. 언덕은 원뿔 형상으로 만들어졌다(그리고 언덕의 토취장으로부터 가깝지 않은 곳에 위치한다). 아니타 베리즈베이

그림 32, 33. 보스 파크, 2002, 언덕 형성의 토취장인 연못(위), 물과 목초지, 뒤편의 언덕으로 이어지는 사면(아래)

그림 34. 보스 파크, 공간의 틀을 잡는 숲의 언덕, 2002

시아Anita Berrizbeitia는 훌륭하지만 일부 과장된 감이 있는 그녀의 에세이 "암스테르담 보스: 근대 공원과 집합적 경험의 구축The Amsterdam Bos: The Modern Park and the Construction of Collective Experience"에서 이 근대 공원을 프로세스의 본보기로 제시한 바 있다.

생산 시스템은 설계의 기초이자 의미의 구현을 위한 근거가 되며, 설계가의 역할은 공원의 조성을 완성시킬 프로세스를 움직이게 하는 것으로 변모된다. … 반 에스테

른과 멀더는 최종적 형태의 결정을 자연 천이와 수문의 프로세스에게 넘겼다.[5]

그러나, 나의 판단에 따르면, 반 에스테른과 멀더가 결정을 포기했다고 보기는 힘들다. 설계가이자 시공자로서 나는 언덕을 공원의 주요 설계 특징을 형성시키는 도상학적 요소로 본다. 그것의 형태와 위치는 의도적으로 결정되었다. 언덕의 주변부도 의도적으로 설계되었다. 언덕에 바로 인접한 수종들이 설계가에 의해 정확히 선택되지는 않았다는 점에 분명히 동의하지만, 언덕은 작동을 드러내고 지속가능한 조림 프로세스를 제어하는 설계된 형태의 경관이다(그림 34). 나는 이것이 많은 내용을 담고 있으며, 위치, 공간적 부피, 표면적 특징을 고려한 정확한 의도로 가득한 하나의 설계 방법이라고 믿는다. 이것은, 최종의 진화하는 형태는 불확정적이라고 비종결적 프로세스의 움직임을 설명하는 설계 이론가 로버트 소몰Robert Somol의 친숙한 표현인 "룩 마-노 핸즈look ma-no hands"의 사례라고는 할 수 없다.[6]

내가 앞에서 언급한 언덕의 경우에서와 같이, 작동은 비종결적 프로세스와는 분명히 다르다. 그러나 숲의 경우, 그것은 분명히 지속되고 있는 프로세스이다. 그것은 조직이나 배경으로 존재하며 그 위로 프로그램 요소들이나 장소가 전면을 점유한다. 따라서 설계가이자 시공자로서 나는 암스테르담 보스 파크를 비결정적 형태를 갖게끔 생산된 경관으로 보기보다는 이질적 요소들의 공존을 통해 성립되는 복잡성의 경관으로 본다. 따라서 보스 파크는 두 개의 구별되는 매트릭스를 갖는 것만이 아니라 두 가지 서로 다른 설계 전략을 사용하고 있는 것이다. 첫째, 요소들과 공간의 정확한 배치처럼 확실한 설계에 따른 일련의 작동들이다. 그리고 두 번째로, 그 성쇠를 반복하게 될 지도 모르나 이 공공영역에서 인간 활동을 위한 항구적 배경을 제공하게 될 지속가능한 숲이다.

소셋 파크Parc du Sausset: 내러티브로서의 공원

소셋 파크는 파리시 외곽에 위치한다. 공공 주거지가 대다수이고 예전의 식민지 출신 이민자들이 거주하는 커뮤니티인 남쪽의 올네수부아Aulnay-sous-Bois, 그리고 주로 프랑스인이 대다수이며 중산층 커뮤니티인 북쪽의 빌팽트Villepinte 사이에 있다. 약 500에이커에

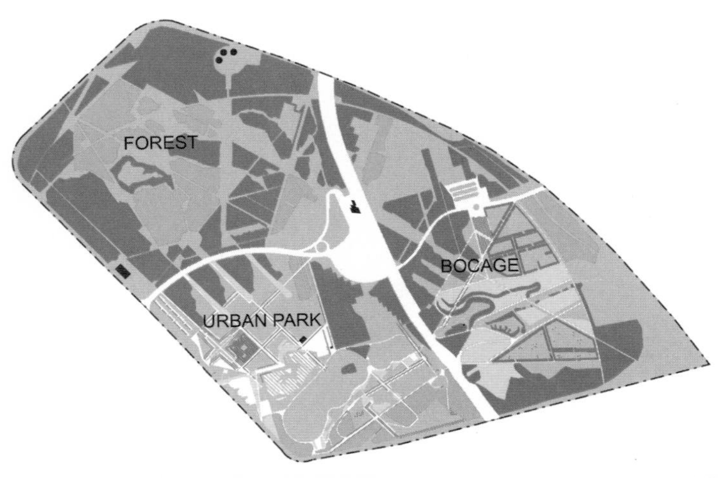

그림 35, 36, 37. 소셋 파크, 안나 호너(Anna Horner)가 그린 공원 유형학과 식재 다이어그램(위), 도시 공원의 100m×100m 격자 공간(좌), 그리고 숲 구역(우)

달하는 이 도시 교외 공원은 미셸 코라쥬와 클레어 코라쥬 부부Michel and Claire Courajoud의 당선작이다. 설계 공모전의 목표는 두 가지였다. 하나는 개방된 넓은 토지를 빠른 속도로 잠식하는 개발로부터 보호하는 것이었고, 다른 하나는 지역 경관의 정체성을 회복하는 것이었다. 1981년부터 공원 조성이 시작되었다.

이상하게도 소셋 파크는 비평적 주목을 거의 받지 못해 왔다. 우리 대부분이 이미 급수탑, 하늘에서 본 숲, 공원을 지나는 열차, 습지대와 같은 몇몇 이미지에 익숙해져 있기 때문일 것이다. 초기의 사진 잘 받는 특징이 변했거나 없어졌기 때문인지 모르겠지만, 상대적으로 알려지지 않은 공원의 온전한 일부가 존재하는데, 보카지bocage(들과 숲이 혼재하는 전원 풍경)가 그것이다. 소셋 파크는 서로 다른 매트릭스로 표현되는 세 부분—도시형 공원urban park, 숲forest, 보카지—으로 구성된다(그림 35). 하나의 내러티브로서의 공원 개념은 이렇듯 분명한 유형학typology들로부터 비롯된 것이다.

도시형 공원urban park은 올네수부아의 진입부에 위치해 있으며, 단순한 선형의 보행자 도로로 마을과 기차역을 연결한다. 매우 다이어그램적인 이 도시형 공원은 주된 골격 형성의 도구로 100미터 격자를 사용한다. 설계가의 의도대로, 이러한 경관 공간landscape room은 활동적인 레크리에이션과 피크닉을 위해 이용된다(그림 36). 이 공간의 남쪽과 동쪽으로는 도시 공원으로부터 흘러오는 모든 빗물을 받는 습지가 위치한다. 북쪽으로는 숲이 있다. 북측의 숲을 향해 대지 육교land bridge들의 연결이 암시되어 있으나, 그것들은 단지 암시되어 있을 뿐이다. 숲 쪽 진입로는 공원을 양분하고 있으며 도시형 공원과 숲이 맺을 수 있었던 편안하고 일상적인 관계를 방해하는 혼잡한 고속도로를 가로지르고 있다.

숲에는 사람이 거주하지 않는다. 숲은 단일 식재로 이루어진 기하학적 블록으로 되어 있다. 여기에는 미셸 코라쥬의 관심사가 명백하게 표현되어 있는 것 같다. 그는 이렇게 말한 바 있다. "내가 관심을 두는 것은 자연이 자발적으로 제공해야 하는 어떤 것이 아니라 오히려 인간의 개입에 의해 유도된 작동하는 자연이다"(그림 37).[7] 숲과 목초지는 보기에 매우 아름다우며 충분히 프랑스적 유형의 경관이 될 수 있다. 그러나 유연성, 시간, 인간의 개입에 관한 코라쥬의 수사rhetoric 일부를 벗겨내는 것, 그리고 그의 수사를 숲 전체에 걸쳐 명백히 드러나는 집중적 유지 관리 체제와 일치시키는 것은 어려운 일이다.[8] 처음의 의도는 모든 지피식물을 제거하는 것이었던 것 같으나, 시간이 흐르면서 숲 관리자들은 본래의 개념과 모순되어 보이는 또 다른 단일 이종의 침입이 발생할 수 있다는 점을 제기해 왔다(그림 38). 숲의 경계부에는 공원의 친숙한 아이콘이자 소셋 파크의 매트릭스를 고정시키는 장치이기도 한 급수탑들이 세워져 있다(그림 39). 스카이라인 상의 아이콘적 참조물인 급수탑들은, 우리가 공원에 어떻게 진입하였든 간에 경관적 방식을 통해 드라마틱한 수직적인 요소로 강력하게 그 모습을 어디서나 드러내며 관찰자를 참여시키는 환기 요소로 작용한다.

도시형 공원으로 돌아와서, 습지는 공원으로부터 빗물을 받아 어느 정도 정화시키는 기

그림 38, 39. 소셋 파크, 2002, 단일 식생(위)과 급수탑(아래)

그림 40, 41. 소셋 파크, 2002, 인접한 호수로 흘러들어가기 전에 부분적으로 수질을 정화하는 조성 습지(위), 호수, 보행교, 그리고 대지 육교(아래)

그림 42. 소셋 파크, 보카지 진입부, 2002

능을 한다(그림 40). 습지에 바로 연결되어 호수가 있는데, 이 호수는 넓은 잔디 사면과 독창적 형태의 대지 조각earthwork을 분리시킨다. 대지 조각은 철로 위를 지나는 작은 다리에 연결되어 도시형 공원, 보카지, 숲을 잇는다. 호수에서 파낸 흙으로 성토된 이 지형과 다리의 결합체는 공원에서 가장 높은 지점까지 올라와 있어서 원경을 조망할 수 있는 비스타를 창출한다(그림 41). 암스테르담 보스의 원뿔형 언덕과 유사하게, 이 활 모양의 지형은 역할을 수행하기 위한 형태를 가지고 위치하고 있다. 이 지형은 비종결적open-ended 프로세스의 결과가 아니라 통제된 일련의 작동에서 도출된 디자인이다.

그림 43, 44. 소셋 파크, 보카지 내의 목초지, 2002(위), 안나 호너(Anna Horner)가 그린 공원 매트릭스와 프로그램 다이어그램, 2003-2006(아래)

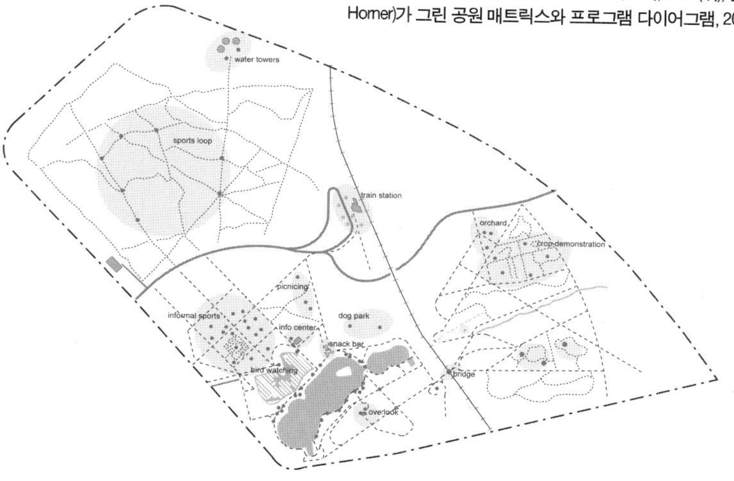

보카지의 경우에는 이야기가 달라진다. 농업적 작동의 가장자리에서 비종결적 설계가 제한되어 있기 때문이다(그림 42). 보카지는 약간 변형된 경작 구역으로, 이곳에서는 산울타리의 도입과 활발한 농경이 전통적인 프랑스식 농업 형식과 경관 유형을 보여준다. 보카지에는 그것과 대조적인 도시형 공원이나 숲과 달리 잔여 목초지가 기능을 할 수 있도록 남겨져 있다. 야생화, 관목, 그리고 교목은 자연적 파종에 의한 경관 패턴을 보

이며, 공원의 다른 지역 대부분이 가지고 있는 기하학적인 면을 완화해 주는 역할을 한다(그림 43).

소셋 파크의 전체는 세 부분의 합보다 훨씬 크다. 경관의 경험이라는 측면에서, 그것은 영화적이며 교육적이다. 인근 주민들이 확장된 가족 피크닉과 활동적인 레크리에이션을 위한 개방적 부분을 높이 평가하는 것만큼이나 지역적 유형학을 제대로 평가하고 있는지 의문이다. 공원 이용자들은 경관의 가치를 평가하기 위해 지역적 유형학을 반드시 이해해야 하는가? 내 생각에는 그렇지 않다. 하지만 현장 교육이 가능하다면, 공원에 가는 사람들이 소셋 파크에서 경관의 보다 깊은 의미를 이해하는 기회를 갖게 될 것이다. 설계가의 관점에서, 다양한 지역적 유형학을 생산하는 과제는 매트릭스가 대형 공원에 가져다 줄 수 있는 복잡성을 실현하는 또 다른 방법이다. 높은 수준의 유지 및 관리가 지속될 수 있을 지에 대한 의문의 답은 아마도 교육적 목표에 달려있을 것이다. 어쨌든 설계된 형태의 경관으로서 습지, 호수, 대지 조각, 그리고 연결부의 연계된 작동은 우리가 이제 겨우 이해하기 시작한 흥미로운 방식으로 소셋 파크의 세 가지 매트릭스의 근간을 이룬다(그림 44).

뒤스부르크-노드 파크Landschaftspark Duisburg-Nord: 인공물과 기교로서의 공원

뒤스부르크-노드 파크는 개장 이후 많은 호평을 받아 왔다. 첫 번째 방문 때, 우리 일행을 포함한 조경가들이 야외 레스토랑의 두 테이블을 차지하고 있었는데, 그 수는 다른 방문자 모두를 합한 것보다 많았다. 뒤스부르크-노드 파크는 1991년 IBA가 후원한 설계 공모의 결과물로, 1994년에 개장되었다. 라츠+파트너Latz+Partner가 설계한 550에이커에 달하는 부지는 원래 그 곳에서 거의 100년 간 철을 생산해 왔던 티센Thyssen사의 자산이었다. 뒤스부르크-노드 파크는 IBA 엠셔 파크Emscher Park의 본보기로 계획되었다. IBA 엠셔 파크는 엠셔 강변의 버려진 공업 지역으로, IBA는 이 지역을 산업적 기념물 주변을 둘러싼 녹색의 생태적 기반을 통해 소생시키고자 했다. 그 결과, 우리는 지금의 친근한 인공물artifact의 이미지를 가지게 되었고, 이와 함께 라츠의 물 재생 시스템—즉 기교artifice—은 우리에게 인공물과 기교로서의 공원을 안겨 주었다(그림 45). 이 프로젝트에 담긴 많은 이슈

그림 45. 뒤스부르크-노드 파크, 전경의 물 처리(기교), 공업 인공물과 함께 설계된 경관, 2002

는 IBA의 목표와 연관되어 있다. 초점은 통독 이후의 제한된 경제 상황 속에서 적절한 재사용을 통해 엠셔 파크의 산업 유산을 전환시키는 일이었다. 공원의 제한된 자원과 거대한 부지 규모로 인해 산업 유산의 인공물을 변형시키기에는 외관상 한계가 있어 보였고, 프로젝트의 핵심과는 거리가 멀었던 방임적 접근을 통한 개선의 필요성이 대두되었다. 생태와 녹화 개념에 관련된 수많은 방법이 있음에도 불구하고 개선의 여지가 거의 없다는 점을 깨닫기 시작했다. 뒤스부르크-노드 파크는 가장 오염된 지역의 일부를 봉쇄하는

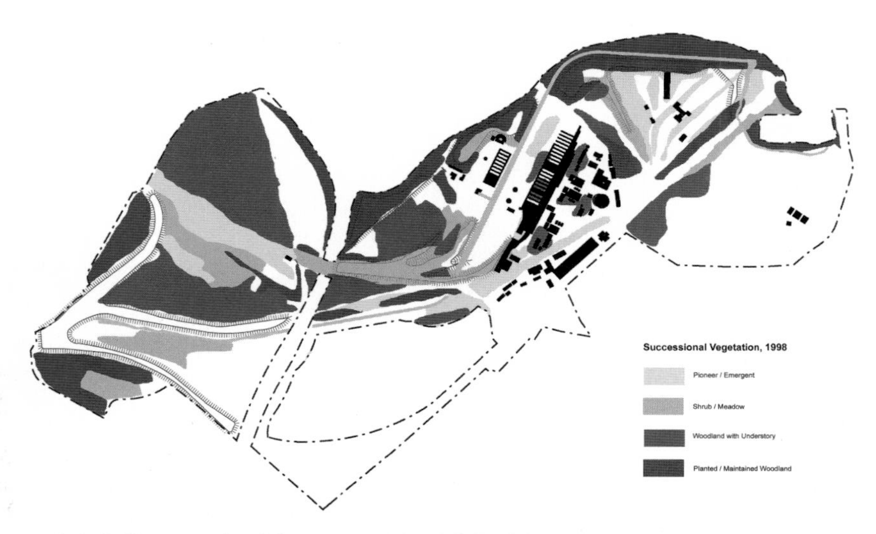

그림 46. 뒤스부르크-노드 파크, 지나 포드(Gina Ford)가 그린 식생 유형 다이어그램, 2003

방법을 선택하였고 나머지 부분에 대해서도 경관 전략을 축소하였다. 이러한 개선 과정에 수백 년이 걸릴 지 또는 수천 년이 걸릴 지 아무도 모르는 일이다.

이 공원은 세 구역으로 구분하여 생각해 볼 수 있다. 이 중 두 구역은 과거의 산업 유산에 대한 대응이다. 첫 번째로, 출판물의 이미지들을 통해 우리에게 익숙해진 공업 기계 장치들은 가스 저장기 속의 다이빙이나 광석 벙커의 암벽 등반과 같은 대중의 접근, 관찰, 재사용을 위해 개방되었다. 두 번째로, 비교적 덜 알려진 야생 구역은 부지의 공장 시설을 지나는 철도 차량을 통해 전 세계로부터 씨앗 상태로 도착한 식물들이 뒤섞여 있는 특징을 지닌다(그림 46). 세 번째 구역은 직접적인 주변 맥락에서 비롯된 것으로, 정원, 놀이터, 커뮤니티 센터, 레크리에이션 공간 등이 주거지와 인접해 있다.

광석 가공 기계 장치들 사이에서 경작 경관, 산울타리, 수풀, 물결무늬 자수 화단 등의 다양한 장소를 발견할 수 있다. 관리 부족으로 인해 경작지와 기계 장치 주변 및 내부의 자생 식물 사이의 경계가 흐릿해졌다(그림 47). 기계류 주변을 돌아다니다 보면 집수 구역이 나오는데, 붓꽃과 수련으로 가득 찬 낭만적인 물의 정원처럼 보인다. 물은 일정 정도 정화되어 긴 선형의 수로를 통해 순환된다. 이 수로는 예전에는 오수 방출에 사용되었으나 라츠의 구상을 통해 전환되었다. 올 여름처럼 특히 더운 날에는 지역의 젊은이들이 피서

그림 47. 뒤스부르크-노드 파크, 설계된 경관과 공업 인공물, 2003

지로 삼아 수로를 수영장으로 바꾸어 놓는다. 수로 주변의 즐거운 전시가 물 순환 체계를 설명해 주지만, 근처의 석탄 보관 저장소와 광재 더미와 같이 병치해 놓고 보면 이러한 기교는 영리하지만 식상한 것이 되어버린다(그림 48). 더 혼란스러운 점은 공업적 프로세스와 집수 체계 간의 해석이 분리된 점이다. 이곳에서 행해졌던 유태인 강제 노역에 대한 언급은 어디에도 없다. 그들은 자신들의 의지와 무관하게 나치의 전쟁 무기를 위해 철을 생산했고, 그들 중 다수가 그 와중에 희생되었다. 뒤스부르크의 이야기는 전체적인 문화적

그림 48. 뒤스부르크-노드 파크, 포스트-인더스트리얼 경관의 야만적인 힘, 2003

맥락 없이는 불완전하며, 공업적 숭고industrial sublime에 대한 문제적 찬양이 될 여지가 있다. 야생 구역은 가끔 자전거를 타는 사람이나 조경가를 제외하고는 대체로 사람이 없는 곳이다. 진입하기가 다소 어렵지만, 이곳은 전체를 통과하며 이동할 수 있는 경관이다. 나는 라츠의 의도라고 생각하는데, 이 경관은 오염된 지역을 가려준다는 점에서 긍정적이다. 야생 구역 위로 지나며 기계 장치들과 연결되는 것은 철로이다. 이 철로는 공원을 관통하는 순환형 척추를 형성한다. 이러한 적응적 재사용은 이전의 공업적 프로세스가 현

그림 49. 뒤스부르크-노드 파크, 희박해진 야생성, 2003

재의 주된 공원 요소를 형성하고 있다는 인식을 높여준다는 점에서 매우 성공적이다(그림 49). 이러한 변형은 과거와 현재의 강력한 기표signifier이다. 설계가의 의도는 고속도로를 가로질러서 미래의 단계로까지 연결하는 것이었다. 그러나 철로를 통한 접근은 차단되었고, 사람들은 반드시 차로 되돌아가서 주변 주택가를 뒤져야만 공원의 나머지 부분을 발견할 수 있다. 공원 당국은 들판과 목초지로 의도된 지역의 일부를 이케아IKEA 매장이 중심이 된 상업지역으로 개발할 것으로 보인다.

뒤스부르크의 숭고한 이미지의 층위를 한 꺼풀 벗겨 보면, 역사는 현재의 공원이 우리에게 신뢰를 주는 것만큼 그렇게 온화하지 않다. 그러나 공업적 인공물을 대중에게 개방되는 기념물로 지켜나간다는 아이디어는 산업의 변화 양상을 겪고 있는 우리의 문화에 특정한 반향을 불러일으킨다. 하지만 설계적 개입은 이러한 기계들의 난폭한 힘 앞에서 쉽게 진부해 보일 수 있다.[9] 누군가는 이러한 개입이 부지에 한 때 존재했던 공업적 프로세스의 규모와 힘에 버금가야만 하는 지, 그리고 언제 어디서나 최대한의 개선에 매달려야만 하는 지 의문을 가질 지도 모른다.

이 프로젝트처럼 부지의 조건에 충실해야 한다면, 엠셔 파크—사실 피츠버그Pittsburgh도 당면해 있다—는 언제쯤이면 산업의 역사에 충분한 기념물을 갖게 될까? 사회로서의 우리는 언제쯤이면 제거와 개선의 보다 좋은 전략을 가지고 가능한 한 지혜로운 방식으로 미래의 가용지를 포용할 수 있을까?

결론

부지site는 경관 조성의 근본이다. 대형 공원의 경우, 넓은 부지는 물리적 특성을 결정짓는 경우가 많고, 급진적 변화를 성공적으로 창조할 수 있는 가능성을 일정 정도 제약하기도 한다. 지난 세기의 많은 프로젝트들은 특별하고 때로는 복잡하기도 한 특성을 지닌 부지를 대상으로 시작되었으며, 그러한 부지의 특성이 공원에 아이콘적 특성을 부여해 주었다. 하이드 파크 단지의 자연 지형, 불로뉴 숲의 숲, 프로스펙트 파크의 초지와 빙퇴구 등이 대표적인 예이다. 대중의 가슴 속에 훌륭한 장소로 각인되기 위해서 무언가 굉장히 대단한 것이 필요한 것은 아니다. 물론 도시와의 관계, 통로와 출입구, 순환 동선, 프로그램의 유형과 위치, 그리고 이들 요소가 지속가능한 경관과 맺는 관계 등과 같은 몇몇 이슈들이 분명히 있기는 하다. 그러나 빙하기 후의 지형의 특질을 공공 영역으로 확장한 프로스펙트 파크나 불로뉴 숲의 경우와 같이 그러한 이슈들은 있는 그대로의 부지 특질을 지키는 것에 주안점을 두고 고려되어야 한다. 골든 게이트 파크와 센테니얼 파크의 경우, 다른 시간과 장소에서 아이디어를 가져오기보다 현존하는 부지 특성의 연장선상에서 설계를 시작했다면 보다 건강하고 지속가능하며 지역의 독창적인 공원이 되었을 것이다.

그러나 21세기에는 한 설계가나 설계팀이 과거의 경우와 같은 대규모 공원 부지를 다루는 일이 드물 것이다. 오늘날 우리는 부두와 같은 인공적인 것에서부터, 철도 야적장과 워터프론트 주차장 및 창고 등과 같은 황폐화된 산업 지역, 수퍼펀드Superfund 브라운필드와 핵폐기물 매립지와 같은 극심하게 오염된 경관에 이르기까지 매우 다양한 범주의 경관에 공원을 만들고 있다. 이러한 부지들이 공공 영역으로 들어오기 위해서는 막대한 변화가 필요하다. 뒤스부르크의 경우에 문제가 된 것처럼 기념비적 요소가 부족하거나 피터 로즈Peter Rose의 고고학적 설계 전략에 영감을 제공하였던 몬트리올Montreal 워터프론트처럼 미묘한 잠재적 가치가 결여된 경우에는 특히 그러하다. 이러한 부지들의 대다수는 흔히 있는 도시의 파편 그 이상은 아닐 것이다. 중요한 이슈는 부지 특성의 형성, 인간 활동의 프로그램, 그리고 특히 유지 관리 체제와 관련되는 지속가능성 등이다. 공공 공원의 이러한 부분집합들은 필연적으로 서로 엮이게 되는데, 암스테르담 보스는 이러한 측면에서 특별히 성공적인 사례이다.

프로그램만큼이나 중요한 것이 건축인데, 건축은 조경 분야에서 의붓자식처럼 냉대를 받아 왔다. 학계에서도 건축은 기껏해야 피상적으로 다루어지고 교수진에 의해 언급되지도, 탐구되지도 않은 채 남겨져 있다. 학생들이 스튜디오 과정에서 건축을 무시하거나 열정 없이 다루는 것은 당연한 일이다. 실무에서도 건축은 실무자들이 특수한 이해 관계나 자기 위주의 생각에 가득 찬 대중을 달래기 위한 메뉴에 불과하며, 목적, 리더십, 비전의 결핍을 숨기기 위해 사용하는 선택 사항 정도이다. 그들의 계획안은 때로는 카페테리아에서 사온 진수성찬처럼 보인다. 나는 건축이라는 전문 분야가 우리 분야의 역사를 통틀어 가장 엄격하고 창조적인 방법으로 인간적 척도, 사건, 인접 분야의 가능성을 연구하기를 요청하는 바이다. 여기에는 운동장을 설계하거나 원형극장을 들여놓는 것 이상의 것이 있다. 우리는 프로그램과 장소의 관계뿐만 아니라 다중성, 유연성, 일시성, 그리고 예측하기 어려운 작용 등의 개념에 대해서도 탐구해 볼 필요가 있다.

지속가능성과 자연적 프로세스와의 관계는 확실하지 않을 수 있다. 보스 파크의 조림과 같이 활기찬 사례들이 있는가 하면, 뒤스부르크의 발을 들여놓기 힘든 야생지처럼 "단지 내버려두는" 근거가 우세한 프로젝트들도 있다. 나는 공원 전반의 개발을 위해 빗물 정

그림 50. 소셋 파크, 2002

화나 조림 등과 같이 의미 있는 방식으로 자연 체계를 이용하는 비종결적 프로세스가 훌륭하다고는 생각한다. 그러나 그것이 필수조건은 아니다. 나는 나름의 프로세스에 맡겨 내버려두는 설계 방식이 공공 영역에서 공원의 주제나 성격에 더 적합하다고 믿는 설계가들에게, 그러한 생각은 자아도취적이라고 말한다. 수단은 중요하지만, 그것이 인도하는 결과와 연관을 가지는 경우에만 그렇다. 나는 프로세스를 포기하지는 않았지만, 오히려 만드는 행위를 통해 그것이 어디에 속하는 지를 배웠다.

부지의 특성을 발전시키면서 구체화되는 것은 장소의 개념, 형태나 매트릭스의 다중성, 그리고 공간적 부피와 표면적 특성이다. 이러한 환경에서 소용돌이치는 것은 물론 프로그램과 프로세스이다. 작동—특히 연결된 작동—의 노출은 내용이 충실하고 구조tectonics의 반향을 일으키는 작업 방식을 제공해 준다고 나는 생각한다. 이러한 작업 방식은 설계가나 설계팀으로 하여금 형태주의의 공허한 제스처나 약방의 감초 같은 프로세스의 폭정을 뛰어넘도록 해 줄 것이다. 그리고 지배적 전략으로서의 "내버려두는" 것을 비난할 수도 있겠지만, 하이드 파크의 지형, 보스 파크의 농경지와 물길, 소셋 파크의 보카지 등이 증명하듯 사이트나 프로젝트의 일부를 만들지 않거나 설계하지 않고 남겨 두는 것도 때로는 괜찮다(그림 50). 설계가로서, 그리고 훌륭한 학생들과 함께 연구에 참여해 온 학자로서, 나는 동일성에 대한 예속, 획일적인 계획, 전체 부지의 개조에 대한 요구, 프로그램에 대한 혐오가 공원이 지닐 수 있는 완전한 복잡성과 다양성을 실현하는 것을 가로막는다고 믿게 되었다. 이러한 이슈들은 모두 포스트-인더스트리얼 경관의 공원 부지들에 의해 악화되었다. 버려진 워터프론트나 철도 야적장 등과 같이 만들어지고 개조되어 온 부지들은 획일적 계획이나 다이어그램에 저항할 수 있는 특성을 거의 지니고 있지 않다. 산업 유산을 구체화하고 개선 시스템을 칭송하는 방식은 훌륭한 대형 공원이 보유하는 다양한 범주의 인간 활동과 야생 서식처를 충족시킬 수 있는 잠재력의 결핍을 낳는다. 이러한 부지들은 부지의 물리적 역사 및 맥락을 울려 퍼지게 하는 독립적 이해를 필요로 한다. 우리는 스스로를 옭아매는 제약을 넘어 서로 얽힌 아젠다를 지향해야 한다. 그러한 아젠다는 다음과 같다: 인간의 활동을 축복하기, 지속가능한 경관을 창조하고 탐구하기, 형태와 유형의 복합적 매트릭스를 개발하기. 이 모두는 인류의 마음과 가슴을 사로잡고 다음 세기를 향한 공공 공원을 촉구하는 공공 영역 내에서 생겨나는 노력이다.

에필로그

2005년에 나는 이 장에서 제시한 다양한 아이디어를 시험해 볼 기회를 가졌다. 캘리포니아주 오렌지 카운티Orange County는 버려진 엘 토로El Toro 해상 공군 기지의 일부에 1,100에이커 크기의 공원 설계안을 제출하는 국제 설계 공모전을 개최했다.[10] 모포시스

Morphosis 및 애럽Arup과 협력한 하그리브스 어소시에이츠Hargreaves Associates는 최종 후보 일곱 팀 중의 하나였다.

공군 기지였던 이 대상지는 아주 예외적으로 편평한 부지였다. 활주로와 격납고가 존치되어 있었고, 모든 물은 부지로부터 그 흐름이 돌려져 있었다. 우리의 계획안은 기존 부지 조건의 여러 국면을 취하면서 동시에 부지를 공원으로 변화시키기 위해 일련의 연계된 작동을 사용했다. 부지로 물을 되돌리기 위해 시냇물길이 제시되었다. 파낸 흙을 부지에 분산시켜 뿌리고, 기준 지형을 기존의 2% 경사에 대응시켜 만들었다. 우리 계획안의 활력소인 물이 야생동물에 적합한 자연적 하안 코리더riparian corridor를 만들기 위해 제안되었다. 물은 활주로가 있던 곳의 태양 발전 펌프를 이용해 선형 유역에 모이고 저장된다. 공원의 장기적 개발 기간 동안 사용할 식물 종묘장도 유사한 방식으로 제안되었다. 다른 활주로들은 주차장이 되며, 또한 조직적 스포츠에서부터 일상적 롤러블레이드 타기나 모형 비행기 날리기 등까지 다양한 범주의 연계 프로그램이 가동된다. 두 개의 주 격납고는 문화 관련 협회의 회관으로 이용되고, 교량 하부 구조와 보행자 도로는 대중 교통을 문화 시설 및 공원과 연결하는 구상에 쓰인다.

하안 코리더 위의 테이블처럼 편평한 부지에 어떤 유형의 경관이 존재할 수 있는 지, 또 존재해야 하는 지가 가장 어려운 문제였다. 초지와 참나무의 자생 군락은 너무 깨지기 쉬웠다. 서양식 초지는 끝이 뾰족하여 인간 친화적이지 않다. 뿐만 아니라 절제된 인간 활동에 의해서도 쉽게 망가진다. 우리는 초지와 참나무 내부에 관수 패치irrigated patch의 개념을 도입했는데, 그 정확한 규격과 위치는 장래의 문화적·여가적 활동 수요에 의해 결정될 것이다. 활동적 프로그램, 자연, 문화 시설이 얼마나 요구될 지 알 수 없었기 때문에, 우리는 공원 개발의 많은 부분에서 시간에 따른 유연한 전략을 추구하였다. 시간은 우리로 하여금 수요를 이해하게 하고 추가 투자 기회를 이끌어내도록 할 것이다. 하지만 작동과 그 형태를 통해 연결될 수 있는 특정한 요소들은 상당 부분 결정되었다. 우리의 소망은 단독으로 또는 다양한 조합을 통해 보다 많은 자연, 활동, 문화를 포함하는 전략을 개발하는 것이었다.

우리의 안은 당선되지 않았다. 하지만 부지, 연계된 작동 체계, 그리고 자연 자원·활동 · 문화 시설의 적응적 관리를 꿈꾸는 기회를 가졌다는 것만으로도 매우 귀중한 경험이었다. 우리는 결코 "그저 내버려두는" 설계를 하지 않는다. 모든 형태, 표면, 재료는 설계 의도를 갖는다. 그렇지만 그것은 시간에 따라 유연한 궤도를 그리는 역동적 마스터 플랜이다.

notes

1 내 대형 공원 강의를 텍스트로 바꾸는 과정에서 도움을 준 앤더슨 호너(Anderson Horner)에게 고마움을 전한다. 2002년 봄 학기부터 2004년 가을 학기까지 계속 하버드대학교 설계대학원에 대형 공원—역사적 대형 공원과 동시대 대형 공원 모두—을 사례 연구하는 세미나가 개설되었고, 페니 화이트 재단(Penny White Fund)의 재정적 지원이 있었다. 줄리아 처니악(Julia Czerniak) 및 학생 그룹—프랑스 파리의 불로뉴 숲을 담당한 캐서린 앤더슨(Katherine Anderson), 독일의 뒤스부르크-노드 파크를 담당한 지나 포드(Gina Ford), 샌프란시스코의 골든 게이트 파크를 담당한 아난다 칸트너(Ananda Kantner), 프랑스의 소셋 파크를 담당한 안나 카우프만 호너(Anna Kaufmann Horner), 호주 시드니의 센테니얼 파크랜드를 담당한 엠마 쉬프만(Emma Schiffman), 브라질 리오데자네이로의 티주카 국립공원을 담당한 대런 시어즈(Darren Sears), 영국 런던의 하이드 파크 단지를 담당한 제이슨 시벤모겐(Jason Siebenmorgen), 네덜란드 암스테르담 보스를 담당한 레베카 스터게스(Rebekah Sturges), 독일 베를린의 티어가르텐을 담당한 캐롤라인 첸(Caroline Chen), 스페인 마드리드의 카사 데 캄포를 담당한 라라 로즈(Lara Rose), 미네아폴리스의 체인 오브 레이크를 담당한 마이클 스위니(Michael Sweeney)—과 함께, 우리는 공원을 선별하고 연구하는 과정을 시작했다. 우리는 덜 알려진 공원, 그리고 이미 분석되었지만 그 독창적 특질이 제대로 인식되지 못한 공원을 찾으려고 애썼다. 그 결과, 기존의 학술적 연구가 많다는 이유로 옴스테드와 보의 센트럴 파크와 프로스펙트 파크와 같은 몇몇 유명한 대형 공원들은 선택되지 않았다. 학생들은 선정된 공원을 각각 연구하고 답사했다. 그들의 연구는 이 글에 중요한 정보를 주었으며, 2003년 봄 하버드 설계대학원의 전시회의 기초가 되었다. 나는 2002년 여름에 하이드 파크, 불로뉴 숲, 골든 게이트 파크, 센테니얼 파크랜드, 암스테르담 보스, 소셋 파크, 뒤스부르크-노드 파크, 이 일곱 개의 공원을 개인적으로 답사하고 사진을 촬영했다.

2 여기서 나는 만들어진 장소는 문화 또는 설계의 산물이라고 여기며, 이와 반대로 만들어지지 않은 장소는 자연적 체계의 거친 잔여물이라고 여긴다. 설계된 장소는 의도적 형태에 의해 특징지워진다. 반면, 설계되지 않은 장소는 공업적 작용과 같은 다른 프로세스의 부산물일 수 있다.

3 하버드대학교 설계대학원의 대형 공원 연구 세미나 참가자인 캐서린 앤더슨은 불로뉴 숲에 대한 연구의 일부로 브리지트 시어(Bridgette Seere)를 인터뷰했다.

4 Alexander von Hoffman, " 'Of Greater Lasting Consequence' : Frederick Law Olmsted and the Fate of Franklin Park, Boston," *Journal of the Society of Architectural Historians* 47 (December 1988).

5 Anita Berrizbeitia, "The Amsterdam Bos: The Modern Public Park and the Construction of Collective Experience," in James Corner, ed., *Recovering Landscape: Essays in Contemporary Landscape Architecture* (New York: Princeton Architectural Press, 1999). 개인적으로 나는 아니타의 이 논문 중 어떤 측면에 대해서는 비판적이다. 그렇지만 내가 보스 파크에 주목하게 해 준 그녀에게 감사한다. 그녀의 논문은 내가 보스 파크를 방문하고 대형 공원 및 그것의 발전에 대해 사고하고 글을 쓰기 시작하는 데 큰 영향을 미쳤다.

6 Robert E. Somol, "All Systems GO: The Terminal Nature of Contemporary Urbanism," in Julia Czerniak, ed., *Downsview Park Toronto* (Munich and Cambridge, MA: Prestel and the Harvard University Graduate School of Design, 2001), 134.

7 Michel Corajoud, "Parc de Gerland Lyon," *Le Moniteur Architecture* 116 (May 2001), 116, 77.

8 관리(management)는 시간에 따라 설계 전략을 모니터링하는 것을 의미하며 일련의 작동과 프로그램 개발을 포함할 수 있다. 유지(maintenance)는 정확하거나 정적인 상태로 경관을 유지하는 것을 의미한다.

9 공원에서의 숭고성에 대해서는 이 책에 실린 린다 폴락(Linda Pollak)의 에세이 "매트릭스 경관: 대형 공원에서 정체성의 구축" 을 참조할 것.

10 나머지 부지는 최근 개발되고 있는 중이다.

그림 1. 불로뉴 숲, 일러스트 평면도, 캐서린 앤더슨(Katherine Anderson) 작성, 2003

프로세스의 재장소화

Re-placing Process

아니타 베리즈베이시아Anita Berrizbeitia

대형 도시 공원은 경제의 성장과 쇠퇴 과정, 공원 자체의 진화하는 생태계, 인구학과 사회적 관습의 변천, 미학적 감성의 변화 등에 반응하는 복잡하고 다양한 시스템이다. 규모(여기서는 적어도 500에이커를 가진 것으로 정의된), 위치(흔히 밀집한 도시 환경에 근접해 있는), 부지의 역사(레크리에이션에 적합하게 하기 위해 개선이 필요한 이전의 공업 지역과 같은) 등으로 인해 대형 공원에는 프로세스 주도process-driven의 설계 접근이 필요하다. 프로세스 주도의 접근 방식은 공공 레크리에이션 공간으로 공원의 변형을 추구할 뿐만 아니라 부지에 대한 하나의 결정적 계획을 제시하려 하지 않는다. 대형 공원의 설계와 조성은 종종 공공 행정과 중간 과정의 재정 변화 및 진행 도중에 개정을 요구하는 공공 절차로 인해 수년이 소요되기 때문에, 다양한 접근과 불균등한 수준의 개입 및 관리를 통합하는 비종결적open-ended 설계가 필요하다. 그러한 설계는 하나의 전체적인 미에 합치되도록 구성된 형태보다는 변화하는 조건에 적응하는 틀에 초점을 둔다.

대형 공원은 도시 환경의 썰물과 밀물 같은 민감한 변화에도 불구하고 도시에 근본적인 것으로 남아있다. 이는 대형 공원이 고밀도의 중심부를 대체하는 기반적 · 생태적 기능을 담당하고 있기 때문일 뿐만 아니라 독특하고 기념할만한 장소이기 때문이기도 하다. 대형 공원은 목표했던 것 이상으로 도시의 정체성을 흡수하면서 사회적 · 문화적으로 독특한 둘도 없는 장소가 되었다. 우리가 설계가로서 계속해서 구상해 온—그리고 작가 · 예술가 · 사회역사가 · 철학자의 상상력을 포착해 오고, 공원 조성 후 수 세기 동안 빈도 높게 사용되어 온— 대형 공원들은 공통적으로 일견 모순적인 특성들을 가지고 있다. 즉, 대형 공원은 유연하고 적응적이며 사회적으로 역동적이고 창발하는emerging 부지인 한편, 시각적으로 강하고 잊을 수 없는 장소이기도 한 것이다. 대형 공원은 관리, 프로그램, 이용의 측면에서 비종결적으로 남겨두는 신중한 결정의 산물이다. 또한 대형 공원은 오랜 기간 동안 고립시키고 추출하고 포착하여 공원을 독특하게 만드는 의식적인 결정의 결과물이기도 하다. 이 장에서는 프로세스와 장소 사이의 관계를 검토한다. 보다 구체적으로 말하자면, 프로세스 중심적 실천, 즉 부지를 우연과 변화에 열려 있도록 놓아두는 방식—크고 복잡한 부지에 대한 동시대적 필요조건—이 어떻게 한 장소의 영속적 특질을 강조하는 전략들을 통합하고 있는 지 탐구한다.[1]

조경에서 장소와 프로세스에 대하여

조경가는 전통적으로 장소place의 독특한 물리적 특질과 특성을 설명하는 미학적 틀을 통해 장소를 이해해 왔다. 장소에 대한 이러한 접근은 근본적으로 단일하고 정태적이다. 이러한 접근은 경관을 순전히 시각적인 것으로서 강조하며 특히 해당 프로젝트의 시간인 현재의 부지만을 취급하는데, 이는 장소가 시간에 갇힌 경치 이상은 아니라는 것을 의미한다. 이러한 장소관은 조경가들이 그들의 관심사와 방법론의 범위를 확장해 온 지난 25년간 도전을 받았다. 조경가들은 20세기에는 전례가 없었던 조경 분야만의 언어에 대한 자의식을 획득했으며, 생태학을 통해 매체의 역동적 복잡성을 명민하게 인식하게 되었다. 문화적 시대정신은 동시대 조경가들에게 반근본주의적이고 다원주의적인 경관 개념을 요청했다. 반면, 장소는 지역주의regionalism와 보존preservation의 영향으로 특이성과 실재의 의미를 계속 함축해 왔다. 또한 창조적 사고를 촉진시키기에 구속력이 너무 강하다는 이유로 장소는 설계의 탐구 주제로서는 배제되었다. 보다 구체적으로 말하자면, 조경가들은 최근의 지리학과 예술의 발전으로부터 그들의 해석적 수단interpretive tool의 확장을 이끌어 냈다.

1980년대에 들어 지리학자들은 장소의 해석과 관련된 다양한 틀framework을 생산했다.[2] 인문지리학자에게 장소는 근본적으로 인간의 경험에 대한 의문, 곧 문화적 의미—주체를 위한 객체, 즉 시각적으로 그리고 감성적으로 바라보는 어떤 것—에 대한 의문과 연결된 것이다. 문화지리학자에게 있어서 장소는 그 안에서 발생하는 사건과 사회적 실천을 통해 의미를 획득한다. 공유된 경험은 물리적 속성 이상으로 중요한 것이다. 제임스 던컨James Duncan과 데이비드 레이David Ley가 "경제적 이익, 권력 관계, 문화적 분포, 사회적 차별 등의 배열이… 장소의 특성을 구성한다"고 한 바와 같이, 문화지리학은 또한 격전지contested ground로서의 장소 개념에 공헌하기도 했다.[3] 사회지리학자에게 장소는 개인과 물리적 공간 사이의 변증법적 관계의 결과이다. 개인 또는 기관이 장소를 형성하고 다시 장소는 그 속에서 발생되는 사회적 실천을 통해 개인 또는 기관을 형성한다는 것이다.

비록 장소와 마찬가지로 어떤 실제 위치location에 구속될 지라도, 부지 특정성site specificity 또한 혁신적인 방식으로 부지 및 부지의 인식에 대한 이슈를 설명하는데 효과적인 모델이 되었다. 그러나 부지 특정성은 장소와 달리 하나의 장소에 대해 완전히 포괄적이거나 역사적으로 구속되거나 총체화할 것을 주장하지는 않는다고 보인다. 부지 특정성은 스케일, 지형, 대지의 위치, 또는 색과 빛의 순간성 등과 같은 부지의 국면 중 한 가지 혹은 몇몇과만 연관된다. 다시 말해서, 부지 특정성은 장소가 암시하는 것처럼 보이는 한 위치에 대한 확정적인 묘사이기를 고집하지 않고, 오직 특정한 시간에 그 부지에 대한 예술가의 개념이기를 강조한다. 부지 특정성은 주체의 선택 또는 주체를 드러내는 수단이라는 점에서 본질적으로 자의적이다. 그것은 본래 거기 있는 것에 결코 조화되거나 회유적이게 되도록 의도된 것이 아니다. 이러한 점에서, 장소는 부지의 현존하는 시각적 특성이라는 단 하나의 것인 반면, 부지는 그 어떤 것도 될 수 있다. 장소는 단일한 반면, 부지는 비종결적이다. 하나의 설계 방법으로서 부지 특정성과 관련하여 중요한 점은 모든 스케일과 설계 분야에 걸친 그것의 다양한 적용이다. 게다가 부지 특정성은 그 자체로 진화할 수 있도록 충분히 개방된 개념이다. 즉, 크레이그 오웬스Craig Owens와 권미원Miwon Kown의 주장대로, 부지 특정성은 부지 자체(하나의 물리적 위치에 대한 매우 특별한 해석)로부터 제도적 틀(작품의 생산에 대한 문화적이고 정치적인 부지), 담론적 부지(부지 자체의 젠더, 본성, 섹슈얼리티 등)에 이르기까지 적용 범주가 확장되는 개념인 것이다.[4] 부지 특정성이 지난 20년 이상의 기간 동안 조경 설계의 생산적 모델이 되어 온 것은 이러한 의미들—부지의 실재적 해석과 개념적인 해석— 모두 때문이다. 정원으로부터 공원, 건물의 표면, 보행로, 임시적 설치 작업에 이르는 조경 설계의 부지 특정적 작업은 예술의 경우와 마찬가지로 장소의 표현과 장소에 대한 참여 방식의 광범위한 범주를 낳았다.

부지 특정성과 마찬가지로 프로세스process의 의미 또한 다양하고 넓게 진화해 왔다. 프로세스는 설계의 근본적 토대로서 시간에 따라 변화하는 물질인 경관의 역동적 조건과 연관된다. 어떤 경관의 물질, 형태, 특성은 그것의 조성 프로세스를 반영하는 것이다. 이러한 맥락에서 생태가 근본적으로 중요한데, 생태는 유기체 사이의 불확정적이고 완전히 예견할 수 없는 관계들의 집합이기 때문이다. 경관 자체를 만들기 위한 경관의 역량—생산적 대행자, 자연을 만드는 자연—은 프로세스 개념의 가장 넓고 가장 오래된 의미이다. 이러한 의미에서 프로세스는 테크닉, 즉 물질적 결정 인자의 측면에서 프로젝트를 이해하고 명료하게 하는 방법이다.

프로세스는 또한 경관과의 주체적 참여를 촉진시키는 미학적이고 현상학적인 효과를 보증한다. 경관은 계절 그리고 더 긴 기간 동안 경관의 성장과 쇠퇴에 의해 야기되는 변화를 통해 전개되는 색, 질감, 공간성, 향기 등의 변화로 새로워진다. 이러한 개념의 프로세스는 결국 경관이라는 매체 내에 각인되고 변화의 다양한 수단을 통해 부지 위에 테마화된 내러티브로서의 시간이다. 보다 최근에는 프로세스가 생태학적이고 현상학적인 것을 넘어서 프로그램적이고 사회적인 것으로까지 확장되었다. 이러한 의미에서, 프로세스는 공원에 대한 사회적 이용의 변화—인구 구조의 변천, 여가 문화의 최근 경향, 커뮤니티의 참여, 문화적 활동의 성장과 공공 경관의 결합 등에 기인하는—와 관련된다. 이러한 모든 것은 부지의 조직뿐만 아니라 부지가 이용자에게 제공하는 경험에도 영향을 미치는 부지의 변화를 야기한다.[5]

프로세스를 이해하는 위와 같은 세 가지 다른 방식이 동시에 발생한 것은 아니다. 프로세스는 설계 실무가 비판적으로 자기 분야를 평가하고 발전함에 따라 특별한 의미와 함의를 획득해 왔다. 예컨대 1929년부터 1950년까지 조성된 암스테르담의 보스 파크Bos Park의 경우, 프로세스는 설계에 대한 회화적 접근을 탈피할 수 있는 하나의 틀을 제공해 주었다. 1980년대의 하그리브스 어소시에이츠Hargreaves Associates의 작품에서 프로세스는 정태적이고 내재화된 모더니즘적 구성에 대한 비판을 제공해 주었고, 그 이전 20여 년 간의 과도한 실증주의적 설계에 의해 억압되어 온 경관의 주관적 차원을 재도입할 수 있는 방법을 제시해 주었다. 보다 최근인 1990년대를 거치며 OMA/렘 콜하스Rem Koolhaas와 웨스트8West8/아드리안 구즈Adriaan Geuze의 작품은 프로젝트에서 합리적 요구의 방향을 창조적 목적으로 바꾸기 위해 프로세스를 개입시켰다. 조닝zoning이나 프로그램과 같은 물류 관련 이슈들이 설계에 있어서 혁신과 변모를 위한 동력이 되기도 했다.

순전한 구성적 접근이 아닌 프로세스 기반적 접근은 설계 방법론과 관련된 네 가지 측면의 전환을 필요로 한다. 첫째, 물질 자체의 역동적 성질은 경관의 최종적 형태보다는 프로세스의 설계를 요청한다. 외부에서 형태를 끌어와 그것에 맞추어 부지를 변형시키는 대신, 프로세스의 설계는 "발견"되는 것이며 이미 그곳에 존재하는 시스템으로부터 진화된다. 이는 균형, 규칙성, 위계의 개념에 기반한 구성을 창안하는 것으로부터, 연결성, 생태적 기능, 프로그램, 현상의 지각 등을 활성화시키기 위해 장field, 변화도gradient, 매트릭스matrix, 코리더corridor 등으로 조직되고 분포될 수 있는 자연적 · 인공적 시스템이나 다양한 방식으로의 전환을 의미한다.

둘째, 설계 접근에서 형식적으로만 부지 연구site research에 초점을 두었던 때보다 한층 더 연구에 전념하는 쪽으로 설계 방법론이 변하고 있다. 따라서 부지 연구는 표준화된 생태학적 목록 외에도 경제적 이윤, 인구 통계, 이주 유형, 자원 배분 정책, 독성 등과 같은 자산의 한계 너머로까지 확장된 광범위한 고려 사항을 포함한다. 부지 연구는 또한 무엇이 그곳에 있는 지를 기록하는 것 이외에도, 어떻게 그리고 왜 경관이 현재 상태에 이르렀는 지에 의구심을 가지면서 어떻게 시스템이 시간의 흐름에 따라 진화하고 수행되어 왔는 지 탐구한다.

셋째, 역사는 형태나 양식 또는 유형을 위한 시각적 참조라기보다는 프로세스 그 자체로서 이해된다. 프로세스 기반의 실천은 부지가 가시적인 물리적 특질에 의해 규정되는 것 이상으로 축적된 역사에 의해 규정된다는 점을 인정한다. 이는 특히 대형 공원에 적절하다. 대형 공원은 여러 세기 동안 수차례에 걸쳐 변형되어 온 부지를 점유하고 있기 때문이다. 가령 최초의 유럽 공원들은 전형적으로 왕족의 사냥터로, 야생동물이 모인 늪이나 습지를 포함하는 넓은 삼림지대였다. 로마의 경우와 같은 다른 공원들은 이전에 경작지였던 넓은 별장 사유지였으며, 대개 이러한 땅은 경작되기 이전에는 오래된 숲이거나 매장터였다. 19세기 중반의 초기 미국 공원들은 보통 개발에 적합하지 않은 땅이나 도시의 외곽부에 위치했다. 동시대의 유럽 공원들은 버려진 산업 부지에 위치하는 경향이 있는데, 그러한 산업 부지 중 일부는 그 이전에는 농경지였다. 반면, 최근 미국의 대형 공원 제안들은 오래된 공항, 버려진 군사 기지, 폐쇄된 매립지 등을 포함하고 있다. 말할 필요도 없이, 부지의 자연사—지형이나 수문과 같은 부지의 광역적인 생태학적 패턴과 시스템—는 결정적인 요소이다. 따라서 역사는 부지에 작용하는 많은 힘들을 이해하는 하나의 방식이다. "기존 조건" 도면은 부지의 형태적 구조에 대한 정보를 포함하는 것으로까지, 더 나아가 부지의 현재 조건에 이르기까지의 부지의 궤적을 드러내는 것으로까지 확장된다. 사냥터, 제철소, 경작지가 되기 이전에 그것은 무엇이었는가? 그것의 지질학적 기원은 무엇이며, 지질에 의해 성립된 패턴은 어떻게 부지를 변형시켰으며 부지에 가시적으로 남겨졌는가? 지형, 식재, 배수의 영속적인 특질은 무엇인가? 무엇이 변화에 적응해 왔는가? 무엇이 그러하지 않았는가? 경제, 정치, 환경 규제와 관련하여 부지에 영향을 주고 부지의 발전에 자극을 준 외부적 사건은 무엇인가?

넷째, 프로세스 기반의 실천은 설계적 개입이 경관의 거대한 진화 과정 중 단지 하나일 뿐이라는 것을 이해하면서 애초부터 변화를 예측한다. 이러한 경우 설계는 영속성에는 비중을 두지 않고, 예기치 않은 교란과 새로운 프로그램 및 사건에 직면하는 성장, 진화, 적응에 대한 예측과 수용에 무게를 둔다. 그 결과, 최종적 형태를 위한 비전을 창조하는 것보다는 프로젝트의 목적에 대한 의견을 수립하는 것에 설계의 중점을 두게 된다. 그리고 그러한 프로젝트의 비평적 평가는 연구의 유형, 프로젝트가 고려한 시나리오, 시스템의 표현적 특질뿐만 아니라 프로젝트가 제시한 적응적 변화를 위한 틀을 고려하게 된다.

대형 공원 부지를 위한 설계 전략들

물론 대형 공원의 복잡성complexity이 프로세스 기반의 설계 접근을 요구하지만, 조경가들은 장소의 표현을 위해 프로세스를 이끄는 전략들을 발전시켜 왔다. 최근의 실천에서 프로세스와 관련된 이슈들이 강조되고 있음에도 불구하고, 기억할만한 장소를 조성하는 것은 여전히 조경 분야의 강한 열망이자 근본적인 가치로 남아 있다. 하지만 그러한 전략들은 광범위하고 복잡한 장소의 개념을 드러내고 있다. 역사, 생태, 레크리에이션, 지각 등에 대한 포용적 태도는, 장소를 활력 없는 시각적 경치로부터 항상 형성 중인 우연한 프로세스로 변모시켜 왔다. 이는 조직의 복합적 다층적 양상을 중첩시키고 부지에 대한 역동적 프로세스의 범위를 설정하는 설계 전략을 통해, 그리고 개방부터 폐쇄까지 예기치 못한 사건들의 가능성을 펼쳐놓는 설계 전략을 통해 표현된다. 프로그램의 창조적 해석은 사회적 공간으로서의 장소 개념과 연관된다. 거대한 것으로부터 친밀한 것에 이르는 스케일을 연결하는 것, 그리고 모든 감각을 연계시키는 것은 곧 장소 내에 신체를 각인시키는 일이다.

조직

다층적 형식의 조직organization들을 부지에 중첩시키는 것은, 단일 설계 언어 아래에 포섭하지 않으면서 대형 공원 내에 수용해야 하는 복잡성, 역사, 모순적 프로그램 등을 인정하는 전략이다. 다양한 양상의 조직들은 각각 독립적으로 개념화되며, 비록 그것들 간에 교집합이 있다 하더라도 그것들이 획일적인 미학으로 지배하지 않도록 부지에 덧입혀진다. 일반적으로 그것들은 부지의 표면에 비위계적인 방식으로 분산되어 있다. 비록 최근에 널리 알려지긴 했지만, 계획을 생성시키고 조직하는 이러한 방법은 19세기 후반 유럽의 공원들에서도, 특히 왕실 사냥터로부터 발전된 공공 공원들에서도 발견할 수 있다. 이들 부지가 도시의 확장 계획에 편입됨에 따라 도시 인프라스트럭처의 네트워크로 통합되었다. 이는 동선 패턴의 연장에서 가장 두드러지는데, 그러한 연장은 여러 다른 유형의 연결—외부적이며 도시와 연결되는 것, 그리고 공원 내부에 남겨지는 것—로 스케일을 변화시킨다. 1527년 오래된 숲에 왕실 공원으로 조성되어 1852년 공공 공원이 된 파리의 불로뉴 숲Bois de Boulogne의 경우, 도시 확장을 위한 오스망Haussmann의 계획에서 핵심적인 대로인 에비뉴 포취Avenue Foch와 샹젤리제Champs Elysees로 인근 지역을 연결시키는 북동-남서방향의 차도가 공원을 관통한다(그림 1). 뿐만 아니라 공원을 관통하는 북-남방향의 대로 역시 뉴일리Neuilly와 불로뉴를 연결하고, 몇몇 지방 도로들은 주요 프로그램을 인근 지역에 연결시키며, 이는 2,090에이커의 부지를 도시에 통합시킨다. 아돌프 알팡Adolphe Alphand은 연결의 형태나 패턴에 있어서 도시로부터 독립적인 숲과 정원의 내부 공간을 엮는 61마일의 복잡한 동선 네트워크를 덧입혔다. 이와 유사하게 왕실 사냥터로 만들어져 1740년에 공공 공원이 되었으며 1832년에서 1839년 사이에 페테르 요제프 르네Peter Joseph Lenne에 의해 재설계된 베를린의 티어가르텐Tiergarten에서는, 동선과 연결의 인프라스트럭처가 공

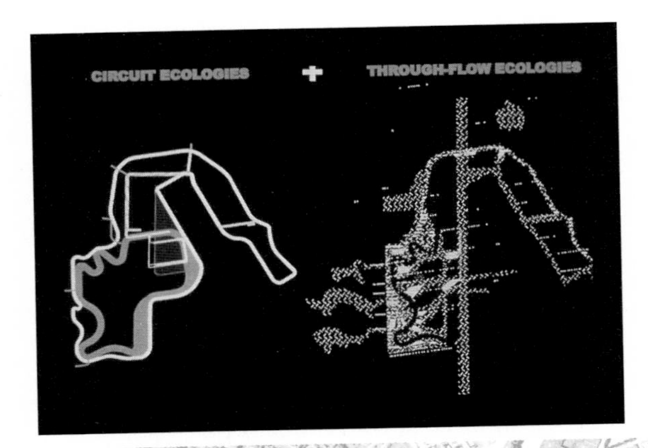

그림 2. 제임스 코너+스탠 알렌 외, "창발의 생태계(emergent ecologies)," 다운스뷰 파크, 토론토, 조직 시스템 다이어그램(위)
그림 3. 소셋 파크, 빌팽트, 안나 호너(Anna Horner)의 일러스트 평면도, 2003(아래)

원을 더 거대한 도시 조직적 체계로 통합시키고 있으며, 공원 스케일이 공원 외부의 공간 스케일에 대응하고 있다. 이러한 큰 스케일의 연결 내에 덧입혀지는 것은 공원의 공간 내에서 움직임 및 경험과 함께 존재해야 하는 여러 다른 형식—비기하학적이고 프로그램이 없고 비기능적인—을 취하는 좀 더 작고 지역적인 네트워크이다(224쪽의 그림 5 참조).

제임스 코너James Corner와 스탠 알렌Stan Allen은 2000년 다운스뷰 파크Downsview Park 공모전 출품작에서 부지를 가로지르는 움직임을 촉진시키는 지형학적 전략을 제안함으로써 공원을 도시에 통합시킨다. 여러 다른 유형의 흐름이 공원, 도시, 지역을 관통하고 결합시킨다. 야생동물의 생태를 관통하는 흐름, 부지 외부 계곡의 연장인 습지대 시스템, 주변의 지역 계곡 및 삼림지 시스템과 연결되는 초원길의 네트워크 등이 그것이다. 이들은 부지 내부에 남아있는 프로그램과 이벤트의 닫힌 생태계와는 대조적이다(그림 2). 현존하는 경관을 도시의 연장으로 통합시키든지 또는 고립되고 불명확한 부지를 위한 계획을 생성시키든지 간에, 일련의 덧입혀진 독립적 네트워크를 제안하는 것은 대규모 스케일에 적합한 논리와 결집력을 부지에 제공함과 동시에 국지적 스케일에 맞는 공간적 조건과 프로그램의 다양한 도입을 촉진시키는 전략이다. 다양한 양상의 조직들을 중첩시키는 방식은 설계 관련 문헌에서 광범위한 주목을 받아오고 있는 1984년 베르나르 츄미Bernard Tschumi와 OMA/렘 콜하스의 라빌레뜨 파크Parc de la Villette 제안 이래로 널리 알려졌다. 그러나 1991년 엘리자베스 마이어Elizabeth K. Meyer가 밝힌 바와 같이, 이는 이미 19세기부터 도시 공원의 설계 전략이 되어 온 것이다.[6] 츄미에 의해 설계된 층위와 코너와 알렌에 의해 설계된 층위—제임스 코너/필드 오퍼레이션스Field Operations의 프레쉬 킬스Fresh Kills 출품작과 그들의 작품에서 보편적으로 나타나는— 사이의 근본적인 차이는, 코너와 알렌의 층위가 장소의 개별적 생태계·프로그램·부지 조건을 보다 구체적으로 다룬다는 점에 있다. 뿐만 아니라 그 층위들은 역동적이다. 즉 그것들은 시간에 따라 변화하는 조건에 적응함으로써 규모, 형상, 식재 구성, 기능이 변하도록 의도된 것이다.[7]

다양한 양상의 조직들을 중첩시키는 것은 또한 부지의 다층적 역사를 드러내는 전략이다. 1981년 미셸 코라쥬와 클레어 코라쥬 부부Michel and Claire Courajoud가 설계한 494에이커의 소셋 파크Parc de Sausset는 다수 이민자의 여가 수요를 충족시키기 위해 파리 외곽의

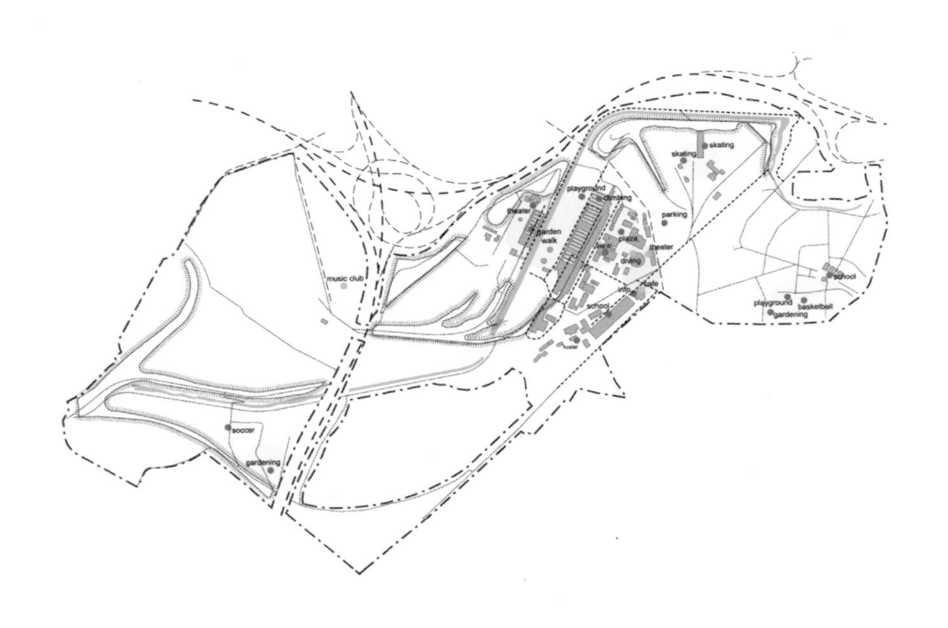

그림 4, 5, 6. 뒤스부르크-노드 파크, 지나 포드(Gina Ford)의 지형도 및 프로그램 다이어그램, 2003(위). 공원의 모습, 1999(아래, 좌). 물의 정원의 모습, 1999(아래, 우)

농경지에 조성되었다. 부지는 수 세기 동안 경작지였으며 한 때는 숲이기도 했다. 프로젝트 시작 당시, 부지는 비어 있고 대체로 편평했고 비옥한 토양으로 이루어져 있었으며, 토양이 프로젝트를 위해 보존되었다. 코라쥬의 의도는 불모의 부지에 숲과 농경지를 재도입함으로써 그 지역의 문화적 정체성의 손실을 회복하는 것이었다.[8] 설계안은 173에이커의 숲, 272에이커의 잔디밭과 목초지, 5에이커의 늪, 그리고 주변 주거지의 시설로 동시에 조성된 12에이커의 연못을 포함한다. 이러한 요소들이 부지에 분포된 상황을 하나의 점진적 변화도gradient로 설명할 수 있다. 북서 방향에서 남쪽으로 내려오면서 조밀한 숲, 간벌지와 숲의 교차 지대, 위요된 보카지bocage, 정형적인 잔디와 정원의 모습을 보인다. 이 점진적으로 변화하는 경관 유형은 폐쇄적, 반개방적, 개방적 조건 등 다양한 공간 조건을 생성시킨다. 이들은 길고 연속적인 동선의 제스처에 의해 부지 남쪽의 반을 관통하는 강, 습지, 호수에 의해, 그리고 공원을 관통하는 인프라스트럭처를 덮는 하나의 연속적 지면을 유지하는 지형에 의해 통합된다(그림 3).

피터 라츠Peter Latz의 뒤스부르크-노드 파크Landschaftspark Duisburg-Nord 설계안은 제철 공장 그 자체를 대체로 수용하는데, 이것이 라츠가 전략적으로 새로운 프로그램과 정원을 삽입한 기초 토대를 형성하고 있다(그림 4). 기계와 저장 공간은 새로운 프로그램과 사회적 활동을 수용할 수 있도록 창조적인 방법으로 개조되었으며, 이는 이 공원이 공업적 숭고industrial sublime로부터 목가적 전원 그리고 적극적으로 프로그래밍된 활동적 스포츠 공간에 이르는 복합적 정체성을 지닌 장소라는 인상을 준다. 이러한 효과는 기존 구조물을 수용하고 그것을 새로운 사용에 적합하게 다시 프로그래밍함으로써 어느 정도 얻게 되며, 또한 공원의 재원 조달과 유지 관리의 여러 측면에 대해 책임을 지는 다양한 소유자, 세입자, 대리인 등을 갖는 행정 구조에 의해서도 성취된다. 이러한 전략은 공원의 대지에 강력하게 반영된다. 예컨대 통로 없는 표면, 방향성 · 위계 · 구성된 내러티브가 없는 분산의 장소와 같은 형식으로 반영되는 것이다. 이 공원은 하나의 응집된 정체성을 가진 어떤 것으로 느껴지지 않으며, 사건, 우연한 만남, 시각적 경험을 찾아 배회하는 자유로운 구역처럼 모호한 영토로 느껴진다. 그리하여 부지의 역사를 이미지와 양피지로서 간직하고 새로운 행정 기구에 의해 제공되는 다양성을 포용하면서, 라츠+파트너는 과거와 현재 사이의 연결성을 미해결의 상태로 남겨둔다(그림 5, 6).

소셋 파크와 뒤스부르크-노드 파크 모두 장소에 대한 회고적retrospective 태도와 투사적projective 태도를 결합시킨다. 설계가들은 과거가 배제된 현재—또는 현재가 배제된 과거—를 특권시하지 않고 다양한 역사적 기간의 흔적을 보유하고 회복시킨다. 그들은 부지의 역사적 국면들을 유지하지만, 과거를 재구축하려는 의도를 지니지 않고 그렇게 한다. 반대로, 그들은 오래된 형태를 새로운 용도로 다시 주조하는데, 이는 부지의 물리적 구조의 연속성을 강조하면서 동시에 부지에 미래를 투사하는 것이다. 조경가가 이전의 이용에 의해 남겨진 흔적을 창조적으로 설계에 연관시킨다는 점에서, 소셋 파크와 뒤스부르크-노드 파크는 독특하고 기억할만한 장소가 되고 있다.

열린(역동적) 시스템과 닫힌(형태적) 시스템

앞에서 언급한 바와 같이, 조경에서의 프로세스는 일반적으로 경관을 발전시키는 테크닉으로서 자연의 생산적 능력의 사용을 가리킨다. 이는 예산의 제약을 수용하건 토양을 정화하건 바라던 미적 효과를 성취하건 간에 대형 공원에서 필수적이기 마련이다. 공원의 모든 요소가 프로세스에 개방적으로 남겨지는 것은 아니지만, 장소의 국면들이 드러나는 대형 부지에서 무엇을 비종결적으로 남겨야 하는 지 결정해야 하는 경우에는 더욱 그러하다.

예를 들어 보스 파크에서 물은 본질적으로 닫힌 시스템이다(그림 7). 부지를 가로지르는 일련의 운하들은 하나의 길고 좁은 호수로 작동한다. 물은 펌프를 이용하는 뉴 미르Nieuwe Meer로 방류되지만, 오직 비가 인근 숲과 초지에 범람을 일으킬 정도로 많이 와서 운하의 수위를 넘어설 때에만 그러하며, 실상 그런 일은 좀처럼 일어나지 않는다. 다른 한편으로, 숲의 식재는 그것의 성장에 따른 천이 프로세스와 관련되며 비종결적으로 남겨진다. 설계가들은 식생 천이에 의존하는 전통적인 산업적 임업의 방식을 사용했다. 하나의 그리드에 무작위로 두 가지 숲의 유형이 식재되었다. 한 유형은 빠르게 성장하는 오리나무, 버드나무, 포플러, 자작나무로 이루어진 일시적인 초기 숲이고, 다른 유형은 느리게 성장하는 서양 물푸레나무, 단풍나무, 참나무, 너도밤나무로 이루어진 영구적 숲이다. 초기

그림 7. 보스 파크, 암스테르담, 레베카 스터게스(Rebekah Sturges)의 일러스트 평면도, 2003

그림 8. 보스 파크, 암스테르담, 천이에 맡겨진 숲의 모습, 1999(위)
그림 9. 보스 파크, 암스테르담, 만들어진 공간의 모습, 1999(아래)

그림 10. 보스 파크, 암스테르담, 초지와 호수의 모습, 1999

숲은 증발산을 통해 부지의 배수를 도울 뿐만 아니라, 성장 초기에 그늘을 필요로 하는 영구적 숲의 묘목을 위한 은신처를 제공했다. 15년의 성장 기간 이후, 오리나무를 제외한 초기 숲은 정착된 영구적 숲이 성장할 수 있도록 베어졌다. 남겨진 오리나무는 수평으로 가지가 자라는 관성을 주고 하층 식재의 성장을 방해하는 임상층에 그늘을 제공하기 위해 가지치기를 한다.[9] 하지만 이러한 수목의 기본 매트릭스 내에서, 일련의 안정된 객체 같은 공간과 지형이 숲의 경험과는 대조적인 것을 창출한다. 언덕—이 경관 내에서 변칙적인 형상을 띠는—은 운하와 호수로부터 가져온 토양으로 만들어진 것이며 독특한 윤곽을 지니고 있다. 이와 유사하게 눈에 띄는 것은 1.2마일 길이의 조정 코스인데, 이는 장방형이고 배수 흐름의 방향과 수직으로 위치하며 부지의 다른 수체water body와 시각적으로 그리고 기능적으로 구별된다. 개방된 잔디밭은 베어졌고 천이 프로세스를 거치도록 허락되지 않았으며, 외부 자극으로부터 차단되고 시각적 · 프로그램적 의도를 지니고 안정적으로 남겨져 있다(그림 8~10).

열린 시스템과 닫힌 시스템의 유사한 혼합은 소셋 파크에서도 효과적이었다. 보스 파크에서처럼, 숲은 묘목에서 시작해서 자라도록 했으나 단독으로 한 번만 식재되었고 여러 차례의 천이는 허용되지 않았다. 이 공원에서 잔디밭과 초지는 다른 방식의 관리를 받는다. 피크닉과 게임 용도의 정형화된 잔디밭은 자주 베는 방식으로 관리하고, 보카지에서 산울타리로 둘러싸인 초지는 열려 있다. 물의 흐름 또한 열려 있어서 물은 서식처를 제공할 뿐만 아니라 우수 정화의 역할도 한다.

그림 11, 12. 마크 리오스/로저 셔먼, "리파크(rePark)," 프레쉬 킬스 공모전 출품작, 횡단면 네트워크 진화(위), 여덟 개의 생태 다이어그램(아래)

마크 리오스/로저 셔먼Mark Rios/Roger Sherman의 프레쉬 킬스 출품작인 “리파크rePark”는 직접적 · 비유적 방식 모두로 이 부지의 매립지로서의 이전 기능을 수용한다. 계획안의 지배적인 개념은 진화와 변화에 관한 것이다. 이중의 전략이 기존 조건에 대해 논쟁을 이끌어내며 다양화시킨다. 첫째, 대지를 조직하는 여덟 개의 생태는 부지에서 발견된 서식처이며 별도의 개입 없이 진화되도록 계획된다.[10] 둘째, 이 모자이크에 중첩되는 것이 횡단면transect들인데, 이는 위치와 길이를 다양화하는 궤적 내에서 마운드를 가로지르는 임시적 사건과 프로그램의 밴드로 개념화된다. 매립지 자체와 유사하게, 횡단면들은 다른 곳에서 만들어진 것들의 축적물이다. 전통적인 계획과 달리 그것들은 집합적으로 설계되며 조경가와 예술가의 기여를 포함한다. 이러한 방식으로 이 설계안은 장기간에 걸친 일련의 순열을 예측은 하지만 자세한 대본을 쓰지는 않는다. 공원 관리의 측면에서 이 설계안은 매립지에서 작동하는 것과 같은 유지 체제를 제안한다. 공원은 필요성이 증가함에 따라 유지되며, 횡단면들과 고밀의 이용 구역들 내에서의 국부적 응용을 통해 유지된다(그림 11, 12).

제임스 코너/필드 오퍼레이션스의 프레쉬 킬스 당선작에서 나타나는 프로세스의 개념은 경관이 작동적operational이고, 반응적responsive이며, 역동적dynamic인 매체라는 것이다. 이 설계안은 부지의 변화를 주도할 상상적이고 기술적인 첫 단계의 매커니즘과 장치를 바탕으로 부지의 역사 모두—담수 습지, 염류 습지, 매립지—와 공원으로서의 미래를 조직한다. 선형, 매트릭스, 독립적 덩어리와 같은 고유의 전략을 지니는 실threads, 매트mats, 섬islands은 특수한 부지 조건에 반응한다. 실과 같은 시스템을 형성하는 선형의 숲은 매립지의 북동사면에 자리하는데, 이는 우세풍으로부터 대지의 습도나 은신처의 이점을 취하기 위함이다. 매트는 우세한 표면 구역으로 구성되며 도처에 분포된다. 섬은 남쪽과 서쪽 사면에 식생 클러스터로 위치하는데, 이 구역은 건조한 토양과 바람에 대한 노출이 대규모 식재의 정착과 장기간의 생존을 어렵게 하는 구역이다. 하지만 부지 조건에 반응하는 것뿐 아니라, 이러한 유형의 전략 각각에는 작동적 임무가 주어진다. 실은 분산적이다. 실은 선형의 숲 외에 연결망과 동선뿐 아니라 배수 습지대를 포괄하는 것이다. 매트는 개척적이다. 매트는 스포츠 필드와 이벤트 구역으로 확장될 뿐만 아니라 염류 습지와 담수 습지를 이 경관 내에 형성되게 하는 기초적인 매개체로서도 기능하는 것이다. 섬은 생태적(보호 서식처)이자 프로그램적(건축적 구조)인 강력한 클러스터이다. 분배자, 개척자, 응축자로서 실, 매트, 섬은 복잡성의 생성자이다.

이들 네 프로젝트는 대형 공원의 구축에 있어서 프로세스의 사용에 대한 광범위한 적용을 제시해 준다. 하지만 그 중 어느 것도 부드러운 자연주의적 경관으로 귀결되지 않는다. 프로세스는 추가적인 개념적 틀—그것이 문화적이건 부지 특정적이건 현상학적이건 간에—과 함께 짝을 이룰 때 장소로 귀결되며, 그러한 개념적 틀은 프로세스를 단순한 테크닉에서 가독적인 설계 언어로 변모시킨다.

프로그램과 사건

"오늘을 구성하는 것은 프로그램을 창조하는 것을 의미한다. 우리는 프로그램을 발명하거나 제안한다. 우리는 프로그램을 섞고 지원하고 변성시킨다.… 프로그램은 시간에 따라 변화하기 쉽고 변형 가능하다. 우리는 나중에 잊을 수 있거나 변형될 수 있는 프로그램을 명백히 정의해야 한다."[11] 이러한 정의를 바탕으로, 페데리코 소리아노Federico Soriano는 지난 30여 년 동안 건축과 조경에 있어서 프로그램이 중요했음을 포착한다.[12] 만일 부지의 물질적 역사가 앞에서 논의한 두 전략—다양한 형식의 조직을 중첩하는 것과 역동적 시스템을 도입하는 것—이 장소의 특정성을 대형 공원에 기입하는 방식을 말하는 것이라면, 프로그램은 부지의 역사가 그러한 것처럼 조직과 형태를 생성하는 것이며 장소를 창조하는 또 다른 근본적 전략이다. 대형 공원은 그것의 물리적 특질뿐만 아니라 그 안에서 일어나는 사건에 의해서도 의미 있는 장소가 된다. 하지만 나는 다중적 사건—"프로그램적 불확정성"이라고 널리 받아들여지는—에 개방적인 프로그램되지 않은 공간에는 무게를 덜 두고, 어떻게 사건이 물질적이고 문화적인 방식으로 부지의 특수성과 연관되는 지에 대해 보다 무게를 두면서 한 장소의 구체적 특질을 논하고자 한다.

마더/다 쿠나+톰 리더 스튜디오Mathur/da Cunha+Tom Leader Studio의 프레쉬 킬스 출품작인 "역동적 연합Dynamic Coalition" 에서 프로그램의 개념은 전술적이며 공원을 생성시키는 바로 그 자체이다. 이 공원이 퇴적물—파쇄된 암석들, 빙퇴석, 늪의 유기물, 쓰레기, 세계무역센터의 잔해 등—이 많은 부지라는 아이디어에 기초하고 있기 때문에, 이 설계안에 계획된 사건은 부지의 지질학적 · 문화적 기원을 반영하는 특별한 의미가 시간의 흐름에 따라 부지에 부여될 퇴적물이라고 이해된다. 그러한 퇴적물은 공원의 표면, 가장자리, 프로그램을 구축하기 위해 여러 스케일로 작동한다. 첫 번째는 이 부지에 특수한 사건이다. 이러한 사건은 의식적ritualistic이며, 부지에 의미를 기입하려는 의도를 지닌 두 가지 형식의 여정을 취한다. 하나는 매립지로서의 부지 역사와 관련되는 물질적 여정이고, 다른 하나는 부지의 새로운 정체성인 기념비적 대지와 연관된다. 두 번째는 완전히 배타적이지는 않지만 프레쉬킬스에 특수한 사건들, 즉 부지의 생태—매미 관찰, 5월과 8월 사이 2주씩 그린웨이 걷기—, 그리고 쓰레기 개울의 미래와 역사를 탐구하는 예술 · 기술 · 과학 이벤트와 관련된 것들이다. 세 번째는 콘서트, 불꽃놀이, 마라톤 등과 같이 그 지역에서 방문객을 유도하기 위해 의도된 문화적 사건들이다. 마지막으로, 교란disturbance의 사건들이 있다. 이를 통해 나는 근린적 · 지역적 스케일로 부지에 대한 현재의 물질적 경계 조건을 교란시키며 예측할 수 없는 사회적 · 프로그램적 이용을 위해 공원을 개시하는 사건을 말하고자 한다. 근린적 스케일로는 부지를 스테이튼 아일랜드 몰Staten Island Mall과 분리시키는 20피트 높이의 벼랑길이 있다. 그 사이는 재활용된 또는 가공된 자원을 취급하는 시장 구역으로 개발되는데, 이는 상업주의와 재활용을 융합시킨다. 주거지는 매립된 지형상의 빅토리 대로Victory Boulevard를 따라 가장자리에 도입되고, 근린 레크리에이션 센터는 아덴 하이츠 우드Arden Heights Woods 가장자리에 위치한다. 지역적 스케일에서, 440번 도로는 전철, 자전거도로, 산책로의 추가와 더불어 부지를 다각화된 도로로 나누는 단일 이용의 고속도로로부터 변형된 것이다. 복합운송승강장, 주차 숲, 야생화 초지와 함께, 440번 도로는 부지의 분리된 지역들을 접합하는 풍부하고 역동적인 접점으로 다시 프로그래밍된다. 일련의 복합운송역은 부지를 1-27, 뉴저지, 브루클린 등과 연결시킬 것이며, 이 지역의 선착장과 연결됨으로써 부지의 범위를 뉴욕시 너머로 확장시킬 것이다. 이러한 사건들의 일반적이지 않은 특성을 강조하는 것, 그리고 그러한 사건들—비록 매립지에만 특수한 것이라 하더라도—이 다른 강도를 가지게 되는 방식을 강조하는 것은 중요하다. 어떤 사건은 일시적이고 사라지도록 의도되고, 어떤 사건은 빛을 각인시키며, 또 어떤 사건은 부지에 대한 영구적 개입이다(그림 13, 14).

그림 13, 14. 마더/다 쿠나+톰 리더 스튜디오, "역동적 연합," 프레쉬 킬스 공모전 출품작, 사건 달력(아래)과 3월 이벤트 (반대쪽)

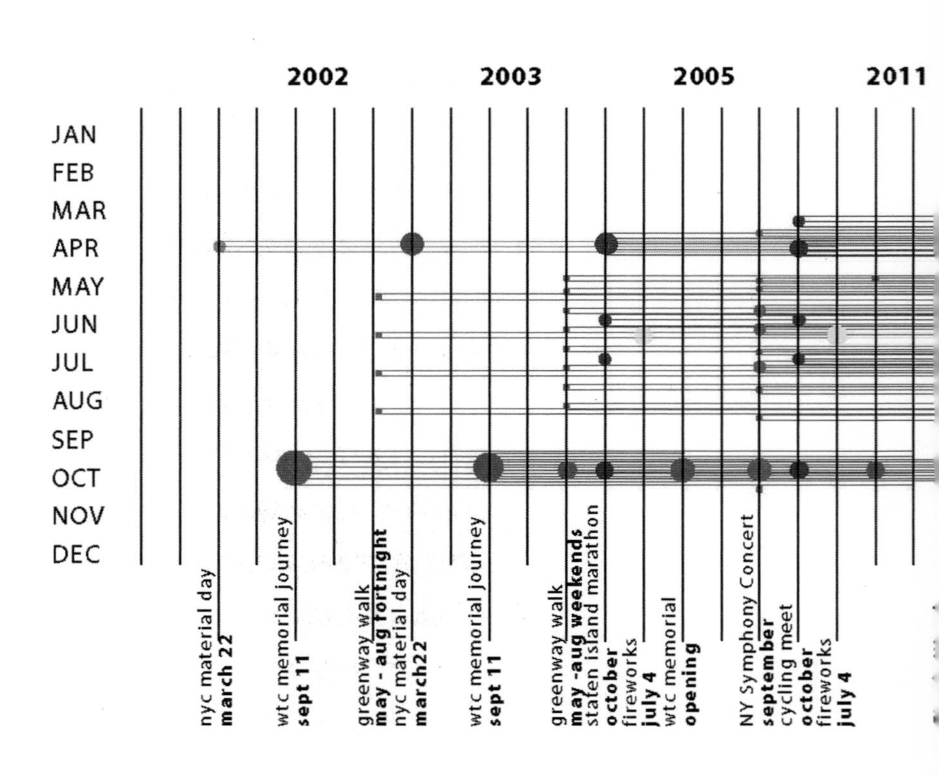

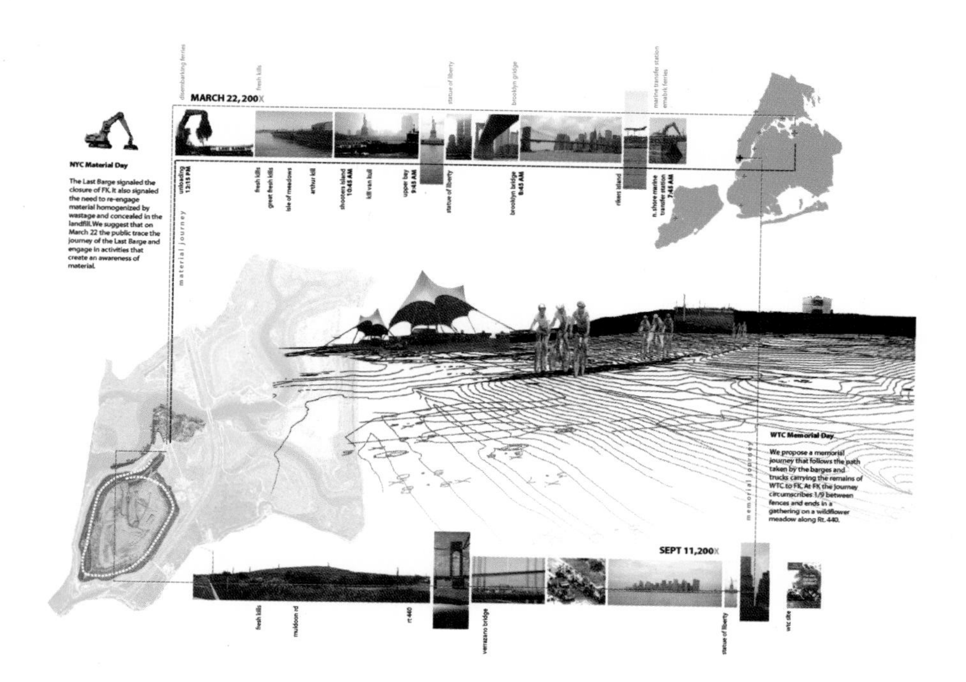

MARCH 22, 200X
disembarking ferries
fresh kills
statue of liberty
brooklyn bridge
marine transfer station
embark ferries
unloading
12:15 PM
fresh kills
great fresh kills
isle of meadows
arthur kill
shooters island
10:45 AM
kill van kull
upper bay
9:45 AM
statue of liberty
brooklyn bridge
8:45 AM
rikers island
n. shore marine transfer station
7:45 AM
material journey
NYC Material Day
The Last Barge signaled the closure of FK. It also signaled the need to re-engage material homogenized by wastage and concealed in the landfill. We suggest that on March 22 the public trace the journey of the Last Barge and engage in activities that create an awareness of material.
WTC Memorial Day
We propose a memorial journey that follows the path taken by the barges and trucks carrying the remains of WTC to FK. At FK the journey circumscribes 1/9 between fences and ends in a gathering on a wildflower meadow along Rt. 440.
memorial journey
SEPT 11,200X
fresh kills
muldoon rd
rt 440
verrazano bridge
statue of liberty
wtc site

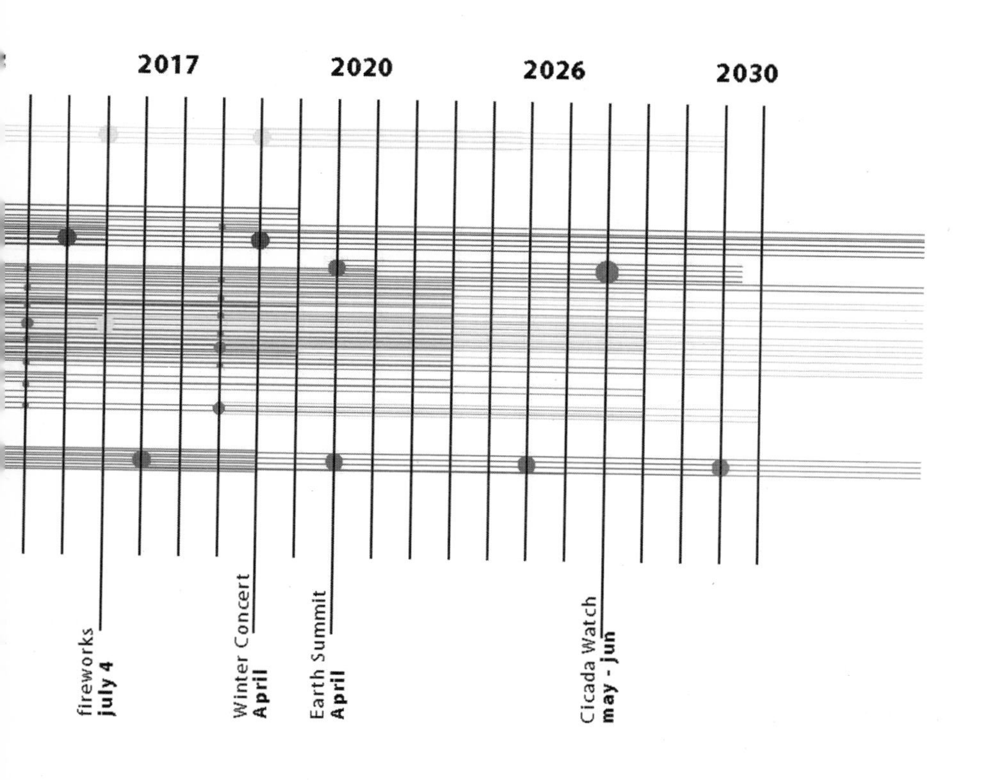

2017
2020
2026
2030
fireworks
july 4
Winter Concert
April
Earth Summit
April
Cicada Watch
may - jun

경관 자체의 물질적 조건은 부지에 독특한 사건이 될 수 있으며 장소의 구축을 이끌 수 있다. 살아있는 매체로서 경관은 그 자체가 사건이다. 하그리브스 어소시에이츠의 프레쉬 킬스 설계안 "파크랜드Parklands"에서 구릉지의 9분의 1을 차지하는 빨간색 및 진홍색 참나무 숲은 물질적 조건을 보존지의 기념적 프로그램과 연결시킨다. 매립지 지형에 의해 제공된 독특한 조건인 수평선은 편평하고 경사지고 둥글고 비어 있고 녹화되고 고체나 액체 상태 등 다중적인 방식으로 이 설계안에 강조되어 나타나며, 공원의 의미 있는 경험을 조직한다. 제임스 코너/필드 오퍼레이션스의 계획에서 살아있는 물질로서의 경관은 공원의 중심적 사건이다. 코너는 부지의 물질적 조건의 한계를 밀쳐내고, 자연의 세팅에 대한 기대가 와해되는 상황을 창출한다. 이를테면, 코너는 염류 습지에서 담수 습지로 바뀌고 있는 새로운 땅인 매립지의 미사siltation 웅덩이에 —비록 강어귀 효과가 기후에 영향을 주기 때문에 스테이튼 아일랜드에 내한성이 있을지라도— 이 위도에서는 거의 내한성이 없는 스위트베이sweetbay 목련 늪을 제안한다. 자연 발생적 염류 습지 옆에 인공적인 담수 늪을 위치시키는 것은 두 가지 생태계의 비논리적 병치를 드러냄으로써 초현실적 특질을 생산하려는 의도이다. 이는 그 둘 사이의 경계에 놓인 보행로의 위치에 의해, 보다 일반적이고 토착적인 흰색이 아닌 자주색 수련 꽃의 사용에 의해, 습지의 토양을 지탱하는 대형 개비온gabion 벽에 의해 더욱 강조된다(그림 15).

마지막으로, 대형 공원은 주요한 역사적 사건의 흔적을 유지하곤 한다. 마드리드Madrid를 내려다보는 절벽에 위치한 카사 데 캄포Casa de Campo—1931년에 공공 공원으로 개방된 왕실 사냥터—는 1936년 공원의 높이에서 도시에 폭격을 가한 프랑코Franco의 민족주의 군대에게는 전략적 부지였다. 이곳은 또한 그 후 오래 지속된 전투의 현장이기도 했다. 이와 유사하게 베를린Berlin의 티어가르텐Tiergarten은 제 2차 세계대전 동안 연합국 측의 폭격에 의해 파괴되었다. 그 후 이 공원은 베를린 장벽에 의해 도시의 나머지 지역으로부터 단절되었다. 이는 이 공원에 새로운 종의 식물을 자라게 하여 결과적으로 생물다양성을 증진시켰다.[13] 프레쉬 킬스 부지는 세계무역센터에서 나온 가림막을 지니고 있다. 재조림과 재식재, 지형적 변화, 기념비, 명상적 공간 등은 대형 공원에 다채로운 역사의 사건들을 표시하는 독특한 기념적 장소를 새겨넣고 있다.

그림 15. 제임스 코너/필드 오퍼레이션스 등, "라이프스케이프," 프레쉬 킬스 공모전 당선작, 담수 습지와 염류 습지

스케일

지금까지 논의한 전략들은 대형 공원 부지가 불명확하고 동질적인 공간이 될 수 있다는 점에서—특히 그 부지가 매립지, 공항, 오래된 채석장 등을 재생시킨 경우— 차이를 구축하는 데 도움이 된다. 물질적 역사의 회복, 새로운 공간 · 경험 · 미적 특질의 도입, 여러 다른 종류의 레크리에이션 및 사회 활동을 위해 스케일을 조정한 프로그램을 삽입하는 것은 한 장소 내에서 동시에 여러 스케일이 작동하고 있다는 인식을 가져다 준다. 게다가 거대 도시의 글로벌 문화라는 최근의 상황은 장소가 더 이상 단순한 특정 지역이 아님을 알려준다. 오히려 장소는 직접적인 물리적 세팅과 관련 기관의 폭넓은 네트워크 사이의 긴장에 의해 형성된다는 것이다. 이러한 스칼라scalar적 긴장은 마더/다 쿠나+톰 리더 스튜디오의 프레쉬 킬스 설계안의 여정을 이끈다. 이들의 설계는 뉴욕시의 보다 광범위한 맥락을 지향한다. 이러한 의미에서 크다는 것은 단순히 공원의 크기 문제가 아니라 공원과 그 공원의 광범위한 맥락과의 대화의 문제이다.

그러나 만일 대형 공원이 대중의 상상력 속에서 선명한 경험으로 남겨지는 것이어야 한다면, 대형 공원은 신체와 경관 간의 관계를 활성화하기 위해 스케일의 변화—거대한 것으로부터 물리적으로 위요된 것에 이르는—를 포함해야 한다. 광대함immensity에 대한 관념은 근본적으로 친밀한 것이라는 가스통 바슐라르Gaston Bachelard의 견해는 코너의 프레쉬 킬스와 다운스뷰 설계안을 특징짓는다.[14] 이 프로젝트들에는 크게 다른 스케일의 의도적인 병치가 존재한다. 즉 파악할 수 있는 정도를 넘어서 확장되는 것으로 볼 수 있는 장소도 있지만, 훨씬 작은 신체적 공간에 여전히 초점을 맞추기도 한다. 예를 들어 다운스뷰 파크에서 코너와 알렌은 서식처 둥지와 개방된 초지 사이의 전이 지대에 길을 위치시킴으로써 서식처 둥지의 내부성과 개방된 초지를 대조시킨다. 이곳에서는 두 스케일이 동시에 엮인다. 프레쉬 킬스에서 신체에 맞게 스케일이 조정된 장소인 길의 친밀함은, 길에서 볼 때 시각적으로 변화하는 수평선의 광대함과 병치된다. 이 프로젝트들에서 동선은 단지 연결이 아니라 장소를 강화하기 위한 전략적 배치이다(그림 16, 17). 뿐만 아니라 강력한 감각적 경험의 위치에 신체를 계산적으로 배치하는 경우도 있다. 다운스뷰에서 코너와 알렌의 서식처 둥지는 물을 모아 땅으로 방류시키는 일련의 분지인데, 시각적 조망뿐 아니라 소리,

그림 16. 제임스 코너+스탠 알렌 등, "창발의 생태계" 의 내부, 다운스뷰 파크 공모전 출품작, 토론토(위)
그림 17. 제임스 코너/필드 오퍼레이션스 등, "라이프스케이프" 의 내부, 프레쉬 킬스 공모전 당선작(아래)

질감, 냄새와 연관되는 장소이다. 다양한 토양을 사용할 뿐만 아니라 서로 다른 높이와 깊이의 이랑과 도랑 패턴을 사용함으로써, 그들은 특별한 서식처 식재를 통해 여러 생태학적 군집—특유의 질감, 스케일, 색을 가지는—을 도입한다. 이러한 둥지 서식처들을 잇는 판자길을 설계하여 지면에 가능한 한 밀접할 수 있게 한다. 정류장에 난간이 없는 것은 물, 습기, 냄새, 색상, 분지의 변화하는 공간성을 통해 보다 밀접한 신체/경관 접촉을 용이하게 해 준다(41쪽의 그림 3 참조). 이러한 예에서 장소는 속박 없는 경관과 신체 사이를 매개하는 땅으로 구축되고 있다.

결론

동시대 실무의 보편적인 특성과 특히 대형 공원의 특성은 다음과 같은 대형 공공 경관 특유의 이슈들에 대한 주목을 요청한다. 다층적인 이해관계, 후원자, 규제, 경제적 도전의 뒤엉킴에 관여하고 조절하는 법, 시간에 따른 변화와 적응 대책을 포괄하는 법, 생태학적 복구와 고도로 프로그램화된 부지처럼 일견 모순적인 목표를 조정하는 법 등. 우리는 시각적, 공간적, 현상학적 특질들을 논하는 것이 아니다. 우리는 틀, 생성, 수행적인 것, 적응적인 것을 논하고 있다. 구성에서 프로세스로의 전환은 설계에서 복잡성의 통합을 용이하게 해 왔다. 그러나 그것은 새로운 방법임에도 불구하고 장소와 문화적 의미의 특질을 유지하고 표현하는 것과 같은 조경 분야의 중심적 이슈에는 가시성을 주지 못해 왔다. 프로세스 기반의 설계 방법론에 내재된 것은 장소를 기억할만하고 독특한 것으로 인식하게 하는 바로 그것이다. 예컨대 부지에 작동하는 다양한 힘의 가독성, 이전의 사용에 의해 부지에 남겨진 흔적들의 포섭, 환경적 변화의 표현, 다층적 스케일의 수용, 다양성에 대한 약속, 현존하는 형태를 새로운 사회적 실천에 적응시키는 결정 등을 들 수 있다.

notes

1 보다 작은 부지에서의 프로세스에 관한 논의는 다음을 참조할 것. Elizabeth K. Meyer, "Post-Earth Day Conundrum: Translating Environmental Values into Landscape Design," in Michel Conan, ed., *Environmentalism in Landscape Architecture* vol. 22 (Washington, D.C.: Dumbarton Oaks Research Library and Collection), 187-244.

2 장소에 대한 참고문헌은 매우 풍부하며, 특히 다음이 유용할 것이다. Edward S. Casey, *Getting Back into Place: Towards a Renewed Understanding of the Place-World* (Indianapolis: Indiana University Press, 1993) and *The Fate of Place* (Berkeley: University of California Press, 1999). Yi-Fu Tuan, *Space and Place: The Perspective of Experience* (Minneapolis: University of Minnesota Press, 1976); James Duncan and David Ley, *Place, Culture, Representation* (London: Routledge, 1993); Allan Pred, "Place as Historically Contingent Process: Structuration and the Time-Geography of Becoming Places," in *Annals of the Association of American Geographers* 74, no.2 (June 1984): 279-97; and J. B. Jackson, *A Sense of Place, a Sense of Time* (New Haven: Yale University Press, 1994).

3 Duncan and Ley, *Place, Culture, Representation*, 303.

4 부지 특정적 예술에 대한 참고문헌 역시 매우 풍부하다. 예컨대 다음을 참조할 수 있다. Robert Irwin, *Being and Circumstance: Notes Towards a Conditional Art* (San Francisco: Lapis Press, 1985); Rosalind Krauss, "Sculpture in the Expanded Field," in *The Originality of the Avant-Garde and Other Modernist Myths* (Cambridge, MA: MIT Press, 1986), 276-90; Miwon Kwon, "One Place After Another: Notes on Site Specificity," *October* 80 (Spring 1997): 85-110; Craig Owens, "Earthwords," "The Allegorical Impulse: Toward a Theory of Postmodernism, Part 2," and "From Work to Frame, or, Is There Life After 'The Death of the Author' ?" in *Beyond Recognition: Representation, Power, and Culture* (Berkeley: University of California Press, 1992), 40-51, 52-69, 70-87, 122-41. 동시대 조경 설계의 부지 특정적 작품에 대해서는 다음 문헌을 참조할 수 있다. Christophe Girot, "Four Trace Concepts in Landscape Architecture," in James Corner, ed., *Recovering Landscape: Essays in Contemporary Landscape Architecture* (New York: Princeton Architectural Press, 1999), 59-67; Sébastien Marot, "The Reclaiming of Sites," in *Recovering Landscape*, 45-57; Elizabeth K. Meyer, "Site Citations: The Grounds of Modern Landscape Architecture," in *Site Matters: Design Concepts, Histories, and Strategies* (New York: Routledge, 2005), 93-129.

5 프로세스를 조성 테크닉으로 수용한 20세기 프로젝트의 사례는 다음과 같다. 반 에스테른(Van Eesteren) 등이 설계한 암스테르담 보스 파크, 미셸 데빈(Michel Desvigne)과 웨스트 8/아드리안 구즈의 작품 등. 부지에 대한 프로세스와 변화하는 경험에 대해서는 마이클 반 발켄버그 어소시에이츠(Micahel Van Valkenburgh and Associates)의 아이스 월(Ice Walls), 밀 레이스 파크(Mill Race Park), 티어드롭 파크(Teardrop Park) 등 최근의 여러 작품들을 참고하기 바란다. 빅스비 파크(Byxbee Park)와 루이스빌 파크(Louisville Park) 등 하그리브스 어소시에이츠의 여러 작품과 미셸 데빈의 주택 작품 또한 참고할 수 있다. 프로세스와 프로그램에 관해서는 OMA/렘 콜하스의 라빌레뜨 프로젝트(1984) 및 이들이 브루스 마우(Bruce Mau)와 함께 진행한 다운스뷰 파크 프로젝트 "트리 씨티(Tree City)"(2001), 웨스트 8/아드리안 구즈의 로테르담 시어터 스퀘어(Theatre Square Rotterdam) 등을 참고하기 바란다.

6 Elizabeth K. Meyer, "The Public Park as Avant-Garde (Landscape) Architecture: A Comparative Interpretation of Two Parisian Parks, Parc de la Villett(1983-1990) and Parc des Buttes-Chaumont(1864-1867)," *Landscape Journal* 10, no. 1(1991): 16-26.

7 다운스뷰의 관통(through-flow) 다이어그램과 프레쉬 킬스 설계안의 실, 매트, 클러스터 다이어그램 사이의 차이를 고려해 볼 필요가 있다.

8 다음에서 재인용. Anna Kaufman Horner in the exhibition *Large Parks: New Perspectives* held at the Harvard University Graduate School of Design, April 2003.

9 Anita Berrizbeitia, "The Amsterdam Bos: The Modern Public Park and the Construction of Collective Experience," in Corner, ed., *Recovering Landscape*, 187-203.

10 Rios Associates, "rePark," *Praxis: Journal of Writing and Building* 4(2002): 49.

11 Manuel Gausa, Vicente Guallart, Federico Soriano, et al., *The Metropolis Dictionary of Advanced Architecture* (Barcelona: Actar, 2003), 499. 유사한 내용이 다음에도 언급되어 있다. Bernard Tschumi, *Event-Cities* (Cambridge, MA: MIT Press, 1994), 11. "행위나 프로그램이 없는 건축은 없다." 그리고 Alex Wall, "Programming the Urban Surface," in Corner, ed., *Recovering Landscape*, 243. "형태의 공간은 여기서 시간 속의 사건의 공간에 의해 대체된다."

12 예를 들어 다음을 참조할 수 있다. Jacques Lucan, "Parc de la Villette," in *Rem Koolhaas/OMA* (New York: Princeton Architectural Press, 1996), 86-95, Bernard Tschumi, *Event-Cities*—특히 crossprogramming, transprogramming, disprogramming, programmatic dissociations에 대한 그의 정의, Wall, "Programming the Urban Surface," 233-49.

13 Caroline Chen, in the exhibition *Large Parks: New Perspectives*.

14 다음을 참조할 것. Gaston Bachelard, The *Poetics of Space*, trans. Maria Jolas (Boston: Beacon Press, 1969), 194.

6장

그림 1. 멕시코 시티 차풀테펙 파크(Chapultepec Park)에서 산책과 보행을 하는 사람들. 최근 이 공원은 민관 협력을 통해 개조되었다.

갈등과 침식 _ 동시대 대형 공원에서의 공공적 생활

Conflict and Erosion _ The Contemporary Public Life of Large Parks

존 비어즐리John Beardsley

세계 어느 곳에서도 완전히 공공적인 대형 공원을, 다시 말해서 모든 시간대에 모든 장소가 무료로 접근 가능하고 공공의 자금에 의해 전적으로 운영되는 대형 공원을 찾아보기가 점점 더 어려워지고 있다. 어느 정도 이러한 현상은 공원의 물리적 스케일과 사회적 복잡성의 영향이다. 대형 공원은 소형 공원에 비해 재원 확보와 유지 관리가 더 어려우며, 이는 대형 공원 건설과 유지를 위한 민관 협력public-private partnership을 증대시키는 결과를 낳고 있다. 대형 공원은 소형 공원보다 더 다양한 여러 프로그램과 함께 보다 큰 생태적 복잡성을 가지고 있다는 특징이 있다. 이러한 점은 모두 대형 공원의 공공 스폰서들에게 관리의 부담을 갖게 한다. 또한 대형 공원은 소형 공원에 비해 더 다양한 구성원에게 제공된다. 소형 공원은 친근하거나 심지어 동질적인 지역 사회 내에 위치하는 반면, 대형 공원은 대개 여러 다른 커뮤니티들에 인접해 있으며 필연적으로 보다 다양한 사회경제적 집단들에게 제공된다. 이러한 사정은 공원의 관리 방식뿐만 아니라 공원 설계 방식에도 영향을 끼치기 시작했다. 다양한 구성원의 존재는 다른 시간대에 다른 이용자 집단들을 수용하기 위한 적응성adaptability에 초점을 맞추도록 하며, 다양한 대중에게 제공되기 위해 뚜렷한 구역들로 다소 서툴기는 하지만 가시적으로 구분되는 설계를 하게 한다. 예를 들어, 하그리브스 어소시에이츠Hargreaves Associates가 설계하여 최근 완공된 샌프란시스코의 크리시 필드Crissy Field는 특별히 큰 공원은 아니지만 윈드서핑, 조류 관찰, 애완견 산책 등을 위한 특정 구역들에서 그러한 파편화의 명백한 흔적을 보여주고 있다. 윈드서퍼는 해변의 주차장을, 개와 산책을 하는 사람은 레크리에이션을 위한 넓은 들판을, 조류 관찰자는 개로부터 새와 새들의 사냥감을 보호해 주는 습지를 차지한다. 우리가 더 이상 단일한 대중만을 가정할 수는 없음이 분명하다. 우리는 다층적이고 때로는 상충하기도 하는 복수의 대중을 고려해야 한다. 또한 공공 공간을 단순히 사적 공간의 반대라고 말할 수 없다. 두 공간 간의 구분이 흐릿함을 인정해야 한다.

실제로 사유화privatization의 증가는 대형 도시 공원이 직면하고 있는 가장 큰 도전일 수 있다. 공원을 자본화하고 유지하기 위해 공공 기관 스폰서들의 책임이 침식erosion되고 있는 조짐이 나타나고 있다. 미국에서는 민간 단체들이 공원 관리에 대한 책임을 점점 더 많이 지고 있다. 이와 관련된 최초이자 오늘날에도 가장 유명한 단체 중의 하나는 뉴욕의 센트럴 파크 컨서번시Central Park Conservancy이다. 이 단체는 노후화된 공원의 물리적 환경을 치유하고 줄어드는 유지 및 레크리에이션 예산을 구제하기 위해 1980년에 설립되었다. 이 컨서번시의 시도는 큰 성공을 거두었다. 1990년대 말에 이 조직은 250명의 직원, 약 1,200명의 자원봉사자, 6,500만 달러의 기금을 갖추었다. 사실 이는 너무나 성공적이었기 때문에 1998년 뉴욕시는 일상적 공원 관리의 대부분을 센트럴 파크 컨서번시에 인계했다. 공원 관리를 위한 유사한 민관 협력이 다른 도시들에서도 출현하기 시작했다. 보스턴에서는 공공 공원을 위한 민간의 후원이 1971년 공공 정원의 친구들Friends of the Public Garden 및 1975년 프랭클린 파크 연합Franklin Park Coalition이라는 단체의 설립으로 시작되었다. 몇 년 후, 이 두 단체는 다른 단체들과 함께 보스턴 녹지 동맹Boston Green Space Alliance을 결성했다. 볼티모어에서는 세 민간 단체—예일 도시 자원 발의Urban Resources Initiative at Yale, 공공 토지 신탁Trust for Public Land, 사람을 위한 공원 재단Local Parks for People Foundation—가 도시의 가장 빈곤한 지역을 관통하면서 교외의 리킨 파크Leakin Park와 볼티모어 내항을 연결해 주는 귄스 폴 그린웨이Gwynns Fall Greenway를 위한 토지를 확보하고 설계를 의뢰하는 데 도움을 주었다. 이러한 민관 협력들은 그것들 자체로는 높이 살만하지만 문제가 되는 공공 정책적 함의를 갖는다. 뒤에서 나는 이 문제를 다시 다룰 것이다.

이러한 협력들은 공공과 민간 사이의 경계가 흐릿해지고 있는 양상 중 하나에 불과하다. 점점 늘어나고 있는 사적 권리 이양이 기존의 공원에서 승인되고 있다. 예를 들어 파리의 2,100에이커 넓이 공원인 불로뉴 숲Bois de Boulogne에서는 원래 공원의 일부분이었던 다수의 공공 오픈 스페이스가 스케이트장과 같이 회원 이외에는 출입을 금지하는 민간 스포츠 클럽으로 바뀌어 왔다. 민간의 테니스 클럽과 폴로 클럽이 공원 내부에, 유료 오락 공간에, 그리고 75대의 임대 차량 주택이 있는 17에이커의 캠프장에 있다.[1] 새로운 공원들 역시 같은 양상을 뒤잇고 있다. 독일에서 폐기된 티센Thyssen 제철공장이 620에이커의 뒤스부르크-노드 파크Landschaftspark Duisburg-Nord로 바뀌었을 당시, 버려진 공간에 대한 일종의 비공식 점유가 정식화되고 고급화되고 사유화되었다. 사람들은 쓰지 않는 냉각 탱크를 스쿠버 다이빙용으로, 빈 건물들을 떠들썩한 파티장으로 사용했다. 이제는 승인된 다이빙 클럽에 가입하거나 나이트 클럽에 입장하기 위해서는 비용을 지불해야 한다.[2] 긍정적인 측면에서 이미 그 부지에 존재하던 비공식적인 커뮤니티 정원들이 공원 내의 승인된 이용 공간이 되었으며, 새로 난 자전거 도로, 체육시설, 직업 훈련 워크샵들이 공원이 넓은 범위의 다양한 대중에 적합하고 접근하기 쉽다는 것을 보장하기 위해 추가되었다.

이처럼 공공과 민간 사이의 경계가 애매해지고 있는 것이 일종의 세계적 현상이라는 점은 멕시코와 중국의 최근 사례에서도 볼 수 있다. 멕시코 시티에서 조경가 마리오 쉬젯난 Mario Schjetnan과 그의 회사인 도시설계그룹Grupo de Diseno Urbano은 도심에서 광대하고 역사적으로도 중요한 경관인 차풀테펙 파크Chapultepec Park의 복원에 참여했다(그림 1). 이 공원은 연간 1,500만 명의 방문객이 다녀가며, 그들 다수가 공원 경계 안쪽에 위치한 동물원과 인류학 박물관을 방문한다. 과도한 이용과 수년에 걸친 방치가 공원을 퇴락시켰다. 숲이 지나치게 무성하게 자랐고 화단은 버려졌으며 호수는 심하게 오염되었다. 그리고 공원은 자동차와 무허가 노점상들로 넘쳐났다. 복원의 1단계는 2005년에 완료되었으며, 공원 중심 구역 중 300에이커에서 거의 600에이커에 달하는 지역의 개선이 그 내용이었다. 잔디가 캐노피 아래에서 다시 자라날 수 있도록 나무를 가지치기하고 덤불을 제거했다. 공원 주 진입로가 복구되었으며, 전시용 화단과 정원들은 다시 식재되었다. 노점상들은 푸드 코트나 영업 허가 지역으로 옮겨졌다. 수많은 기반시설이 개선되었는데, 이 중에는 물처리, 조명, 관개의 개선이 포함되었다. 작업의 대부분은 민간의 기부를 통해 이루어졌다. 쉬젯난에 따르면, "시장은 여러분이 개인적으로 모금하는 1페소peso마다 내가 당신에게 1페소를 돌려줄 것이라고 말했다."[3] 시민 단체들과 기부 단체들이 기금을 마련하기 위해 설립되었는데, 대부분의 기금은 지하철역에 있는 작은 조직에 의해 모아졌다. 이것은 공원 이용객의 인구학적 측면과 관련된다. 공원 이용자의 65퍼센트가 지하철을

그림 2. 베이징 천단공원(Temple of Heaven). 관광객들은 공원 내부 구역을 방문하는 반면, 지역 주민들은 공원의 외곽부를 운동, 놀이, 음악 연주 등을 위해 이용한다.

이용해 공원으로 오는 것이다.[4] 그러나 이것은 또한 공원 재정의 부담을 지불 능력이 거의 없는 사람들에게 지우게 한다는 말도 된다.

멕시코 시티에서의 건설 자금이 민관의 하이브리드였던 반면, 베이징에서의 건설 자금은 입장료에 의해 생겨났다. 예를 들어, 660에이커에 달하는 명 왕조의 제사 공간이었던 천단공원Temple of Heaven은 지역의 녹지 공간이자 국제적 관광 명소로도 매우 가치 있는 곳이다. 누구나 입장하려면 돈을 내야 하지만, 경계부에는 다른 방식의 접근이 가능한 곳도 있다. 공원의 외곽부는 25센트 정도의 적은 비용을 받고 개방되는데, 지역 주민들이 게임하고 운동하고 그들이 가장 좋아하는 가극 곡을 연주하기 위해 오는 장소이다(그림 2). 베이징에서 가장 유명한 역사적 건축물을 포함하고 있는 공원의 내부 구역은 주로 보다 비싼 요금을 지불하는 관광객들을 위한 장소이다. 이 공원의 이러한 요금 구조는, 지불 능력에 의해 시설에 대한 접근성이 결정되며 그에 따라 여러 차원의 공공성이 있다는 보다 일반적인 개념을 강조한다. 뉴욕에서 베이징에 이르기까지, 우리는 단순히 공공 공간을 사적 공간의 반대라고 말할 수 없다. 우리는 완전히 이것이거나 저것이 아닌, 하이브리드를 점점 더 많이 다루고 있다.

공공 공간을 분석해 보면, 공공성의 침식은 보다 미묘하고 심지어 비관적이기도 한 변화와 연관되어 있다. 예를 들어 토론토 다운스뷰 파크Downsview Park 설계 공모를 다룬 최근의 CASE 시리즈에 한 챕터를 쓴 돈 미첼Don Mitchell과 리처드 반 뒤센Richard Van Deusen의 견해에 따르면, 모든 오픈 스페이스들은 배타적이다. 그들은 다음과 같이 말한다. "공공 공간의 역사는 누가 그곳에 접근할 것인가에 대한 투쟁의 역사이다." 그들의 주장에 따르면, 서구 도시에서 공공 공간의 이데올로기와 관습은 우리를 공공 공간이 "극히 탈정치화되고 고도로 통제되는" 지점으로 옮겨 놓았다. 마이클 소킨Michael Sorkin, 마이크 데이비스Mike Davis, 낸시 프레이저Nancy Fraser, 레이몬드 윌리엄스Raymond Williams 등의 유사한 논의에 바탕을 두고, 그들은 다음과 같이 결론짓는다. "근대 서구 도시에서 계획된 대부분의 오픈 스페이스—공원, 광장, 쇼핑몰, 아케이드—는 결코 공공적이지 않다. 그러한 공간의 목적은 사회적 상호 작용을 조직·관리하고 단속하는 데 있으며, 다양한 대중이 논쟁적인 차이점들을 지닌 채 모여서 대중적·정치적·사회적으로 폭발적인 상호작용을 불러일으키는 장소를 제공하는 데 있지 않다."[5]

대부분의 상업 공간은 전혀 공공적이지 않다. 정치적 시위가 금지된 쇼핑몰들이 가장 명백한 예이다. 그리고 이미 언급했듯이, 공원 자체가 갈수록 사유화되고 있으며 점차 더 민관 협력에 의해 관리되고 있다. 그러나 사람들이 여전히 공원 부지를 비교적 자유롭게 이용한다는 많은 증거가 있다. 공공 공원으로의 접근을 둘러싼 투쟁이 여전히 진행되고 있기는 하지만, 상황은 미첼과 반 뒤센이 말하는 것만큼 절망적이지는 않다. 적어도 공원은 상업 공간에서는 명백한 어떤 통제를 교묘하게 피하고 있는 것이다. 미셸 드 세르토Michell de Certeau가 주장하듯이, "장소에 관한 이야기는 임시방편적인 것이다.… 이질적이고 심지어는 상반되는 요소들이 이야기의 동질적 형식을 채운다. 특별하고 다른 것들이… 그 스스로를 승인된 구조에, 강요된 질서에 삽입시킨다."[6] "특별하고 다른extra and other" 것들은 항상 공원 내에서 등장한다. 사실 공원은 우리가 즉흥적인 사회적 상호 작용을 가질 수 있는 가장 신뢰할만한 부지 중 하나이다. 공원은 미첼과 반 뒤센이 아니라

그림 3. 티어가르텐은 베를린 러브 퍼레이드가 벌어지는 장소이다. 이 퍼레이드는 공원 시설 전체를 뒤덮는다.

고 말했던 바로 그것이다. 즉 공원은 다양한 대중들이 논쟁적인 차이점들을 지닌 채 모여서 공공적·정치적·사회적 상호 작용에 관한 불을 지피는 무대인 것이다. 하버드대학교 설계대학원 조경학과 학생들의 최근 연구가 매우 흥미로운 이유는 공원에 대한 논쟁적이고 심지어 대립적인 점유라는 주제를 다루었기 때문이다. 몇 가지 사례를 인용하기로 한다.

특히 유럽에서는 한때 불법적 점유로 여겨졌던 것들에 대한 일종의 인정—물론 승인된 것은 아니지만—이 생겨났다. 이러한 새로운 이용은 그에 상응하는 새로운 규정과 감시 형태—그리고 규칙을 빠져나가는 새로운 방법—를 낳게 한다. 예를 들어 베를린의 티어가르텐Tiergarten에는 나체주의자들이 보유하는 공간이 있다. 그들은 심지어 이른바 자유로운 몸 문화Freie Koerperkultur의 애호가인 헤어 얀케Herr Jahnke가 공원에 기부한 샤워장도 가지고 있다. 헤어 얀케는 호프차헤랄레Hofjaherallee 근처에 공공 샤워장을 제공한다는 조건으로 25만 마르크를 티어가르텐에 기부했다. 또한 티어가르텐은 매년 여름에 악명 높은 러브 퍼레이

그림 4. 바비큐 파티는 공식적으로는 특정 지역으로 제한되어 있지만 티어가르텐 전체 지역에서 이루어진다.

드Love Parade가 열리는 장소이기도 하다. 공무원들은 이 퍼레이드가 하루 동안 공원을 거대한 공중 화장실로 바꾸어 놓는다고 말한다(그림 3). 티어가르텐은 대중들이 규칙을 무시하는 오래된 전통을 가지고 있다. 축구와 바비큐 파티는 금지된 활동임에도 불구하고 이 공원에서 가장 인기 있는 두 가지 활동이다. 공원 규칙의 무시는 접근이 제한된 잔디밭을 사람들이 소풍이나 스포츠를 위해 점거하기 시작한 1970년대부터 시작되었다. 그 후 이러한 압력에 반응하여 공원 관리부서는 잔디 공간을 대중에게 개방했다. 심지어 젤텐플라츠Zeltenplatz 근처의 좁은 지역에서는 바비큐 파티가 허용되기에 이르렀다. 이 지역은 단지 공원 면적의 11퍼센트를 차지할 뿐이지만, 바비큐 파티는 점점 넓게 확산되고 있다. 여름 주말에 방문자들은 공원의 모든 지역에서 바비큐 파티가 벌어지는 모습과 함께 티어가르텐이 배출하는 거대한 연기를 볼 수 있다(그림 4, 5).[7]

암스테르담의 보스 파크Bos Park에도 나체주의자들이 점유하는 일광욕 초지인 조네베이드Zonneweide가 있다. 규칙이 무시되는 증거가 이곳에도 명백하게 있다. 자위 행위는 허용

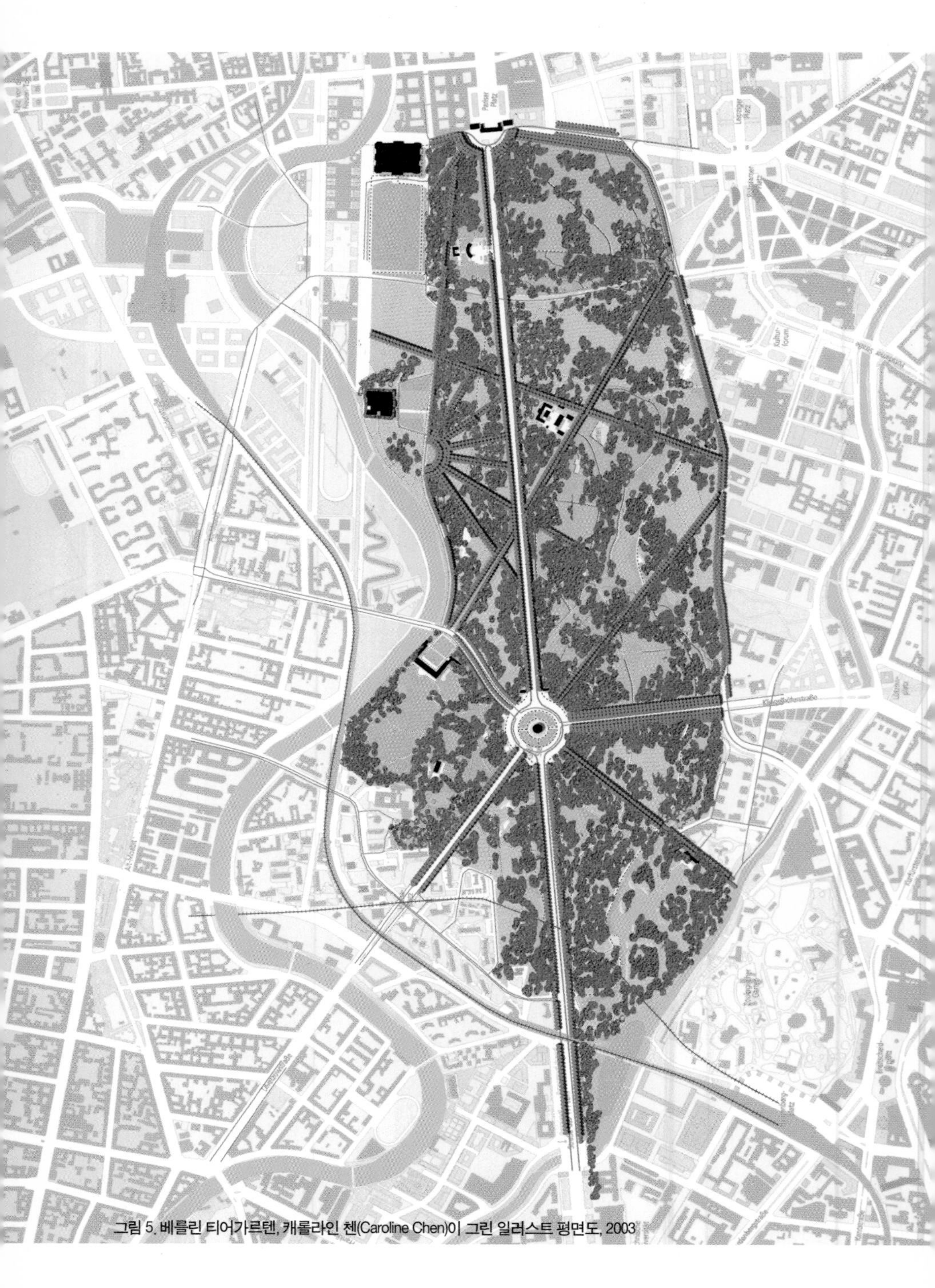

그림 5. 베를린 티어가르텐, 캐롤라인 첸(Caroline Chen)이 그린 일러스트 평면도, 2003

되지 않지만 심지어 초지에서도 빈번히 일어나고 있다. 초지는 남성에 의해 거의 식민지화되었다. 순찰대원들은 이 공간 주변에서는 범죄나 다툼이 별로 일어나지 않는다고 말한다. 하지만 자위 행위자를 고발하는 것이 자신의 임무라고 느끼는 한 나체주의자가 있다고 보고한다. 그러나 순찰대원들조차도 그 나체주의자의 지속적인 관찰에 짜증을 내고 있다.[8]

노숙자와 성매매자들은 비공식 점유의 또 다른 국면을 보여준다. 1990년대 중반까지 약 1,000여명의 사람들이 샌프란시스코의 공원에서, 주로 골든 게이트 파크Golden Gate Park에서 반영구적인 야영을 해 왔다. 피터 하닉Peter Harnik의 책 『도시 공원의 내면*Inside City Parks*』에 따르면, 수년 동안 저급한 수준의 갈등이 노숙자들과 시 당국 사이에서 벌어졌다고 한다. 시 당국은 공원에서 일어나는 약물 복용과 장물 매매 등의 불법 행위, 쓰레기, 수목 훼손 등에 대해 불만을 제기했다. 공원 관리국이 한밤중에 스프링클러가 작동되도록 프로그래밍하여 야간 통금을 강제적으로 시행하려고 하자 스프링클러 헤드가 모두 파괴되었다. 1997년 11월 방화범들이 공원에 엄청난 불을 질러서 진화 작업에 소방관 70명과 소방차 12대가 동원되자, 말 그대로 갈등이 화염 속에서 폭발했다. 윌리 브라운Willie Brown 시장은 이에 대한 보복으로 노숙 야영지의 폐쇄를 지시했다.[9]

노숙자와 공원 당국 사이의 보다 복잡한 교착 상태가 리우 데 자네이루Rio de Janeiro에서 발생해 왔다. 세계에서 가장 큰 도시숲이자 가장 넓은 이식 열대숲인 티주카 파크Tijuca Park에서는 무허가 주택과 빈민가favelas가 공원의 급경사지와 산등성이 꼭대기에 확산된 것을 볼 수 있다(그림 6). 그 과정은 긴 역사를 가지고 있다. 그것은 20세기 초 도시 중심부의 슬럼가를 일소한 결과로 시작되어 집세의 지속적인 증가로 인해 누그러지지 않고 계속되었으며, 농촌 빈민의 유입은 사람들을 티주카 마시프Tijuca Massif의 리우 "자유 경계free frontier"로 몰아갔다. 1993년까지 리우 인구의 약 1/5이 545개의 빈민가에 살고 있었다. 현재 티주카 마시프에만 46개의 빈민가가 있는데, 이곳은 도시 빈민가 인구의 약 1/3에 해당하는 사람들의 거주지이다(그림 7, 8). 이 거주지들은 공원을 위협하는 것은 물론이고 도시 또한 위협한다. 식생의 감소와 이에 따른 침식은 매년 우기마다 실트와 거석을 도시로 흘려보낸다. 특별히 파괴적인 사건이 1988년에 일어났다. 거대한 진흙 산사태가

그림 6. 리오의 빈민가가 티주카 파크의 가파른 경사면으로 몰려들어 왔다(빈민가는 지도에서 검정색으로 표시되었다).

그림 7, 8. 리오의 빈민가, 거주지의 전경(좌)과 교차로 부근의 근접 사진(우)

배수 시스템을 파괴했고 수로와 도로를 막았으며, 300명의 사망자와 1,000명의 부상자를 내고 수천 명이 집을 잃었다. 이러한 비공식적 거주지들은 매년 150만 명의 방문객을 맞는 티주카 파크가 직면한 막대한 곤경 중 하나에 불과하다.[10]

왜 도시는 이러한 거주지를 묵인하는가? 첫 번째 설명은 관료적인 해석이다. 연방, 주립, 지방 정부 다수가 공원을 중복 관리하기 때문에 누가 공원 정책에 대한 책임을 지는 지 규명하는 것을 사실상 불가능하게 만든다는 것이다. 그러나 두 번째의 더 큰 이슈는 정치적인 것이다. 도시 인구의 1/5이 빈민가에 살기 때문에 정치인들은 그러한 거주지를 가만히 놔둘 것을 약속하여 상당한 유권자를 얻고 있다. 게다가 합법적 주택을 제공할 자금이나 공간이 거의 없기 때문에 불법적 거주지들은 도시 성장의 임시 방편으로 간주된다. 심지어 몇몇 빈민가는 전기, 수도, 기타 인프라를 제공받아 보다 제대로 된 거주지로 변모하기도 한다. 실제로 리우는 세계에서 가장 흥미로운 슬럼 향상 프로젝트 중의 하나를 가지고 있다. 소위 파벨라 바이루favela-bairro 프로그램은 물리적 · 사회적 교란을 최소화하면서 판자촌을 근린 주택지로 변화시키는 데 그 목적이 있다.[11]

매춘과 관련하여, 불로뉴 숲의 보다 야생적이고 밀식된 산림지는 1년 내내 매춘 용도로 사용된다. 비록 1999년 12월, 나무 25,000그루를 쓰러뜨릴 정도로 매우 파괴적인 폭풍 때문에 성매매자들이 잠시 공터로 쫓겨나긴 했지만 말이다. 공원 직원은 매춘이 대로에서 보라는 듯이 행해지기 보다는 공원 안에 숨겨지는 것을 도시 당국이 선호하기 때문에 불로뉴 숲에서 매춘 행위를 묵인한다고 말하고 있다(그림 9). 마드리드의 양상도 불로뉴 숲과 비슷하다. 마드리드에서 매춘부들은 강제로 도시 밖으로 쫓겨나 카사 데 캄포Casa de Campo 도로와 주차장으로 내몰렸다.[12]

이러한 예들은 공공 공간의 통제와 접근을 위한 투쟁이 요원하기만 하다는 미첼과 반 뒤센의 관찰을 확인시켜 준다. 인가된 이용과 인가되지 않은 이용 사이에는, 계획된 프로그램과 때때로 공원이 겪게 되는 반대되는 목적 사이에는, 항상 마찰이 존재하기 마련이다. 뒤스부르크의 버려진 철강공장이 뒤스부르크-노드 파크로 위상을 높였음에도 불구하고, 여전히 그 곳은 한여름 밤 인근의 수백 명의 아이들이 마약을 복용하며 비공식적인 광란의 파티장으로 이용하는 구석진 장소이다. 공원은 계속 사회적 불안의 장소가 되고 있다.

그림 9. 매춘은 불로뉴 숲의 산림지역에서 보편적이다.

우리는 이 공원에 이따금씩 인종 차별적이고 외국인 혐오적인 그래피티가 상징으로 그려지는 것을 감수해야 할 지도 모른다. 사실 이 특정한 경관에 대한 갈등은 이 공원의 중심부에서 삭제된 역사에 의해 강화되는 것일 수도 있다. 이 부지의 제조업의 역사는 산업 구조물들을 보전함으로써 봉인되었지만, 그럼에도 불구하고 공원 표지판이나 인쇄물에는 제 2차 세계대전 중 철강 공업과 나치당의 긴밀한 관계가 전혀 나타나지 않으며 그 시기 독일 공장에서 만연했던 전쟁 포로와 강제 노동에 대한 어떠한 언급도 없다. 또한 1970년대에 제분소 노동을 위해 수입된 터키 노동자들에 대한 적대감에 대해서도 아무런 인정을 하지 않는다. 아마도 그러한 복잡한 사회적 역사를 다루는 일은 설계의 범위를 넘어서는 것이겠지만, 우리는 거친 과거를 지닌 장소에서 갈등이 일어나는 것에 놀라지 말아야 한다. 뒤스부르크-노드 파크는 여전히 논쟁의 여지가 있는 경관이며, 아무리 고급화되고 정화되어도 공원의 중심부에서 모순이 나타날 것이다.

여러 공원 경관에서 마주치게 되는 사회적 교란의 증거는 배제와 억제라는 근본적인 이유로 인해 안전에 대한 고려가 계속 요구될 것임을 시사한다. 게다가 전형적인 엘리트적 설계 언어와 주변 커뮤니티의 대중 문화 사이에는 불균형이 계속 존재하기 마련이다. 하지만 미첼 및 반 뒤센과 반대로, 그리고 대형 도시 공원에 관한 하버드 설계대학원 학생들의 연구에서 축적된 증거에 기초하여, 나는 여전히 그러한 공간들은 사람들이 사회적 통제를 가장 적게 받는 주된 장소 중 하나라고 주장하고자 한다. 공원은 사람들이 일상적 삶의 평범하거나 색다른 표현을 추구할 수 있는 가장 자유로운 몇몇 장소 중의 하나인 것이다. 공원에서 나타나는 몇몇 표면적인 갈등이 매우 불쾌하기는 하지만, 공원의 존재는 점점 더 분절되는 사회 속에서 공공적 삶을 누릴 수 있는 조건 중 하나일 것이다.

도시의 공공 공간이라는 더 큰 맥락의 요소로서 공원은 보다 광범위한 정치적 질문들과도 연관된다. 예를 들어 대형 공원 조성에 필요한 정치적 의지와 경제적 수단은 점차 대형 기반시설이나 환경 복원 사업과 같은 맥락에서만 가능한 것으로 보인다. 테마 파크나 쇼핑몰과 같은 엔터테인먼트 경관 등 보다 사적인 여가 활동이 중산층에게 가능해짐에 따라 대규모 공공 오픈 스페이스의 재정을 확보하고자 하는 욕구는 줄어들지도 모른다. 상업 공간과 공원이 점점 융합되어 감에도 불구하고 말이다. 게다가 조성되는 대형 공원들은 불균등 발전—한 지역이나 구성원들에게 다른 사람들의 희생을 치러 이익을 주는 자본 지출의 집중—의 전형이 될 지도 모른다. 이것은 로잘린 도이치Rosalyn Deutsche가 뉴욕의 배터리 파크 시티Battery Park City에 대해 비판한 내용인데, 그녀는 맨하탄의 다른 지역에 있는 경제적으로 불리하고 뒤떨어진 커뮤니티를 위한 주택과 공원을 희생시켜 남부 맨하탄에 있는 개발 자본을 독점화하였다고 생각했다.[13] 바르셀로나는 대안적 모델을 제시한다. 1992년 하계 올림픽을 염두에 두고 시행된 수도 개선 사업의 일부로서 작은 공원들이 도시 전체에 걸쳐 넓게 흩뿌려졌다. 이 모델은 미국에도 적합할 수 있다. 로스앤젤레스 공익법률센터 대표이자 도시 공원 옹호자인 로버트 가르시아Robert Garcia는 보다 활발한 여가 프로그램과 시설을 갖춘 소공원의 네트워크가 먼 곳에 있는 대형 공원보다 더 저소득층과 소수 민족을 만족시킬 것이라고 주장했다.[14]

더구나 대형 공원의 자연적 생태와 사회적 생태는 서로 어색해 보인다. 조경가 크리스티나 힐Kristina Hill은 깊은 숲이나 습지와 같은 광대한 내부 공간을 지닌 견고한 생태적 지역은 특정 종들에게 있어서 필수적이며 효과적인 생태적 기능에 필요한 전반적 필요조건이라고 주장했다.[15] 하지만 사회적 관점에서 보면, 그러한 지역은 한눈에도 관리하기가 가장 어렵고 산책 외의 다른 프로그램은 최소화되어 있다는 점에서 문제가 많은 공간임이 분명하다. 게다가 생태적 기능은 인간 존재에 의한 교란을 거의 받지 않는 곳에서 가장 좋다. 이것은 단순히 규모의 문제라기보다는 배치의 문제이다. 생태적 기능은 폭과 깊이를 요구하는 반면, 사회적 이용은 공원 경계 부근에서 잘 일어나므로 좁고 긴 공원에서 가장 잘 수용된다. 두 가지 요구가 모두 동일 장소에서 제공될 수 있을까? 아니면 여가 공원은 생태 보존지와 분리되어야 하는가? 불로뉴 숲은 두 개의 구성 단위로 효과적으로 운영되고 있다. 불로뉴 숲의 두 명의 산림 엔지니어 중 한 명인 브리지트 세르Brigitte Seere는 공원을 매시프 포레스티어massif forestier와 호티콜horticole이라는 두 가지 범주로 나누고 있다.[16] 매시프는 진정한 숲에 가깝고 특히 사람을 반기지 않는다. 호티콜은 불로뉴 숲 가장자리에 위치하고 잘 가꾼 잔디, 호수, 코트로 이루어져 있으며 사람들이 있다. 우리는 사회적 기능과 생태적 기능 사이의 이러한 분리를, 어쩌면 각각의 목적을 위해 조성된 공원을 목격할 수밖에 없다.

아마도 정책적 관점에서, 특히 미국에서, 가장 중요한 것은 어떻게 공원의 물리적·재정적 침식의 패턴을 억제하느냐에 관한 질문일 것이다. 물리적 침식은 공원 시설의 사유화를 포함하여 다양한 형태를 취한다. 그러나 그것은 또한 토지 횡령의 형태를 취하기도 한다. 예컨대 지난 세대에 로스앤젤레스 그리피스 파크Griffith Park는 고속도로 건설로 인해 평지의 약 20퍼센트를 잃어 버렸고, 이에 따라 고속도로는 대기 오염과 소음 공해를 발생시켜 인접한 부지의 질을 떨어뜨렸으며 공원을 로스앤젤레스 강과 단절시켰다. 인근의 엘리시언 파크Elysian Park는 경찰 훈련 학교와 다저Dadger 스타디움에게 수백 에이커를 빼앗겼다. 마이애미에서는 베이프론트 파크Bayfront Park 절반이 라우즈 사Rouse Company의 임대차 계약에 의해 사유화되었다. 관리 비용 대부분을 이벤트를 통한 수익에서 충당해야 하는 사적 신탁으로 재정이 넘어갔다. 그 결과 공원에 남아있는 오픈 스페이스의 많은 부분이 입장료를 벌어들이는 콘서트를 위해 펜스로 둘러쳐진 극장으로 바뀌었다.

재정적 침식도 위험에 처했다. 하닉의 『도시 공원의 내면』은 미국에서 가장 오래되고 가장 최고라고 기록된 공원 부서 중 하나를 가진 뉴욕에 관한 흥미진진한 자료를 제시한다.

1987년에서 1996년 사이 뉴욕에서는 인플레이션이 반영되어 공원의 공적 지출이 31퍼센트 하락했다. 여가 프로그램은 더욱 상황이 나빴다. 같은 기간에 관련 예산이 2,000만달러에서 700만달러로 65퍼센트 떨어진 것이다.[17] 1990년대 말에 상황이 조금 나아졌으나, 2001년의 9·11 이후로 도시 예산 상황이 다시 나빠졌다. 게다가 공원들은 수입을 함부로 사용하였고 그 수입의 대부분은 유지 관리나 레크리에이션 비용으로 되돌아오지 않고 있다. 예를 들어 1998년 뉴욕시는 공원 관리국의 토지 사용권, 입장료, 회사 홍보비로부터 3,600만 달러를 모았다. 일례로 배터리 파크에서 식당 사용권으로 70만 달러를, 도시 공원들의 골프 코스 운영자로부터 260만 달러를, 그리고 센트럴 파크에서 신형 '제임스 본드James Bond' 모델을 공개한 BMW로부터 50만 달러를 벌어들였다. 공원위원회Parks Council라 불리는 감시 단체는 공원 관리국이 벌어들이는 매 달러 당 단지 5센트만이 공원으로 되돌아온다고 추정했다. 불행하게도 이것은 미국 전역의 시 예산 운영의 전형이다. 동시에, 도시 내의 공원 공간에 대한 상당한 자본 투자가 있어 왔다. 웨스트 사이드 하이웨이 고가도로 붕괴에 의해 노출된 맨하탄 서부의 6.5마일 길이의 강변은 주목할 만한 공적·사적 개발 사업을 통해 3억6천 불짜리, 550에이커의 허드슨 리버 파크Hudson River Park로 전환되고 있다. 이미 이곳의 1/3 가량이 완공되었다. 그러나 가끔씩 일어나는 거대 자본의 지출 자체만으로는 공원의 광범위한 물리적·재정적 침식을 없앨 수 없다. 더욱이 허드슨 리버 파크는 레스토랑, 헬스 클럽, 미니 골프, 보트 대여, 테니스 코트와 같이 공원 내에서 돈벌이가 되는 사업의 임대에 의존하는 새로운 방식의 경관이 될 것이다. 이는 어쩌면 모든 동시대 공원들을 가장 불안하게 하는 경향일 지도 모른다. 공원은 갈수록 그 자체의 길을 운용해 나가도록 요구받고 있기 때문이다. 공원은 자체적으로 유지 비용을 감당할 뿐만 아니라 수입을 창출하는 소매업, 여가 활동, 엔터테인먼트의 기회 요소가 되도록 설계되고 있다. 목가적 공원은 시대에 뒤떨어진 것이 되었다. 공원은 이제 집약적 프로그램과 수많은 수입 창출 활동을 지닌 상업적 경관이나 엔터테인먼트 목적지처럼 여겨지고 있다. 아마도 이 중 몇몇은 해롭지 않을 것이다. 수입 중 상당한 비율이 유지 관리와 여가 활동을 위해 확보될 수 있다면, 이것은 심지어 유익하기까지 하다고도 볼 수 있다. 또한 수입 창출은 사회적 기능과 생태적 기능을 동일한 대형 토지 구획 내에서 결합시키는 틀을 제공할 수도 있다. 프로그램을 통한 수입은 중요한 생태계를 보존하거나 조성하는 비용을 보충하기 위해 사용될 수 있다. 그러나 자기 부담 방식이 이끄는 곳은 어디인가? 국립 공원으로 전환되고 있는 폐쇄된 군기지인 1,480에이커 넓이의 샌프란시스코 프레시디오Presidio는 2013년까지 지대와 임대료를 통해 재정적으로 자급자족하도록 요구받고 있다. 이는 국립 공원이 지대를 지불하는 주거지, 상점, 그리고 업무지로 설계되는 최초의 사례이며, 공원 에이전시인 프레시디오 신탁Presidio Trust이 연간 3,700만불로 추정되는 비용의 전부를 충당할 재정을 확보하든지 부지를 개인 개발업자들에게 헐값에 팔아치우든지 하는 상황에 직면한 첫 번째 사례이다. 이는 궁극적인 사유화의 한 사례이며, 아마도 부유한 시민들의 세금을 줄여주는 반면 가능한 한 공적 투자를 낮게 유지하고자 하는 퇴보적 사회·경제 정책의 필연적 결과일 것이다.

우리가 이러한 생각에 직면하여 의지할 만한 어떤 방편을 가지고 있는가? 공원은 이미 셀 수 없는 경제적 이익을 도시에 제공하고 있다. 두 가지만 열거하자면, 늘어난 자산 가치와 그에 따른 주변 지역의 수익 향상, 그리고 세금을 내는 사업과 주거지 경쟁에서 녹지가 적은 다른 도시들에 비해 이런 도시가 가지는 이점이다. 자체적인 운용을 기대하기는 어렵지만, 도로, 상수도, 하수도와 같은 공공 기반시설에 대한 사용 요금을 부과할 수도 있다. 그러나 공공 공원의 경우에 있어 사용 요금은 여가와 오픈 스페이스 기회에 대한 불공평한 접근이라는 문제를 낳는다. 공원은 한때 실제 여가와 도덕적 개선의 장소로서 그것만의 목적을 위한 가치가 있다고 여겨졌었다. 대형 공원은 이제 공원이 포함하기를 바라지도 못하며 완전히 표현할 수도 없는 인구학적·정치적·경제적 전환에 휩쓸리고 있다. 19세기의 대형 도시 공원 조성을 합리화했던 사회 공학social engineering이라는 확신에 찬 수사rhetoric는 쇠퇴되어 왔고, 아직 설득력 있게 대체되지 못하고 있다. 우리는 방해 없이 공공 공원으로 접근할 수 있는 것이 환경적 정의의 필수 요소라는 사실을 굳건히 할 필요가 있다. 우리는 공원을 필수적 도시 기반시설의 일부로, 기능하는 도시 사회 시스템의 핵심적 특징으로 교정할 필요가 있다. 우리는 기후 완화, 우수 침투, 생물학적 다양성을 위한 기회를 제공하기 위해 공원의 생태적 시스템으로서의 잠재력을 극대화할 필요가 있다. 우리는 공원을 단순한 혹은 주된 수익원으로서가 아니라 민주주의의 생생한 실험실로 증진시켜야 한다. 우리가 가족과 이웃의 보호에서 벗어나 오늘날 도시 인구를 구성하는 이질적인 사람들—심지어 논쟁적인 대중과 반대중counterpublic—을 만나게 되는 장소로서 말이다. 공원은 우리의 포용력과 차이를 인정하는 능력의 한계를 시험하는 장소이다. 명백하지는 않지만 매우 중요한 점은 공원이란 사람들이 공공 공간에서 그들만의 의미와 이용을 만들어낼 수 있도록 기회를 제공하는, 경쟁과 투쟁을 위한 필수 공간을 제공한다는 점이다. 공원의 결점이 무엇이건 간에 공원은 민주주의적 사회 생활이라는 삐걱거리는 기계에 기름칠을 해 주며 예기치 않은 상호 작용을 갖는, 가장 믿을만한 장소 중 하나로 남아 있다.

notes

1 Katherine Anderson, "Large Parks: New Perspectives: Case Study: Bois de Boulogne," unpublished manuscript (2003), 11, 20.

2 지나 포드(Gina Ford)와의 개인적 대화. 지나 포드는 2003년 하버드대학교 설계대학원에서 열린 전시와 컨퍼런스인 Large Parks: New Perspectives를 위해 뒤스부르크-노드 파크를 연구했다.

3 마리오 쉬젯난(Mario Schjetnan)과 필자의 대화, 2006년 2월.

4 차풀테펙 파크에 관한 데이터는 마리오 쉬젯난과의 개인적인 대화에서 얻음, 2006년 2월. 이는 국립 멕시코 자율 대학교(National Autonomous University of Mexico)의 도시학 프로그램에서 수행한 공원에 관한 미출판 연구에서 비롯되었다.

5 Don Mitchell and Richard Van Deusen, "Downsview Park: Open Space or Public Space?" in Julia Czerniak, ed., *Downsview Park Toronto* (Munich and Cambridge, MA: Prestel and the Harvard University Graduate School of Design, 2001), 103.

6 Micheal de Certeau, "Walking in the City," in *The Practice of Everyday Life* (Berkeley: University of California Press, 1988), 107.

7 Caroline Chen, "Large Parks: New Perspectives; Case Study: Tiergarten," unpublished manuscript(2003), n.p.

8 레베카 스터게스(Rebekah Sturges)와의 개인적 대화. 그녀는 Large Parks: New Perspectives를 위해 보스 파크를 연구했다.

9 Peter Harnik, *Inside City Parks* (Washington, D.C.: Urban Land Institute and Trust for Public Land, 2000), 20.

10 이 문단과 다음 문단에 나오는 티주카에 관한 정보는 다음에서 참고했다. Darren Sears, "Large Parks: New Perspectives; Case Study: O Parque Nacional de Tijuca," unpublished manuscript(2003), 11-13.

11 리우의 프로그램에 관해서는 다음을 참조할 것. Rodolfo Machado, ed., *The Favela-Bairro Project: Jorge Mario Jauregui Architects* (Cambridge, MA: Harvard University Graduate School of Design, 2003), and *Transforming Cities: Design in the Favelas of Rio de Janeiro* (London: Architectural Association, 2001).

12 불로뉴 숲의 매춘에 관한 정보는 다음에서 구했다. Anderson, "Bois de Boulogne," 12, 22; 마드리드의 매춘에 관한 정보는 라라 로즈(Lara Rose)와의 대화에서 알게 되었다. 라라 로즈는 "Large Parks: New Perspectives"에서 카사 데 캄포(Casa de Campo)를 연구했다.

13 Rosalyn Deutsche, "Uneven Development: Public Art in New York City," *October* 47 (1988): 3-52.

14 Robert Garcia, presentation, Large Parks: New Perspectives, April 2003.

15 Kristina Hill, "Urban Ecologies: Biodiversity and Urban Design," in Czerniak, ed., *Downsview Park Toronto*, 94.

16 Anderson, "Bois de Boulogne," 15.

17 뉴욕의 재정 데이터는 다음에 요약되어 있다. Harnik, *Inside City Parks*, 14.

7장

그림 1. 제임스 코너/필드 오퍼레이션스, 싱가폴만 정원, 맹그로브(mangrove)림 근처의 보트 이벤트, 2006

가독성과 탄력성
Legibility and Resilience

줄리아 처니악Julia Czerniak

크기의 문제

"21세기형 공원"을 설계하는 것은 1983년 파리 라빌레뜨La Villette 공모전과 함께 시작되었다. 그러한 선구적 시도는 약 25년의 세월이 흐른 뒤 북미 지역에서 토론토의 다운스뷰 파크Downsview Park(640에이커, 1999), 뉴욕 스테이튼 아일랜드의 프레쉬 킬스 매립지Fresh Kills Landfill(2,200에이커, 2001), 시카고의 노스 링컨 파크North Lincoln Park(1,000에이커, 2003), 그리고 가장 최근인 LA의 오렌지 카운티 그레이트 파크Orange County Great Park(1,000에이커, 2006)와 같은 장소에서 계속되고 있다. 이들 프로젝트 각각은 설계가들에게 미래지향적 사고를 요청하고 있고, 더불어 동시대 공원의 역할과 그 외형에 대한 진지한 성찰을 촉구하고 있다. 주목할 만한 점은 최근 10년간의 이 프로젝트들이 도심의 초대형 부지에서 일어났으며, 거대함, 상상적 사고, 동시대 도시간의 제휴를 제안했다는 점이다. 다운스뷰 파크와 프레쉬 킬스의 당선작인 "트리 씨티Tree City"와 "라이프스케이프Lifescape"는 설계가들과 동시대 대형 공원의 설계 전략을 찾는 많은 사람들에게 널리 참조되고 있다. 특히 최근 몇 년간 여러 국제적 프로젝트들에서도 유사한 양상을 볼 수 있다. 예를 들어, 국제적으로는 제임스 코너/필드 오퍼레이션스James Corner/Field Operations의 싱가폴만 정원Singapore Gardens by the Bay(2006)과 라츠+파트너Latz+Partner의 텔 아비브Tel Aviv 아얄론 파크Ayalon Park(2005), 그리고 미국 내에서는 하그리브스 어소시에이츠Hargreaves Associates의 오렌지 카운티 계획안(2005)과 클레어 리스터Clare Lyster의 시카고 노스 링컨 파크 당선작(2003) 등이 있다(그림 1). 접근 방식은 다양하지만, 이 공모전 출품작들은 대형 공원이 동시대 도시에서 수행하는 사회적 · 생태적 · 생성적 역할에 있어서 필수적인 두 가지 특성을 공유하고 있다. 가독성legibility과 탄력성resilience이 그것이다.

가독성이란 복잡하지 않은 용어인데, 일반적으로는 육필과 같이, 읽혀지거나 해독되는 어떤 능력을 가리킨다. 조경 분야에서 설계 작품을 읽는 것은 텍스트적·생물학적·조직적·방법론적 논리들을 이해하는 것이라고 규정될 수 있다. 대형 공원의 맥락에서 가독성은 어떤 프로젝트의 의도(진화와 목적)와 정체성(두드러진 특성과 조직)과 이미지(목가적이든 탈산업적이든지 간에, 그 외형과 마케팅 전략)가 이해될 수 있도록 해 주는 능력이다. 가독성의 개념은 공원 설계로부터 설계 프로세스로까지 확장된다. 달리 말하자면, 공원이 실현되기 위해서는 공원에 비용을 지불하고 공원을 이용하는 사람들에게 공원이 읽혀질 수 있어야 한다는 것이다. 이러한 가독성은 설계적 도전이다.

탄력성은 더 복잡한 특질이다. 가장 보편적인 의미로, 탄력성은 "좋다" 또는 "나쁘다"라고 지각되는 변화로부터 회복되거나 그 변화에 적응하는 능력을 말한다. 여기서 탄력성은 특성(인간의 경우)과 행태(물질의 경우) 모두에 있어서 긍정적 속성으로 여겨진다. 생태학적 개념으로서의 탄력성은 하나의 시스템이 강풍, 해충 출현, 화재 등과 같은 교란disturbance을 경험한 후 눈에 띌 만큼 안정된 상태로 되돌아갈 수 있는 능력이다.[1] 전통적이지는 않지만 보다 유용한 생태학의 정의에 따르면, 탄력성은 "도전받는 조건에 맞서서 적응할 수 있는 능력"[2]이다. 생태계 탄력성의 중요한 척도는 초원이 사막으로 바뀌듯이 불안정성이 그 생태계를 또 다른 행동 체제로 "전복시키기" 전에 그 기능을 유지하면서도 흡수할 수 있는 교란의 총량이다.[3] 대형 공원을 개념화하고 계획하고 설계하고 관리하는 하나의 수단으로서 탄력성을 이러한 생태학적 의미로 생각하는 것은 유용하다. 공원의 탄력성 역량은 공원의 조직 시스템과 논리—인프라스트럭처, 형태, 작동 방식—에 대한 전략적 설계에 달려 있다. 전략적 설계는 변화를 수용하고 촉진하면서도 설계적 감성을 유지하게 해 준다.

그러나 생명계 내의 복잡성complexity을 고려한다면, 니나-마리 리스터Nina-Marie Lister가 설명하듯, "생태학적 개념으로서의 탄력성은 실증적 특질이 아니라, 한계선 시행착오 기법과 모니터링 및 계획·설계 평가를 통한 피드백을 포함하는 의사 결정을 이끄는 데 유용한 체험적 특질이라고 생각된다."[4] 이러한 방식으로 대형 공원이 그 정체성을 유지하면서도 다양하고 변화하는 사회적·문화적·기술적·정치적 열망을 수용할 수 있는 능력이 탄력성의 특성이다. 탄력적 공원의 관점에서 중요한 것은 설계와 관리 모두에 있어서 효율성과 지속성, 불변성과 변화, 예측가능성과 예측불가능성 간의 긴장이다.[5] 물론 서로 차이는 있겠지만, 내가 앞에서 언급했던 공원 계획안들과 그 이전 시기의 몇몇 아이콘적 대형 공원들은 경관이 흡수할 수 있는 스케일, 범위, 교란의 정도 등이 설계를 위한 도전과 기회 모두를 성립시킨다는 점을 보여준다.

이 장은 세 가지 의도를 지니고 있다. 첫째, 지난 2세기간 북미의 공원과 도시 사이의 변화하는 관계를 맥락과 열망의 차이점에 초점을 맞춰 그려내는 것이다. 둘째, 프레쉬 킬스 매립지와 다운스뷰 파크 및 최근의 다른 몇몇 프로젝트와 같은 대형 도시 공원의 가독성과 탄력성에 대해 논의하는 것이다.[6] 마지막으로, 동시대 도시에서 대형 공원이 수행할 수 있는 역할을 면밀히 검토하는 것이다. 성공적인 대형 도시 공원들은 가독성이 있고 탄력적이다. 공원과 도시의 관계, 공원 설계의 감성, 그리고 공원을 만드는 사람들의 생각은 크게 달라져 왔지만, "공원" 은 결코 구시대의 폐물이 아니다.

대형 공원과 도시: 변화하는 관계

대형 도시 공원을 논의하기 위해서는 반드시 도시에 대해 논의해야 한다. 갈렌 크랜츠 Galen Cranz는 공원 설계에 관한 자신의 저서에서 "공원의 모든 기능은 대부분 그 도시의 비전에 의해 결정될 것이며, 도시가 어떻게 보여져야 하는가는 결코 분명하지 않다"[7]고 제시한 바 있다. 도시가 어떻게 보여지는가—형태적 · 공간적 조직으로, 프로그램과 사건의 배열로, 일련의 문제점과 기회로, 물질 대사의 유기체로, 또는 정치적이고 행정적인 조직체로— 하는 점은 공원과 도시의 변화하는 관계를 이해하는 데 결정적이다.

센트럴 파크를 조성하기 반세기 이전, 1811년 행정관의 계획에 묘사된 뉴욕시의 미래 비전은 언덕, 시냇물, 연못, 늪지가 격자형 가로망 위에 중첩된 모습이다. 이 계획은 7개의 광장과 1개의 퍼레이드 부지로 구성된 450에이커의 땅을 공원에 할당하고 있다. 완화되지 않는 과밀과 위생 문제를 두려워한 시민 지도자들은 대형 공원 조성을 위한 로비 활동을 시작했다.[8] 그러한 공간은 미국의 도시화 초기 단계에서 쉽게 구할 수 있었으며, 그 시기에는 대부분의 경우 공원이 도시보다 먼저 만들어졌다. 센트럴 파크를 843에이커로 확장하는 것은 산업 도시로부터 구원을 주는 공원의 주된 역할을 충족시키고 픽처레스크 기하학을 구축하는데 요구되는 공간을 제공하기 위해 필요하다고 여겨졌다. 프레드릭

로 옴스테드Frederick Law Olmsted와 칼베르 보Calvert Vaux의 1858년 공모전 당선작인 "그린 스워드Greensward"는 상세히 잘 알려져 있다. 하지만 여기서 다시 끄집어내는 것은 매우 빈번히 잘못 설명되고 있기 때문이다. 옴스테드의 철학을 단순히 도피주의로 여기고 19세기 공원을 도시와 분리된 것으로 여기는 것은 잘못된 논쟁이다. 센트럴 파크의 성공적 전략은 오늘날의 대형 공원 조성에도 여전히 유효하기 때문이다. 비록 이 공원은 거친 도시 조건으로부터 위안을 제공하기 위해 농촌 경관의 효과를 내도록 설계되었지만, 옴스테드와 보가 구상한 공원과 도시의 관계는 그처럼 단순한 반대 의견보다는 더 복합적인 것이었다. 조경사가이자 비평가인 엘리자베스 마이어Elizabeth K. Meyer가 지적하듯이, "센트럴 파크는 자연의 장소였지만, 결코 반도시적 장소는 아니었다."[9] 몇 가지 사례들이 이를 예증해 준다. 첫째, 센트럴 파크는 도시—"기분 전환이 부재한" 가운데 자연이 회복의 효과를 낼 수 있는 장소—로부터의 휴식처인 동시에, 도시 발전의 자극제이기도 하다.[10] 옴스테드는 공원 조성과 도시 조성 간의 관계를 이해했다. 초기의 토지 비용이 공원 주변부의 필연적인 개발로 인해 그 이상으로 보상될 것이라고 이해한 것이다. 둘째, 그 공원은 상당한 양의 공사를 통해 만들어지는 인공적 장소인 동시에, 도시의 기능과 현실이 무성한 녹음에 의해 차단된 자연의 이미지이다. 공원의 외형은 중요하다. 매우 강하게 읽혀지는 공원의 형상적 공백figural void은 공원이 녹색 오브제로서 수용되는 데 기여한다. 사회적 · 레크리에이션적 · 인프라스트럭처적 의제들이 기억 속에서 사라지고 난 오랜 뒤에도, 공원의 이미지는 공원의 주요한—지나치게 일반화되지 않는다면— 역할로 남아있을 것이다(그림 2). 셋째, 센트럴 파크는 미래 도시의 기능적 수요(예컨대 지하 횡단 도로를 통한 교통)를 수용하며, 동시에 내부 도로와 보행로 조직에서 보이는 픽처레스크 경관의 형태적 필수 요건을 받아들인다. 첫 번째 전략은 격자망을 확장하고, 두 번째 전략은 격자망에 저항한다.

옴스테드는 훌륭하게도 횡단로를 지하로 내리고 평면과 단면에서 순환로를 분리시켰는데, 이는 공원의 탄력성을 가능하게 하였다. 150년간 공원의 녹지 상당 부분을 변형시켜 온 프로그램과 개발 압력에도 불구하고, 공원의 핵심적 감성—방문자가 아무런 방해 없이 발로, 자전거로, 자동차로, 말로 움직일 수 있는 점—은 지속되어 왔다(그림 3). 다른 생명계와 마찬가지로 센트럴 파크는 생태적으로든 문화적으로든 획일적이거나 정태적이지 않다. 공원 본래의 기

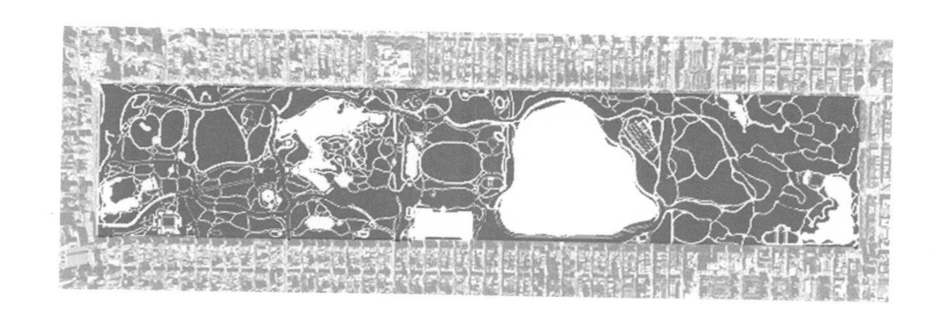

그림 2. 녹색 오브제로서의 센트럴 파크(위)
그림 3. 설계되었을 때와 현재 이용되고 있는 센트럴 파크 동선 전략(아래)

반이 되는 틀은 메트로폴리탄 미술관Metropolitan Museum of Art과 같은 건물의 증축, 저수지로부터 공놀이를 위한 대형 잔디밭Great Lawn으로의 공간의 전환, 그리고 산책로Ramble가 사람과 새 모두를 위한 장소가 되도록 하는 관리 전략의 변화 등을 공원의 핵심적 특성을 파괴하지 않으면서 가능하게 했다.

옴스테드의 시대 이래로 북미에서 공원의 도시적 맥락은 급격히 변화해 왔다. 『포스트메트로폴리스*Postmetropolis*』에서 도시 비평가 에드워드 소자Edward Soja는 세계화와 경제적 구조 조정의 결과로 발생한 도시 형태의 새로운 패턴에 대해 고찰한다.[11] 그는 재구성되고 있는 공간의 조건을 설명하기 위한 일련의 용어로 거대 도시Megacity, 외부 도시Outer City, 경계 도시Edge City를 제시하는데, 이는 각각 경관적 함의를 지니고 있다. "다중심주의적이고 변화무쌍한 사회-공간 구조체"로 특징지어지는 거대 도시 또는 "세계 최대 도시 응집체의 엄청난 인구 규모"는 도시를 전통적으로 정의하는 특징인 조밀도가 더 이상 적합하지 않은 광대한 도시 경관을 생산해낸다(그림 4).[12] 외부 도시는 "교외의 도시화를 수반하는 과정에서 생겨나는데," 외부 도시는 자동차와 단독 주택과 개인 정원을 중심으로 하는 특유의 공간적 여건이나 라이프스타일과 함께 조경 공간의 사유화를 야기한다.[13] 경계 도시는 "잔디밭과 주차장에서 격리되고, 마치 버섯처럼 경관이 점적으로 배치되는… 건물들"을 의미하며, 그 형태는 다중적 핵을 만들어내는 상가와 사무 공간에 의해 좌우된다.[14] 이러한 용어들은 모두 대도시의 독특한 조직적 형태의 우세가 사라짐을 의미하며, 이는 대형 도시 공원에 대한 근본적인 재고를 요청한다.

경관landscape이 그러한 도시 형태들의 요소로 부각되고 있다는 점이 널리 인식되고 있다. 특히 랜드스케이프 어바니즘landscape urbanism과 같은 건축과 조경의 하위 분야가 등장하면서 더욱 그러하다. 가장 많이 인용되는 예로, 네덜란드 건축가 렘 콜하스Rem Koolhaas는 애틀란타Atlanta에서는 인구 밀도가 "거주지의 듬성듬성하고 얇은 카펫 형태…"로 대체되었으며, "그 강력한 맥락적 조건은 식생과 인프라스트럭처, 즉 숲과 도로"라고 주장하면서, "경관"을 애틀란타의 모든 것을 기술하는 용어로서 사용한다(그림 5).[15] 그러나 공원 그 자체는 사회적 프로그램, 도시의 쾌적성, 그리고 생태적 감성과 연관되며, 도심부의 남는 경관 내에서 도심 공간의 4% 미만을 차지한다. 이러한 설명은 의문을 불러일으킨다. 경관이 모든 곳에 있는 분산된 형태의 대도시에서 도시 공원은 위기에 처해 있는가? 다운스뷰 파크의 설계자 중 한 명인 그래픽 디자이너 브루스 마우Bruce Mau는 다음과 같이 제안한다. "공원을 상상한다는 것은 도시적 조건을 가정하는 것이다. 프레드릭 로 옴스테드가 센트럴 파크를 상상했을 때, 그는 그 공원이 결국 영감을 주고 유지되어갈 맥락을 상상했다."[16] 동시대 대도시의 맥락을 상상하는 것은 공원 설계가에게 매우 중요하다.

그림 4. 대규모 도시 덩어리의 밤 모습, 북미(위)
그림 5. 애틀란타와 같은 북미 도시에서 볼 수 있는 경관의 잉여(아래)

공원의 미래 역할에 대해 전망하며 역사학자 샘 배스 워너Sam Bass Warner가 기술한 바와 같은 북미의 19세기 도시 공원과 21세기 도시 공원 부지에 대해 생각해 보자. 산업 도시는 혼잡, 질병, 긴 노동 시간이 특징인 반면, 동시대 도시는 "토지의 혼잡이 아니라 공공 및 사유 오픈 스페이스의 과도한 풍부함에 의해, 국지적 문제뿐만 아니라 국가적이고 국제적인 환경 문제에 의해, 상상적 이미지가 아니라 상업적으로 고려되는 공상적 삶에 의해"[17] 구별된다. 워너는 더 나아가 현재의 도시적 맥락은 공간적 · 사회적 단절, 파편화된 권위, 개별적 관심의 증가, 정체성의 결여 등을 나타내고 있다고 주장한다. 일련의 도전이 아닐 수 없다.

이처럼 종래와는 다른 도시적 맥락이 갖는 명백한 함의는 새로운 공원 부지—그 형상, 경계, 내부 등—의 구성configuration이다. 센트럴 파크나 골든 게이트 파크처럼 도시와의 관계 속에서 조성되었거나 도시의 생성 이전에 출현했던 공원은 강하고 쉽게 기억될 수 있는 도형적figural 형태를 지닌다. 개간된 산업 황폐지나 폐쇄된 공항처럼 오늘날 도시에서 이용 가능한 토지는 불규칙하게 구획되어 있기 때문에, 공원의 구성은 단순히 선택되어진 것 이상을 강요하고 있다. 이러한 점은 주어진 영역을 넘어서 설계가 확장되는 프로젝트에서 한층 문제시되고 있다. 예컨대 베르나르 츄미Bernard Tschumi의 다운스뷰 파크 계획안은 공모전의 대상지 범위를 넘어서 인근의 강 골짜기까지의 연결을 제안하는데, 이는 공원의 영역을 읽혀지기 어렵게 만든다. 그러므로 공원의 경계를 인식하는 데에서 비롯되는 공원의 가독성에 대한 질문—어디가 공원인가?— 외에도, 관례적이지 않은 구성을 취하고 있는 대형 공원 계획안들은 또 다른 불확실성—"공원이 어떻게 보이는가?" 와 "공원이 무엇을 할 수 있는가?" —을 야기한다. 이러한 질문들은 설계가로 하여금 공원 및 주변의 시각적 관계와 공원의 작동을 조화시키도록 요청한다.

이러한 대규모의 토지를 하나의 부분으로 포함하는 동시대의 도시 모자이크urban mosaics는 사회적으로 그리고 프로그램적으로 파편화되기 일쑤이다. 이는 생물 다양성을 유지하기 위한 경관의 핵심 성분인 네트워크, 코리더, 연결성 등 생태학적 관점이 부여하는 도전이다. 부지 그 자체는 퇴화되고 대개는 개선을 필요로 한다. 그러나 이러한 불규칙적 구성은 실제로는 자산이다. 재개발된 덴버시의 스테이플턴Stapleton 비행장을 통해 흐르는 모양의 형상처럼 계획된 공원은, 생물종의 분배를 용이하게 해 주는 최적의 패치patch 구성을 그린 경관생태학자 리처드 포먼Richard Forman의 스케치와 짝을 이룬다(그림 6).[18]

동시대의 대형 공원 부지는 또한 밀도에 대한 질문을 제기한다. 예컨대 사유 오픈 스페이스가 풍부하고 인구가 밀집되기보다는 분산되어 있는 토론토에서, 공원은 누구를 위한 것인가? 다운스뷰 파크 부지는 광역 토론토 지역권의 인구가 20년 후에 2백만 명 이상으로 성장할 것이라는 예측 하에서만 대형 공원에 부합한다. 토론토시 전 도시설계국장 로버트 글로버Robert Glover는 "도시의 주요 잠재적 교외 집중 지역의 한복판에 위치한 것" 으로 공원 부지를 설명하며, 공원은 도시를 강화하기 위한 토론토시의 시도에 있어서 중요한 역할을 할 것이라고 단언한다.[19] 과거의 공원들과는 매우 달리 다운스뷰 파크의 애초의 목적 중 하나는 과밀로부터 안식을 얻는 것이 아니라 밀도를 생산하는 데 기여하는 것이다.

동시대 도시에서 대형 공원은 복잡하고 때로는 이론의 여지가 있는 부지의 역사와도 싸워야 한다. 옴스테드와 보는 센트럴 파크를 만들기 위해 바위와 습지를 변형시킨 반면, 프레쉬 킬스나 다운스뷰와 같은 대형 공원의 동시대 부지는 이미 각각 습지에서 매립지로, 그리고 숲에서 들판과 공군 기지로 변해 왔다. 그러한 적층된 복잡성에 직면해서 설계가는 어느 조건을 다루고 어느 조건을 무시할 것인 지 결정해야 한다. 게다가 그러한 층위들은 중립적이지 않으며 사회적이고 정치적인 의미를 띠고 있다. 예를 들어서 독일의 뒤스부르크-노드 파크 설계는 제 2차 세계대전기간 동안의 나치와 그 부지 관계에 대해 일말의 언급도 회피하고 있다.[20]

마지막으로, 경제적이고 정치적인 도전들은 시대와 무관하게 늘 설계 프로세스의 일부였지만, 그러한 도전들을 둘러싼 맥락은 변해 왔다. 19세기에는 공원이 동급의 엘리트에 의해 계획되어 있음이 분명하지만 그 개인들간의 긴장이 존재했으며, 옴스테드는 센트럴 파크가 진화하는 과정에서 뉴욕시 정치가들에 의해 일곱 차례나 해고되기도 했다. 오늘날 대형 공원 설계에는 거의 대부분 대중의 참여가 수반되며, 계획안은 계획과 설계 과정에 사회적 · 문화적 · 기술적 · 생태적인 면을 계속 더 주문하는 공공의 정기적 리뷰를 비정상적일만큼 많이 거친다. 피드백에 가장 탄력적으로 대처할 수 있는 계획안이 가장 잘 살아남을 것이다.

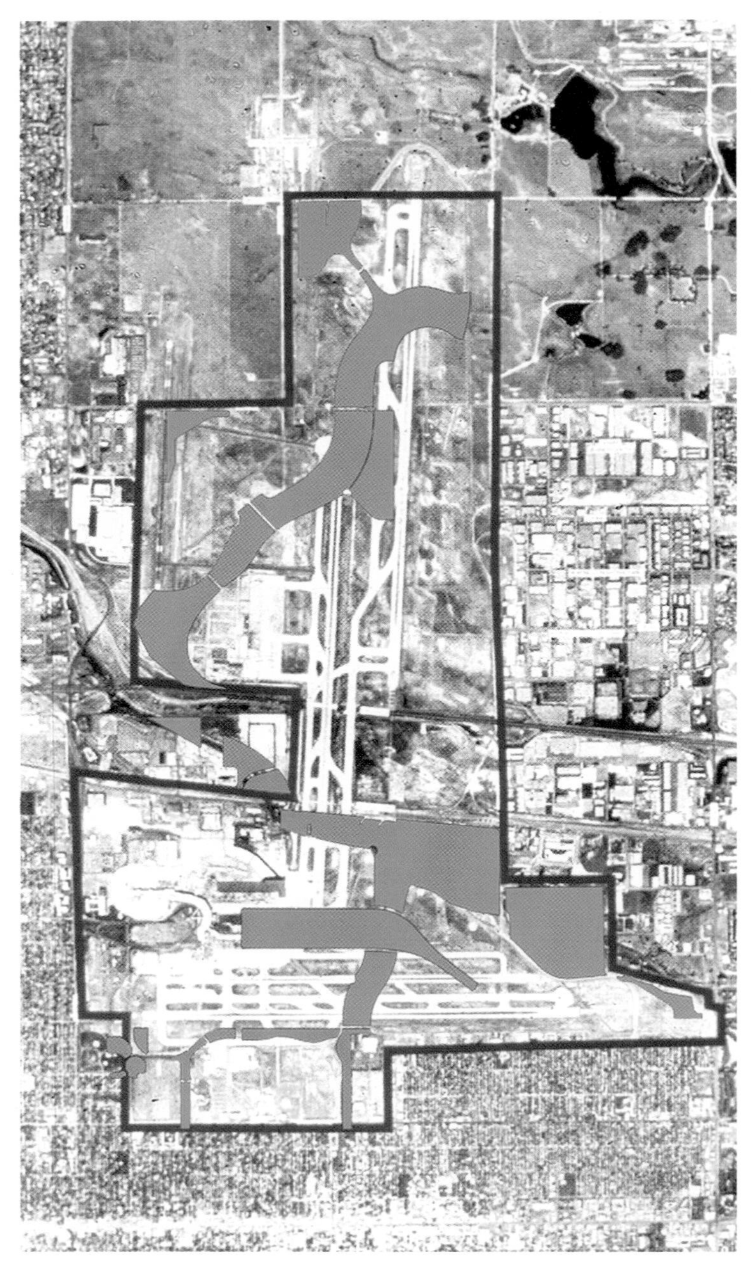

그림 6. 헤더 바스케즈(Hether Vasquez)와 니콜라스 리고스(Nicholas Rigos), 재개발된 스테이플턴 공항 부지를 통해 흐르는 공원 시스템 제안 다이어그램

뉴욕시/프레쉬 킬스 라이프스케이프

뉴욕시는 이러한 동시대의 도전들에 공원이 어떻게 대처해야 하는 지 시험하기에 적절한 맥락이다. 센트럴 파크가 건설 중이었을 때 뉴욕시 거주의 중심은 공원 부지로부터 2.5마일 남쪽이었다. 현재 공원은 뉴욕 광역권에 완전히 흡수되었다. 덩어리와도 같은 뉴욕 광역권은 31개 카운티를 가로질러 펴져 있고, 3개의 주와 맞닿아 있으며, 2천 1백만 명 이상의 인구가 거주하고 있다. 미국에서 가장 큰 쓰레기 매립지가 이곳에 위치한다는 것은 놀라운 일이 아니다. 놀라운 것은 프레쉬 킬스 매립지를 뉴욕에서 가장 큰 공원인 "라이프스케이프lifescape"로 변화시키면서 행해진 지속적인 프로세스이다.

라이프스케이프는 쓰레기 매립지를 공원화하는 토지 재생 프로젝트로 진행된 2001년의 2단계 국제 설계 공모 당선작이다. 제임스 코너/필드 오퍼레이션스가 이끈 라이프스케이프 프로젝트 팀은 공모 지침서가 목표로 내세운 일련의 도시 문제를 성공적으로 다루었다. 사회적으로 그리고 생태학적으로, 라이프스케이프는 국지적 부지부터 광역권에 이르는 크고 작은 스케일의 연결connection을 창출하며, 레크리에이션과 교육의 기회는 물론 사람, 물, 야생동물의 흐름flow을 제공한다. 기술적으로, 이 공원은 매립지에 대한 모든 규정을 준수하며, 동시에 단순히 당대가 아니라 매립 프로세스 전체에 반응하는 단계적인 공공의 이용을 만들어낸다. 미학적으로, 이 계획안은 토지 재생 프로젝트로 수행되는 부지의 독특한 특징을 노출하고 있으며, 외형적으로는 초지로 보일지라도 종합적 성격 면에서는 자연 속에서 철저하게 도시적이다.

2001년의 공모전 제출안과 이를 발전시킨 2006년의 마스터플랜 초안을 이끈 도시에 대한 개념은 도시와 공원의 관계를 구별과 대립으로 본 19세기적 렌즈와 다르다. 19세기적 관점의 공원, 즉 "부드럽게 굽이치며, 고결하고 목가적인 자연"이 있는 센트럴 파크와 같은 공원은, 코너의 표현을 따르자면, "도시화의 부정적 효과로부터 일시적 유예를 제공하는 거대한 그릇"[21]으로 설정된 것이었다. 이와는 달리 동시대 도시는 물질 대사가 이루어지는 과학기술적 기계로 여겨지는데, 샌포드 크윈터Sanford Kwinter는 이를 주위 환경의 정보를 흡수하고 교환하는 능력을 통해 적응하고 유연하게 진화하는 "소프트 시스템soft system"이라고 부른다.[22]

그림 7. 제임스 코너/필드 오퍼레이션스 등, "라이프스케이프," 프레쉬 킬스 공모전 당선작, 공원 조감도

라이프스케이프는 이 역동적 상호 관계의 일부로 자체의 위상을 설정하는데, 그러한 때 공원은 도시의 시공간적 상호 작용의 유사물이다. 코너팀이 "자연의 스프롤"이라 지칭하는 것은 "더 이상 우리가 바라보는 이미지가 아니라 우리가 거주하는 장"으로 자연을 설명하는 그들의 주목할 만한 자연관을 뒷받침해 준다.[23] 자연을 "박테리아 기계"로 보는 그들의 기술적 자연관은 "자연의 목가적 관념에 낭만적으로 얽매이지 않고 자연계의 논리와 생태학적 피드백의 역학을 이동하게 해 주는" 프레쉬 킬스의 메마른 땅에 "새로운 생명 형태의 기회"를 약속해 준다."[24] 계획안은 "다양한 시스템을 각색하고 다양한 사건의 생태와 형태의 복합적 조직이 작용되도록 해 주는 창발적 군집 형성의 인프라스트럭처 전략"이다.[25] 이 안은 토양 개선, 사면 안정화, 외래종 제거, 초지 조성, 수종 도입,

적응적 관리에 의해 경관 생태를 구축하기 위한 천이 전략을 아우르고 있다. 시간이 흐름에 따라 서식지 유형들이 다량의 자생종과 함께 부지의 특정한 특성에 반응하여 프레쉬 킬스 전반에 걸쳐 나타나게 될 것이다. 예를 들어, 보호 지역인 북쪽의 습한 사면에는 혼합 낙엽 수림대를 형성하는 반면, 건조하고 노출된 남쪽 사면은 가뭄에 잘 견디는 초지와 소나무/떡갈나무 삼림지로 식재된다. 그 결과는 다양한 스케일에서 생태적 · 사회적 상호 연결을 보장해 주는 경관이며, 그러한 경관은 부지의 경계를 넘어 확장되면서 도시 모자이크의 단편화를 해소해 준다. 라이프스케이프는 이질적 부분들을 함께 엮어주며 섬 전체를 변모시키는 촉매제로서의 경관을 꿈꾼다. 라이프스케이프의 힘은 스테이튼 아일랜드Staten Island를 맨하탄의 그림자로부터 해방시키고 보다 활력 있는 도시로 바꾸어줄 것이다.

조경 계획안으로서 라이프스케이프는 스테이튼 아일랜드를 더 이상 역사적 도시 중심에 의존하지 않으면서 고유의 강력한 장소로 개조한다는 목표의 측면에서 신뢰를 준다. 그러나 자연/도시의 이분법적 대립에 명백하게 반대하는 논쟁에도 불구하고 이 공모전의 "이미지"는 변명의 여지없이 자연적인 모습으로 보이는데, 이는 코너 자신이 비판했던 부드럽게 굽이치는 자연의 모습과 다를 바 없다(그림 7). 순환 동선 계획, 서식처 복원, 단편화의 해소 전략, 두드러진 외부적 광경 등은 라이프스케이프를 도시와 긴밀하게 만들어 준다. 그럼에도 불구하고 이 계획안은 매립지를 나타내거나 그 경관 고유의 인공성을 드러내지도 않는 선택을 통해 강화된 관리 전략을 바탕에 둔 복원의 노력으로 이해될 수 있다. 코너가 제안한 전략들은 자연을 총체적 통합체로 보고자 하는 최근의 경향 때문에 그 비판적 힘을 잃게 되었다.[26]

그러나 당선작의 평면도의 상세—예컨대 중요한 공간을 감싸기 위해 사면을 따라 내려가는 숲 실타래, 식재를 지지하는 빗질한 모양의 지형, 침전지 속의 원형 관목림 등—를 보다 면밀하게 살펴보면, 그 각각은 단순히 자연주의가 아닌 일종의 조형성plasticity과 구축성constructedness을 지니고 있다(그림 8). 필드 오퍼레이션스는 가독성과 탄력성의 측면에서 분명히 공원의 이미지(어떻게 보이는가)보다는 공원의 정체성(차별화된 특성)에 더 관심을 두었다. 공모전 출품작에서 이 팀은 생태적 피해를 치유하고 부지에 생물종, 프로그램, 프로세스의 다양하고 자립적인 혼합물을 가져다 주는 공원의 역할을 인식했다. 그들은 또한 또 다른 과제를 인식하고 있었다. 장기간에 걸쳐 공원을 유지하고 양성해 나가기 위한 지지자를 만들어야 한다는 것이었다. 이를 성취하기 위해 코너는 경관이 이용자들에게 가독적이어야 한다고 주장했다. 즉 투시도에서 두드러지기보다는 "진화 논리에 대한 다듬어진 이해"의 측면에서 두드러지는 조건이 중요하다는 것이다.[27] 그들의 식재 전략은 거주자와 방문자가 다양한 식물 군락에 연관된 조건을 쉽게 이해할 수 있도록 해 주며, 계획안과 함께 제출된 설계 설명서 내의 여러 다이어그램과 드로잉은 그러한 점을 심사위원들에게 명확하게 전달시켜 주었다.[28] 이 안의 가독성은 "태아의 형상 같기도 하고, 꽃 같기도 하고, 지도 같기도 하면서, 또 완결되지 않은 것 같은" 평면 도형으로 확장된다. 이는 계획 과정 중에 대중이 라이프스케이프에 대해 잘 알고 쉽게 인식할 수 있게 해 주는 정체성 있는 도구 역할을 한다(그림 9).[29]

설계 프로세스로서, 그리고 마스터 플랜 초안으로서 라이프스케이프는 이러한 약속들을 전해 준다. 필드 오퍼레이션스의 커뮤니티 복지 프로그램은 그 스케일 면에서 야심적이었다. 즉 필드 오퍼레이션스는 도시의 웹사이트용 광고, 공공 회합 장소에 널리 배포될 포스터, 변형 가능한 프로젝트 로고, 게시판 · 버스 광고 · 위생국 트럭의 옆면 부착용 그래픽 등을 모두 디자인한 것이다(그림 10~12). 이러한 점들은 마스터 플랜 작성 과정에 대한 대중의 높은 관심과 참여를 유도하도록 의도되었고, 공원의 가독성과 그 작용이 미래에 가져올 중대한 영향에 대해 인식하게 함으로써 이미 존재하는 공원에 대한 계획 과정을 지지하도록 해 주었다.

라이프스케이프의 탄력성은 공원의 정체성에 있어서 두 번째 핵심 성분이다. 경치가 아니라 작동 시스템으로 구현되는 자연관은 공원이 설계자의 제어 하에 있지 않은 생태적 피드백을 흡수하고 그것에 반응할 수 있도록 해 줄 것이다. 코너 팀은 또한 도시의 보다 중요한 특징 중 하나는 최선의 상황에서 자본을 모으고 환경 보호를 보장하며 대중이 프로젝트에 참여하는 것을 실현해 주는 관리 당국으로서의 역할이라고 이해한다. 도시에 참여한다는 도전은 광대하다. 공모전에서 당선된 이래로 이 팀은 정교한 계획과 설계 프로세스를 거쳤고, 상황에 따라 지역 사회의 요구와 열망에 충분히 반응하는 탄력적 입장을 견지해 왔다. 계획안의 핵심적 감각—조직적 논리를 통해 운동과 변화를 처리하고 가공하는 능력—이

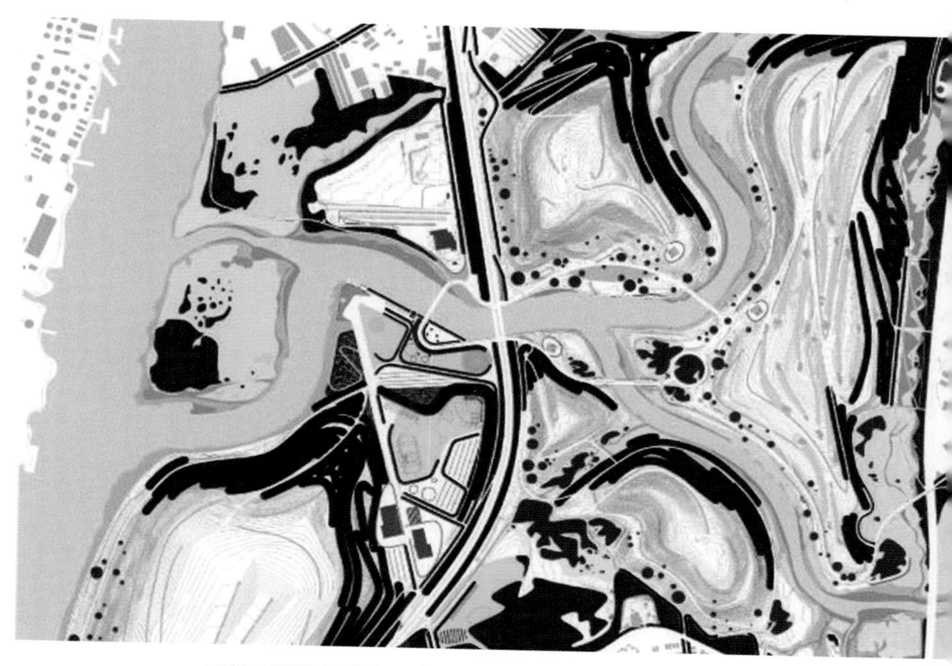

그림 8, 9. 제임스 코너/필드 오퍼레이션스 등, "라이프스케이프," 프레쉬 킬스 공모전 당선작,
평면도 상세(위)와 평면 도형(아래)

그림 10~12. 제임스 코너/필드 오퍼레이션스, 라이프스케이프의 정체성, 지역사회 복지, 커뮤니케이션 디자인 전략, 2006(위)

여전히 존재한다는 점에서, 현재의 마스터 플랜은 라이프스케이프의 탄력성을 증명해 준다. 이것만으로도 라이프스케이프는 전반적인 가독성이 유지되는 동안 그 효과가 투사되고 관리되며 추가되고 삭제되는 조직적 장textural field, 즉 픽셀 맵pixel map으로 보여질 수 있다(그림 13).[30] 현재의 마스터 플랜안에서는 개념적으로 의도되었던 공간적 시스템인 "실threads, 섬islands, 매트mats"가 보다 관례적인 용어인 "프로그램, 서식처, 순환"으로 진화했고, 설계를 발전시키는데 성공했다. 더 나아가 공원은 이제 조직적 논리에 의해 하천

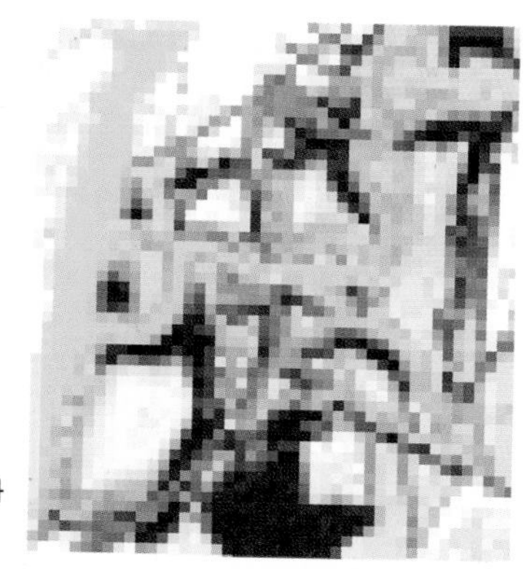

그림 13, 14. 픽셀로 처리된 장으로서의 "라이프스케이프"(위)와 마스터 플랜 안, 2006(아래)

합류부, 북부 공원, 동부 공원, 남부 공원, 서부 공원 등 중요한 장소들로 구별되어 이해될 수 있게 되었다. 이러한 식으로 계획안의 자연주의는 문화적, 정치적, 기술적 피드백에 반응하며 적절하게 설계되었다(그림 14).

더욱이 라이프스케이프는 설계 분야에서 종종 호환되며 사용되는 두 가지 어휘 세트 간의 중요한 차이를 발전시키고 명백하게 한다. 라이프스케이프처럼 탄력적인 안은 복합적 맥락과의 대화를 지속시킬 수 있는 강력한 설계 논리를 제시하며, 주어지는 압력을 수용하고 성장해 간다. 이는 (설계가 완전하게 예견될 수 없는) "창발적emergent" 인 것이나 (복합적 가능성이 공존하는) "비종결적open-ended" 인 것과는 다른 개념이다. 이 두 용어를 호환하여 사용하는 조경 프로젝트들이 많이 있기는 하지만, 그 차이점을 경시해서는 안 된다. 공모전 출품작의 실, 섬, 매트는 그 수요가 재정의됨에 따라 진화했지만, 센트럴 파크의 인프라스트럭처와 마찬가지로 계획안의 전반적이고 강한 정체성을 남아있게 해 준다.

마지막으로, 라이프스케이프는 설계 개념으로서의 "적응적adaptive" 과 "탄력적resilient" 간의 중요한 차이를 만들어낸다.[31] 적응은 들판이 초지로 변하고 또 숲으로 변하는 것처럼 일련의 조건의 변화에 맞추어 형태와 정체성을 지속적으로 변화시키는 것인 반면, 탄력성은 교란 후에도 다시금 인식 가능한 상태로 돌아가는 것을 의미한다. 라이프스케이프의 단계별 전략은 "많은 미래의 교환을 충분히 흡수할 수 있을 만큼 탄력적인 강력한 초기 경관 조직" 을 약속하고 있지만, 그것은 틀 내에서의 적응을 계획하고 있다.[32] 이러한 차이점은 공원—인식되고 이용되고 투자될 필요 때문에 완전한 전체에 단지 적응될 수 없는 경관 유형—을 위한 강력한 전략을 이끌어낸다.

토론토/다운스뷰 파크 트리 시티

캐나다 최초의 국립 도시 공원인 다운스뷰 파크의 전략은 가독성과 탄력성의 개념을 반복하고 확장한다. 토론토의 형태는 역사적 중심부로부터 외곽으로 확장되는 교외 개발의 연속적 발생이라고 이해될 수 있다. 1947년 공군 기지가 조성되었을 때, 이 미래의 공원 부지는 도시의 가장자리에 위치해 있었다. 오늘날 이 부지는 440만의 인구의 도시화된 영역인 광역 토론토권이라는 포스트-메트로폴리탄 환경의 중심에 있다.

그림 15. 토론토의 맥락 속에서 본 다운스뷰 부지. 미래의 레이크 온타리오 파크 부지가 사진 하단 우측에 보인다.

다운스뷰 부지는 이러한 도시 팽창에 따른 대규모 재개발 부지로, 오래된 전후의 교외 주택과 산업 시설로 둘러싸인 640에이커의 도시 내 공지이다. 이는 현재 설계되고 있는 925에이커의 레이크 온타리오 파크Lake Ontario Park 부지에 이어 두 번째 규모이다. 다운스뷰 파크 부지는 320에이커로, 세입을 발생시킬 개발 예정지로 남겨진 상태였다(그림 15).

공모전이 표면상 정반대의 목적들에 기반을 두고 있었다는 점은 사소한 문제가 아니다. 공원 부지는 토론토의 "교외 강화 구역suburban intensification area" 중 한 곳의 한 가운데에 위치하고 있으며, 공원은 개발을 강화하려는 시 당국의 시도의 연장선에서 중요한 역할을 수행해야 했다. 이러한 노력들을 뒷받침해 줄 활주로, 고속도로, 그리고 가장 중요한 제안인 교통 허브 등과 같은 기반 시설이 공원 내에 존재한다. 그러나 동시에 공원은 생태적 · 경제적 지속가능성의 모델이 되어야 했다. 대상지가 속해 있는 광역 도시권은 나이아가라Niagara 단층으로 형성된 분지, 오크 리지Oak Ridge 빙퇴석, 온타리오 호수 등으로 구성된 광역 토론토Greater Toronto 생물권과 부분적으로 일치한다(그림 16). 이러한 맥락 속에서, 그리고 지역의 생태계 내에서 개발을 개념화할 수 있다는 점증하는 기대 속에서, 공원은 도시의 녹지 공간 시스템에 기여할 수 있는 주요한 기회를 제공한다. 부지는 이 지역의 중요한 두 수계인 돈강Don River과 험버강Humber River 사이의 지형적으로 가장 높은 지점에 위치해 있다. 오염된 수질과 도시적 이용이 특징적인 협곡에 인접해 있다는 점은 물, 서식처, 야생동물의 흐름을 연결하고 강화시켜 줄 수 있는 가능성을 암시한다. 토론토 도시 정체성의 강력한 구성 요소인 이 협곡들은 레크리에이션 기능, 제도적 기능, 상업적 기능 등이 뒤섞이면서 도시 공원들의 척추가 된다(그림 17).

그래픽 디자이너 브루스 마우Bruce Mau가 이끈 팀의 공모전 당선작인 "트리 시티Tree City"는 공원을 도시 내부를 향해 성장시키는 다이어그램으로 이제 널리 알려져 있다. 녹지 공간을 위한 비용 지출에 인색한 토론토의 전통 속에서, 트리 시티는 휴식과 레크리에이션을 위한 녹색의 목적지가 되고 시간이 지남에 따라 가치를 더하는 인프라스트럭처가 되며 교외의 고밀화를 위한 자극제—즉 도시 어메니티—가 될 것을 약속했다.

트리 시티는 파악하기 힘든 정치적 · 경제적 조건들에 대한 실용적 반응으로서, 설계보

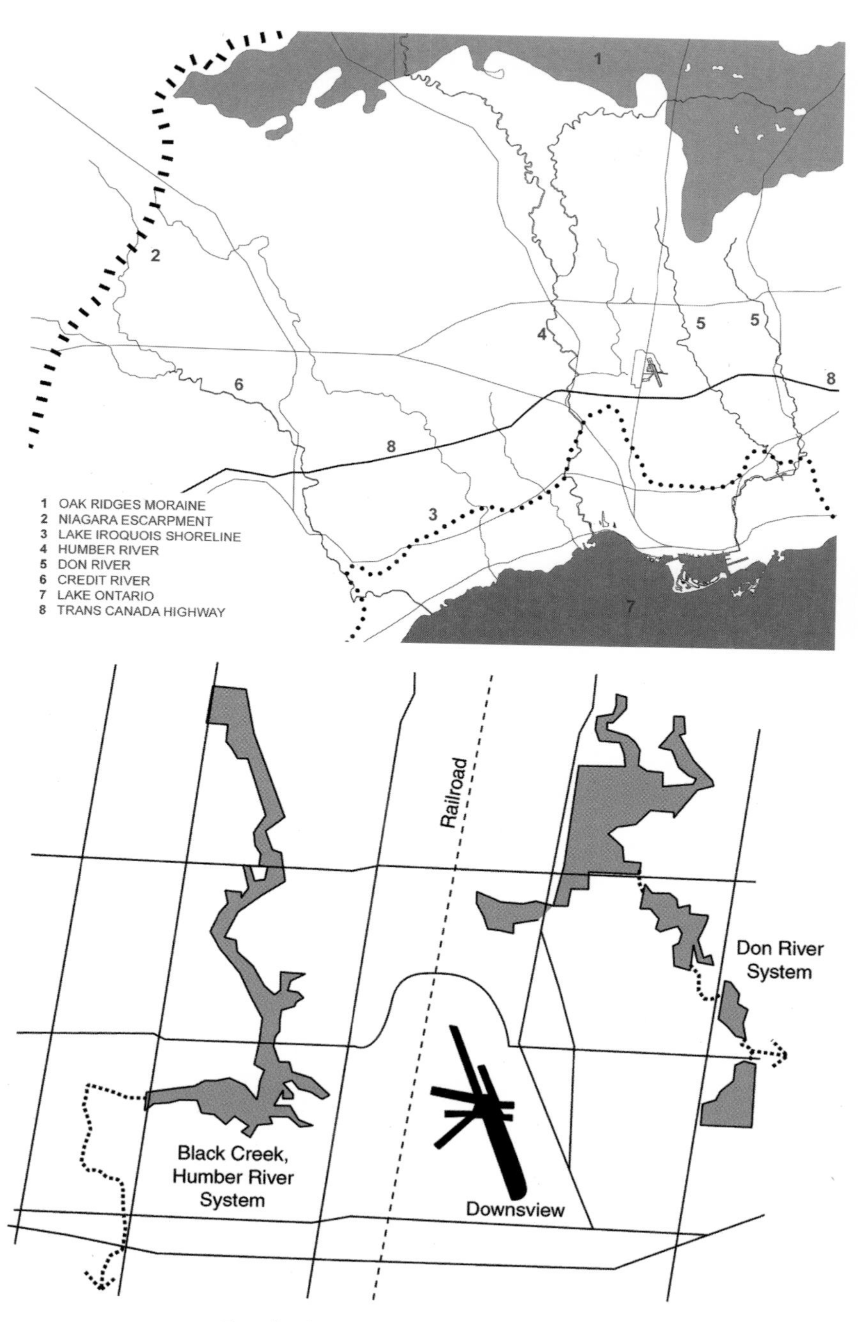

그림 16. 베르나르 츄미 아키텍트 등, 광역 토론토 생물권의 맥락에서 본 다운스뷰 부지(위)
그림 17. 크리스티나 힐(Kristina Hill), 다운스뷰 파크와 돈 강 및 험버 강의 관계성(아래)

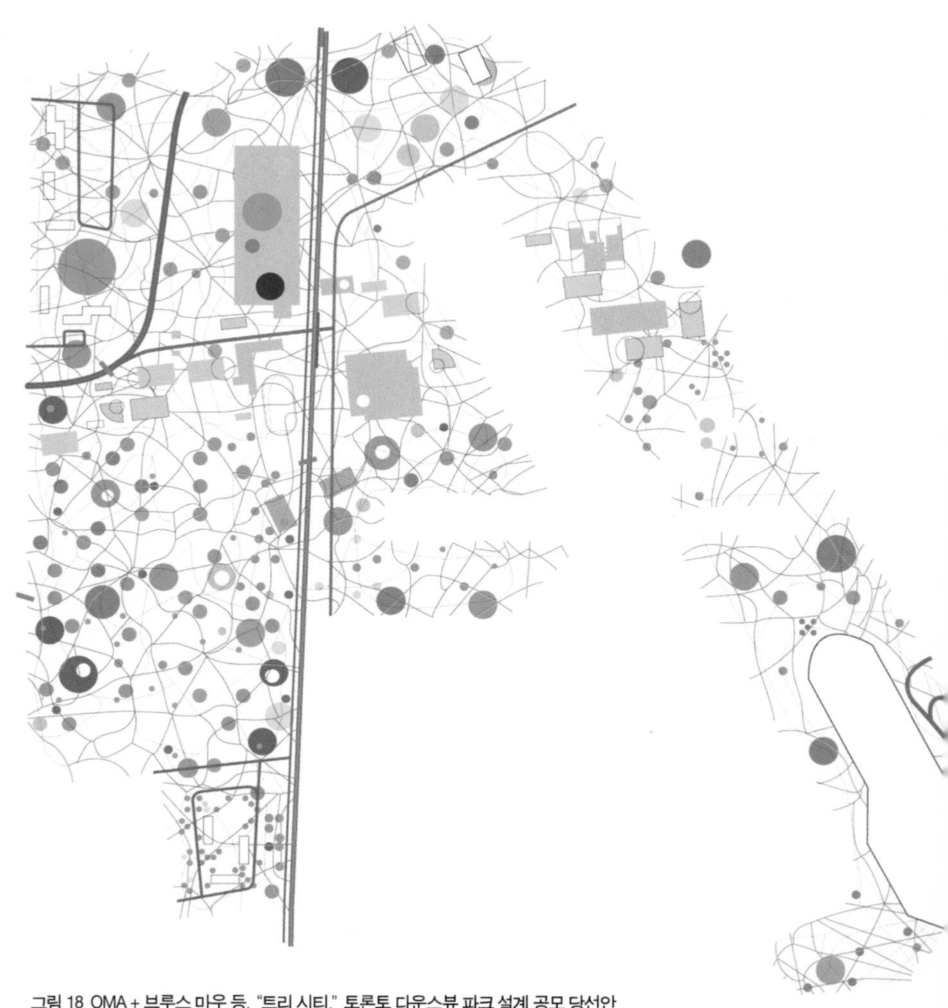

그림 18. OMA + 브루스 마우 등, "트리 시티," 토론토 다운스뷰 파크 설계 공모 당선안

다는 일종의 공식formula으로 주장되었다. 그 논지는 이렇다. 공원 성장시키기grow the park + 자연 제조하기manufacture nature + 문화 돌보기curate culture + 1000개의 소로1000 pathways + 목적지와 분산destination and dispersal + 희생과 구원sacrifice and save = 저밀도의 대도시 생활low-density metropolitan life.[33] 이 공식은 공원의 발생을 두 가지 스케일로 제시한다. 부지 스케일에서 계획안은 장기간에 걸친 식재를 지탱해 줄 토양을 준비하는 것에서 시작한다. 공원은 결과적으로 초지, 운동장, 정원, 다양한 용도의 1,000개의 소로 외에 25%는 숲

이 될 것이다. 나중의 단계로 도시 스케일에서는 계획안의 경관 클러스터들과 소로들이 인근 지역으로 확장되어 블랙 크릭Black Creek과 웨스트 돈강 체계 및 협곡들로 이어질 것이다. 트리 시티의 조직 전략은 부지를 가로질러 확산되고 전형적인 도형/배경figure/ground 관계를 전도시키며, 밀도가 낮은 교외의 배경에 대비되는 도형적 밀도를 높여 경관의 가독성을 증진시킨다. 계획안과 여러 재현 매체에서 볼 수 있는 특유의 클러스터 또는 점들은 바로 트리 시티가 대중적으로 널리 인식되는 방식이다(그림 18).

공모전 당선 이후 거의 7년이 지난 지금, 트리 시티가 논쟁거리에서 국방부로부터 완전히 인수받기를 여전히 기다리는 이 부지의 예비 계획안preliminary plan으로 발전했다는 점은 주목할 만한데, 이는 느린 진행, 모호한 비전, 공원 형성의 논쟁적 프로세스의 지표가 되고 있다. 트리 시티가 제안한 공식은 환상과 바보짓 사이를 배회하고 있으며, 공원의 현재 상황이 얼마나 공식으로서의 설계가 지향했던 개방성open-endedness의 결과물인 지 의심스럽게 한다. "알 수 없는 상황에 대한 실용적 반응"인 이 계획안은 자신들이 지원하고 있는 것이 무엇인지 잘 이해하지 못하는 정치인들과 계획가들에게 팔리기 어려웠다. 『토론토 스타*Toronto Star*』에 실린 최근의 기사 "다운스뷰 파크가 중요하다면, 왜 아무런 일도 일어나지 않고 있는가?"는 대중의 불만을 반증하고 있는데, 7년의 시간이 지났음에도 이렇다 할 진행이 없다는 점에 대한 우려와 공원의 미래에 대해 냉소적인 분위기를 보여준다.[34] 그러나 트리 시티는 여전히 "실행 중"인 것으로 보일 수 있다. 2004년 2월, 마우와 그의 팀에 의해 베일을 벗은 잠정적 개념 마스터 플랜은 "600에이커의 생태적·경제적·사회적 지속가능성"이라는 주제를 호언장담했다.[35] 종합적 공원 계획은 2006년 7월에 완성이 되었으며, 30에이커 면적의 재조림에 관한 신중한 테스트 플롯test plot이 현재 진행 중이다(그림 19). 구체적인 이미지들과 더불어 공원의 미래에 대해 야심적인 설명을 해주는 퀵타임QuickTime 비디오가 공원 웹사이트에 등록되어 있다(그림 20). 느리기는 하지만, 반복 작업들이 초기 안과의 간극을 매우고 있다.

그러나 다운스뷰 파크의 최종적 계획안의 완전함은 여전히 남아 있다. 만약 트리 시티의 다이어그램들이 작동되고 있다면, 개념적 마스터 플랜은 의도된 진화 속의 한 순간인 "오늘의 계획plan du jour"으로 보아야 한다. 공원의 세 구역의 특별한 배치—북쪽의 활동적 구

SHEPPARD AVE WEST
CHESSWOOD
NEIGHBOURHOOD
WILLIAM BAKER
NEIGHBOURHOOD
SHEPPARD
NEIGHBOURHOOD
CULTURAL
COMMONS
DEPARTMENT OF
NATIONAL DEFENCE
ACTION
ZONE
ACTION SPORTS
COMPLEX
ALLEN
NEIGHBOURHOOD
PROMENADE
TTC
WILSON YARDS
BOMBARDIER
LANDS
CULTIVATION
CAMPUS
STANLEY GREEN
NEIGHBOURHOOD

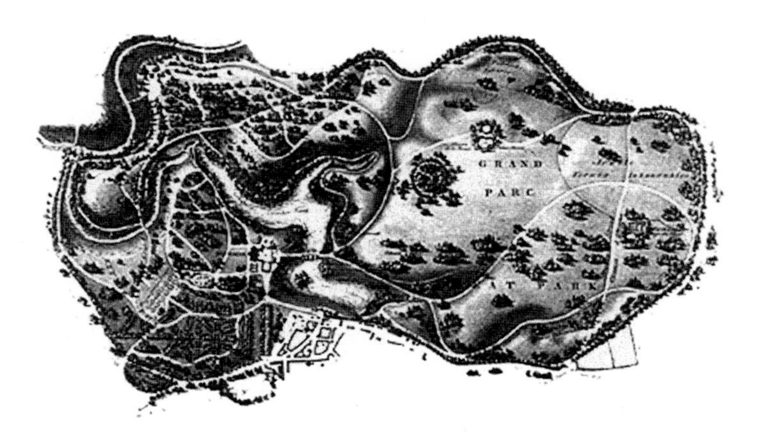

그림 19. 다운스뷰 파크: 지속가능한 커뮤니티 개발 계획, 2006년 10월(옆, 위)
그림 20. "다운스뷰 파크: 미래: 가상 여행" 비디오 스틸 컷(옆, 아래)
그림 21. OMA + 브루스 마우 등, "트리 시티", 토론토 다운스뷰 파크 설계 공모 당선작 로고, 그리고 다운스뷰 파크 로고
그림 22~24. 영국 블렌하임(중간, 좌, 우), 나무 클러스터의 광경과 평면도(아래)

역, 중앙의 숲길, 남쪽의 경작 캠퍼스—가 공원의 정체성을 잃지 않으면서 쉽게 변화될 수 있음을 어렵지 않게 상상해 볼 수 있다. 이러한 방식으로 보자면, 미래의 트리 시티와 그것을 가능하게 하는 공모전 당선작의 공식은 가독적이며 탄력적이다.

공모전 직후, 계획안과 설명서상의 클러스터 또는 점들은 수많은 추측을 불러 일으켰다. 보기에 따라서 점들은 공원의 의도, 조직, 이미지를 이해할 수 있게 해 준다. 그러므로 가독적이다. 원형 패턴은 실행을 쉽게 해 주는데, 공원에 포함되는 것은 무엇이든지 그 형태를 따르면 된다. 이러한 움직임은 일관성을 유지하면서 상충적인 요구들을 수용할 수 있게 해 준다. 계획안 외에도 가독성의 개념은 유지 관리와 공공적 접근을 포함하는 모든 단계의 작업에 스며들도록 의도되었다. 그에 못지않게 중요한 점은 공원의 로고로 인식되는 커다란 녹색의 점이 즉각적이며 시장성 있는 정체성을 부여한다는 점이다. 브루스 마우는 여러 맥락에서 프로젝트의 그래픽 디자인이 어떻게 그 장점들을 예시하는 데 도움을 주는 지 설명해 왔으며, 이를 위한 상업적 원칙과 실천을 옹호한다. 공모전 후 수년에 걸쳐 녹색의 점들은 그것이 공원의 정체성 형성 도구로 성공적임을 입증해 왔다.[36] 공원이 진화를 시작하면 이러한 작동적 이미지가 실제적 이미지로 대체되도록 의도되었는데, 실제로 그렇게 되고 있다. 다운스뷰 파크의 새로운 로고인 회전하는 본체/꽃봉오리 클러스터는 녹색의 점으로부터 비롯된 것이다(그림 21). 점들의 장은 이제 물질적 특정성의 구성물로 대체되었다. 트리 시티의 가독성 전략은 환경주의를 상업주의의 형태로 변모시켰으며, 프로젝트에 추진력을 부여하는 주류적 사고 방식을 개입시켰다.

트리 시티에서 탄력성은 가독성과 연관된다. 공원에 정체성을 부여하는 원형 패턴은 또한 공간적 위치 및 물질적 특정성—군식된 숲에서 웅덩이, 그리고 빌딩에 이르기까지—과 공원 시스템의 일부가 (설계를 안정시켜 주는) 교란에 대해 닫혀 있을 수 있도록 해 주고 다른 부분은 그것에 지속적으로 영향 받게 해 주는 능력이 상호 교환적이라는 점에서 탄력적이다. 『다운스뷰 파크 토론토*Downsview Park Toronto*』에 실린 트리 시티에 대한 논의에서 설계 비평가 아니타 베리즈베이시아Anita Berrizbeitia는, 외부적 교란에 "열린" 또는 "닫힌" 다양한 성분에 의해 조경 설계 프로젝트들이 의미, 예술적 표현, 언어 등의 이슈를 여전히 다루면서 동시에 환경적 · 생태적 스케일을 다룰 수 있는 방식을 제시한다.[37] 베리즈베이시아의 틀을 이용하면, 점들은 교란에 대해 닫혀 있으며 공원의 나머지 부분들은 공원이 진화함에 따라 열려 있다고 생각할 수 있다. 이는 새로운 것도, 놀랄만한 일도 아니며, 다소 억제된 것일 뿐이다. 예를 들어 18세기 풍경화식 정원인 블렌하임Blenheim의 수목 클러스터를 생각해 보자(그림 22~24). 수목이 말끔하게 전정되고 원형으로 유지되는 동시에, 지형학적 조건은 우수를 유도하고 자생 식물군을 기르고 종 다양성을 증진시키는 하나의 방법이라고 상상해 볼 수 있다.[38] 정적인 요소들과 일시적 역할을 수행하는 요소들 간의 이러한 구별은 공원의 탄력성에 있어서 핵심적이다.

오늘날의 대형 공원

센트럴 파크, 라이프스케이프, 트리 시티는 가독성과 탄력성의 개념적 틀을 지지해 준다. 최근의 세 개의 대형 공원 프로젝트들은 이러한 개념을 좀 더 심화시키고 새로운 질문들을 제기한다. 시카고의 노스 링컨 파크 공모전 수상작인 클레어 리스터, 줄리 플로Julie Flohr, 세실리아 베니티스Cecilia Benites가 이끈 팀의 "조립된 생태계: 일품 요리로서의 인프라스트럭처Assembled Ecologies: Infrastructure à la Carte"는 시카고의 블록 차원에 기반한 조직 시스템을 제안했다. 다섯 가지 형태의 "모듈화된 인프라스트럭처의 타일들"의 삽입 메커니즘을 통해 공원의 조직은 다양한 이해 관계자들이 공원의 비전을 구성할 필요 없이 그들의 타일에 대한 개인적 표명을 가능하게 하는 방식으로 탄력성을 보장해 준다. 이러한 탄력성은 정치적이며, 다양한 유권자들의 복합적이고 경쟁적인 관심사를 인식하게 해 주고, "동시대 공공 공간의 생산을 가능하게 해 준다."[39] 트리 시티와 마찬가지로 계획안의 탄력성을 가능하게 해 주는 조직 시스템이 시각적으로 가독성을 지니고 있으며, 이러한 점에서 공원 내에 들어가는 모든 것이 그 형태를 취하게 된다(그림 25~28).

제임스 코너/필드 오퍼레이션스의 싱가폴만 정원 프로젝트 계획안에서 탄력성은 중첩된 원형 기하학의 조직 구조에 의해 부여된다. 그 구조는 다양한 프로그램들이 알맞게 포개질 수 있게 하는 커다랗게 회전하는 지형의 표면들로 중첩된다. 그러나 수많은 스케일에서 다공성과 흐름의 조직 논리는 혁신적이다. 서로 다른 표면들에 배치된 다양한 재료들은 매우 다른 방식으로 실행되도록 해 준다. 그로 인해 전체적으로는 필드에 전반적인 탄력

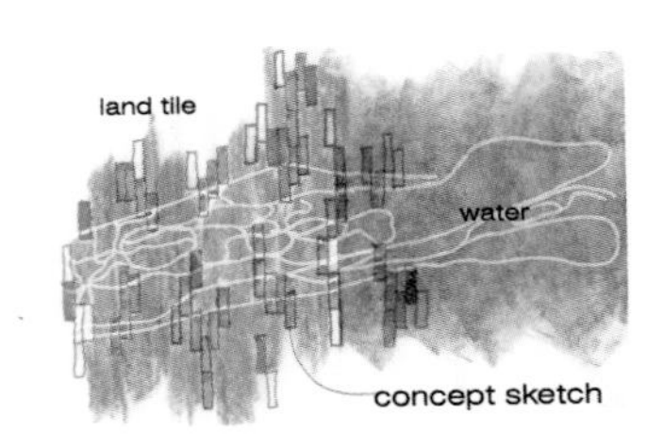

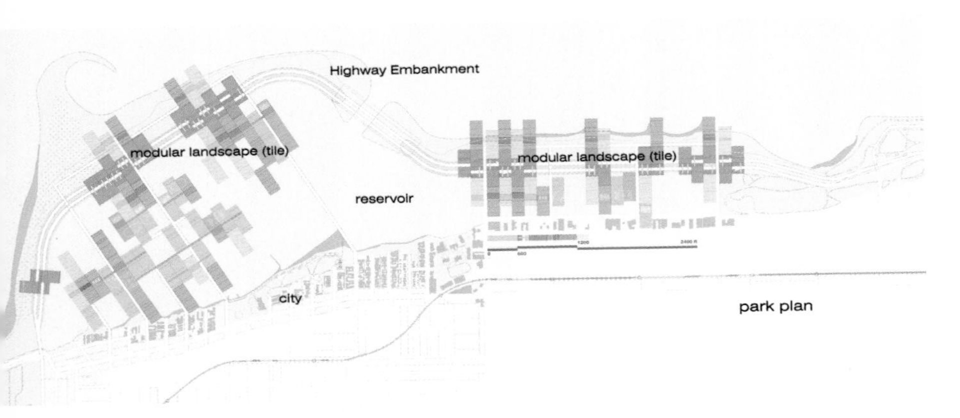

그림 25, 26. 클레어 리스터, 줄리 플로, 세실리아 베니티스, "조립된 생태계," 시카고 노스 링컨 파크, 개념 스케치와 공원 평면(위), 모델(아래)

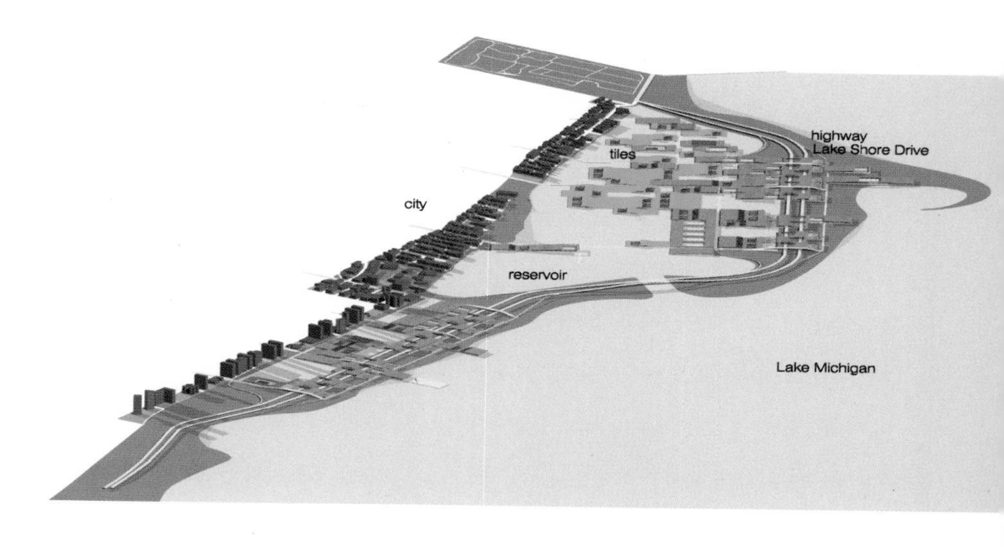

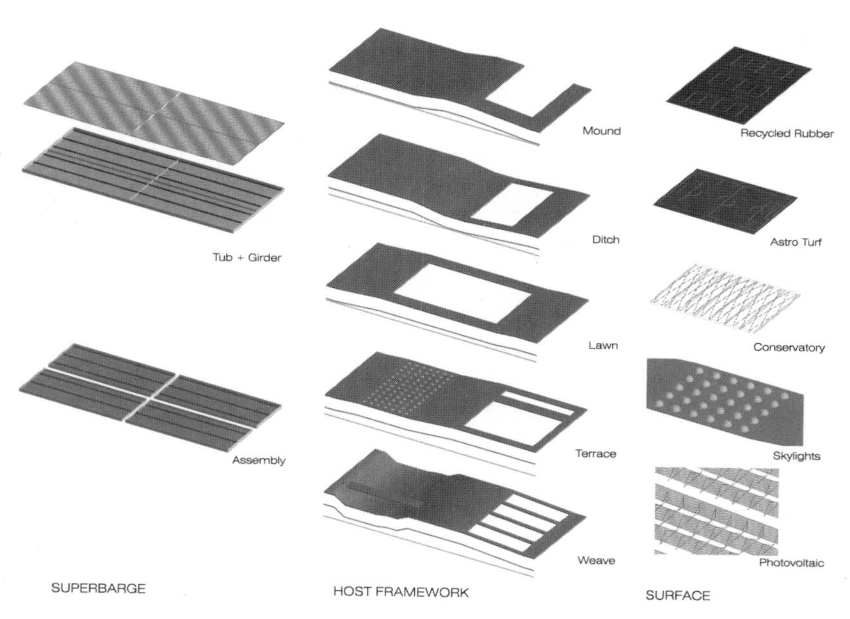

그림 27, 28. 클레어 리스터, 줄리 플로, 세실리아 베니티스, "조립된 생태계," 시카고 노스 링컨 파크, 액소노메트릭(위), 분류학적 다이어그램(아래)

성을 주고 있지만 부분적으로는 최대한의 변화와 유연성을 준다.[40] 유리, 잔디, 콘크리트, 돌 등을 다양한 조합으로 사용함으로써 이용자의 요구, 비용, 부지 특수성, 수명 등에 따른 무한한 교환 가능성을 제공한다. 바꿔 말하자면, 재료가 나타내는 것이 아니라 실행되는 곳에서, 유일한 기준은 다공성이다. 게다가 강수는 표면의 많은 구멍 내에서 처리되는데, 한 구멍에서 다른 구멍으로 나타나고 사라지는 연속적인 과정을 겪는 것이다. 마지막으로, 공원의 재조림 전략도 같은 조직 기하학에 바탕을 두는데, 풍부한 질감의 캐노피를 창출하기 위해 여러 종들을 중첩시키는 것이다(그림 29~31).

하그리브스 어소시에이츠와 모포시스Morphosis의 오렌지 카운티 그레이트 파크 계획안의 가독성은 부지 특정적site-specific 논리의 이해에 토대를 둔다. 그것의 탄력성은 1,000에이커 부지의 크고 복잡한 속성을 다루는 중간 스케일의 조직 논리에 존재한다. 다섯 개의 추진 "구성 요소들" —물, 자연, 활동, 문화, 인프라스트럭처, 지속가능성— 각각은 (물론 그 자체가 조직 시스템은 아니지만) 형성과 진화를 결정하는 다양한 논리를 기반으로 한다. 예를 들어, "자연"은 목초지, 관개되는 들판, 호수 시스템, 생산 토지 등과 같은 경관 유형에 의해 구성된다. "활동"은 관개된 패드pad인 패치와 스포츠와 레크리에이션을 수용하는 좁고 긴 땅strip의 하부 체계로 인식된다. "인프라스트럭처"는 고정된 것과 유연한 것으로 나뉜다. 즉, 장기적 기능에 작동하는 공원의 측면, 그리고 자전거 이용자와 보행자의 순환 네트워크와 같은 이용자의 요구 · 경제 · 정치 등으로 인해 변화하는 구성에 대해 열려있는 공원의 측면 등, 고정된 것과 유연한 것의 차이를 인식하는 것이다.[41] 평면도에서는 분명하지 않을 수도 있겠지만, 이러한 방식으로 공원을 인식하는 것은 곧 탄력성의 전략이다(그림 32~36).

가독적이고 탄력적인 공원들은 최근의 조경 담론에서 직접적으로, 그리고 도발적으로 나타나고 있는 논쟁과 깊이 연관된다. 근자의 조경 담론은 과도하게 설계되고overly designed 명백하게 정태적인—어떻게 보이는가와 무엇을 의미하는가에 기반을 둔— 것, 그리고 최소한으로 설계되고underdesigned 지극히 융통성 있는 것—때로는 조직 전략, 또 때로는 논쟁거리로 경관의 생성적 속성을 전면에 내세우는 경향— 사이에 조경을 위치시키는 경향이 짙다. 아마도 대형 공원의 설계를 한 쪽은 보다 탄력적이고 다른 한쪽은 덜 탄력적인 스펙트럼 속에 정위시키는 것이 적절할 것이다.

그러나 이러한 생각을 보다 심층적으로 탐구하는 것은 다음과 같은 질문을 초대한다. 가독성과 탄력성의 관계는 무엇인가? 대형 부지의 복잡성은 이들 전략을 촉진시키는가? 공원은 작은 스케일에서도 탄력적일 수 있는가? 일시적 형태와 탄력성 개념 사이에 연결고리가 있는가? 이러한 개념들이 구성의 고착화에 도전하는 새로운 전략과 논리를 넘어서 어떻게 발전될 수 있는가?

대형 공원: 미래를 투영하기

대형 공원은 다음과 같은 세 가지 방식으로 도시에서 생생한 역할을 수행할 수 있고, 가독성과 탄력성은 대형 공원이 그러한 역할을 할 수 있게 하는 척도이다. 첫째, 사회적 촉매제social calalysts로서, 내가 논의한 계획안들은 그렇지 않다면 해체될 도시 환경에서 공간, 활동, 순환 시스템의 배열을 통해 사람들의 접촉과 교류를 약속한다. 각 제안들에 동반된 상충되는 프로그램들의 방대한 목록에서, 우리는 갈렌 크랜츠가 공원에 의해 수행되는 사회적 기능의 축소판이라고 인용했던 것들을 확장할 수 있는 장소들, 즉 보육원이나 커뮤니티 정원과 같은 어메니티 공간들을 발견할 수 있다.[42] 더욱이 이러한 공원들이 생성되는 프로세스는 설계 과정을 통해 대중이 성장하고 배우는 사회적 차원을 내포하고 있다. 예를 들어 야생동물 이동 통로의 존재와 같은 환경적 관심사는 활동적 공간과 같은 상충되는 문화적 요구와 균형을 이루어야 한다. 투자 기관들(및 그들의 계획안에 대한 이해)은 물론 상충되는 요구들을 수용하는 설계 능력 사이의 교환, 피드백, 성장의 상호적 과정이 가독성과 탄력성의 척도이다.

둘째, 생태적 대리자ecological agents로서, 이러한 공원들은 알랜 테이트Alan Tate가 말하는 "허파" 보다는 "심장" 으로[43] 다양한 방식을 통해 작동할 것을 약속한다. 그러한 공원들은 또한 생태학적 투자를 통한 삶을, 그리고 거대한 수평적 도시를 넘어서는 삶을 가능하게 한다. 크기와 배치에 의해 이들 계획안은 파편화된 경관의 상호 연결을 촉진시켜주며, 도시의 팽창이 경관의 활기와 생물 다양성에 야기하는 위협에 대해서도 대응한다. 이러한 공원들은 공원을 이해하고 양육하고 유지할 유권자—긍정적인 집단 행동—들을 설계자가 발전시킬 수 있는 장소이다. 그들의 동시대 도시에서 그들의 대형 공원에 대한 열망은 그들

그림 29~31. 제임스 코너/필드 오퍼레이션스, 싱가폴만 정원, 2006, 평면 계획(반대쪽), 평면 상세(위), 다공성의 스케일을 보여주는 광경(아래)

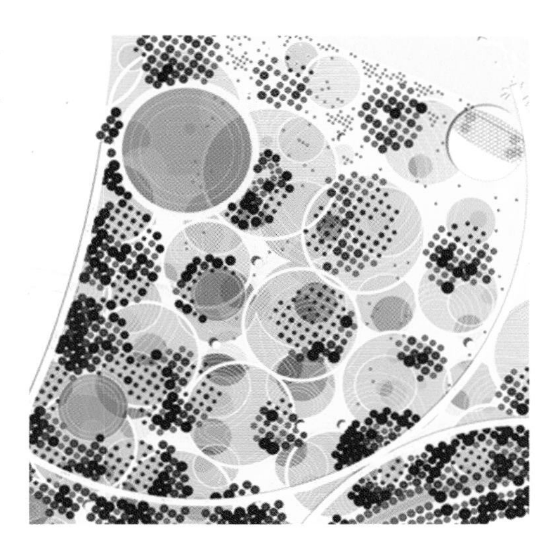

에게 읽힐 수 있기 때문이다. 더욱이 이러한 공원들은 단순히 그렇게 보이는 것이 아니라 생태적으로 작동한다. 여기에서 탄력성은 폭풍, 해충, 질병, 화재, 기타 자연 재해로부터 회복하고 조정할 수 있는 문자그대로의 능력이다.

마지막으로, 공원은 계속되는 상상적 기획imaginative enterprises이다. 크랜츠는 공원은 도시 생활의 실제에 의해 위협받는 가치들을 문화가 그러한 것들을 재통합할 수 있을 때까지 보류 상태로 유지한다고 주장한다. 공원은 공원 그 자체와 일상의 실제 세계 사이의 차이를 보여주기 때문이다. 공원은 "새로운 관계성과 일련의 가능성을 확장하는 상상력의 장소" 일 수 있다.[44] 이러한 점에서 공원은 미래를 투영하는 장소이며, 탄력성은 상충하는 것들을 보류시켜 주는 공원의 능력의 척도이다. 그렇기 때문에 이러한 공원들이 어떻게 보이는가 하는 점은 중요하다. 공원은 그 주변의 맥락과 다르게 보여야 한다. 그렇지 않으면, 공원과 공원의 아젠다는 인식되지 않는다. 가독성은 이러한 정체성 구축의 일부이다.

크다는 것, 공원, 도시, 그리고 미래는 밀접하게 연관된다. 공원을 설계하고 이용하는 사람으로서 우리는 공원 설계 담론의 특별한 잠재력을 정위시킬 필요가 있다. 그러할 때 생성, 비종결, 적응, 탄력성 등과 같은 개념들이 쉽게 이해될 수 있다. 우리는 또한 공원이란 —문자 그대로, 그리고 은유적으로 모두— 경작되어야 하는 무언가라는 점을 인식해야 한다. 설계 분야 안팎의 사람들은 공원이 왜 필요한지, 공원의 역할이 무엇인지, 그리고 공원이 어떻게 보일 수 있는지에 대해 이해할 필요가 있다. 설계가들은 또한 19세기적 용어 정의가 구시대적이라는 이유만으로 공원이 조경의 형식에서 종말을 맞았다는 식의 탁상공론을 접고 공원을 새롭게 포용해야 한다. 가독성과 탄력성은 이러한 프로젝트를 출범시키는 강력한 개념을 제공해 준다.

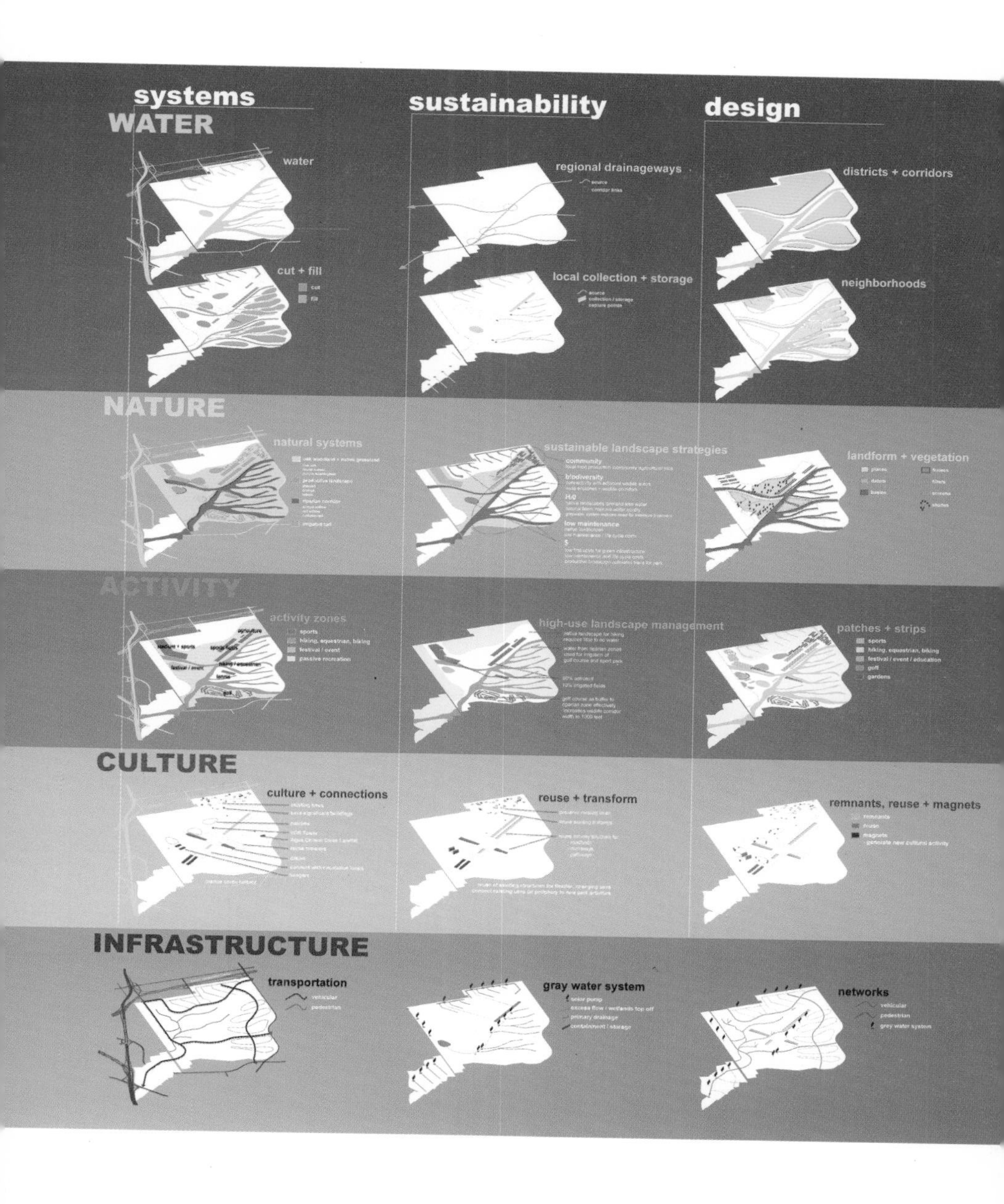

그림 32, 33. 하그리브스 어소시에이츠, 오렌지 카운티 그레이트 파크 출품작, 다섯 가지 "구성 요소" 다이어그램(위), 단계별 계획(다음 쪽)

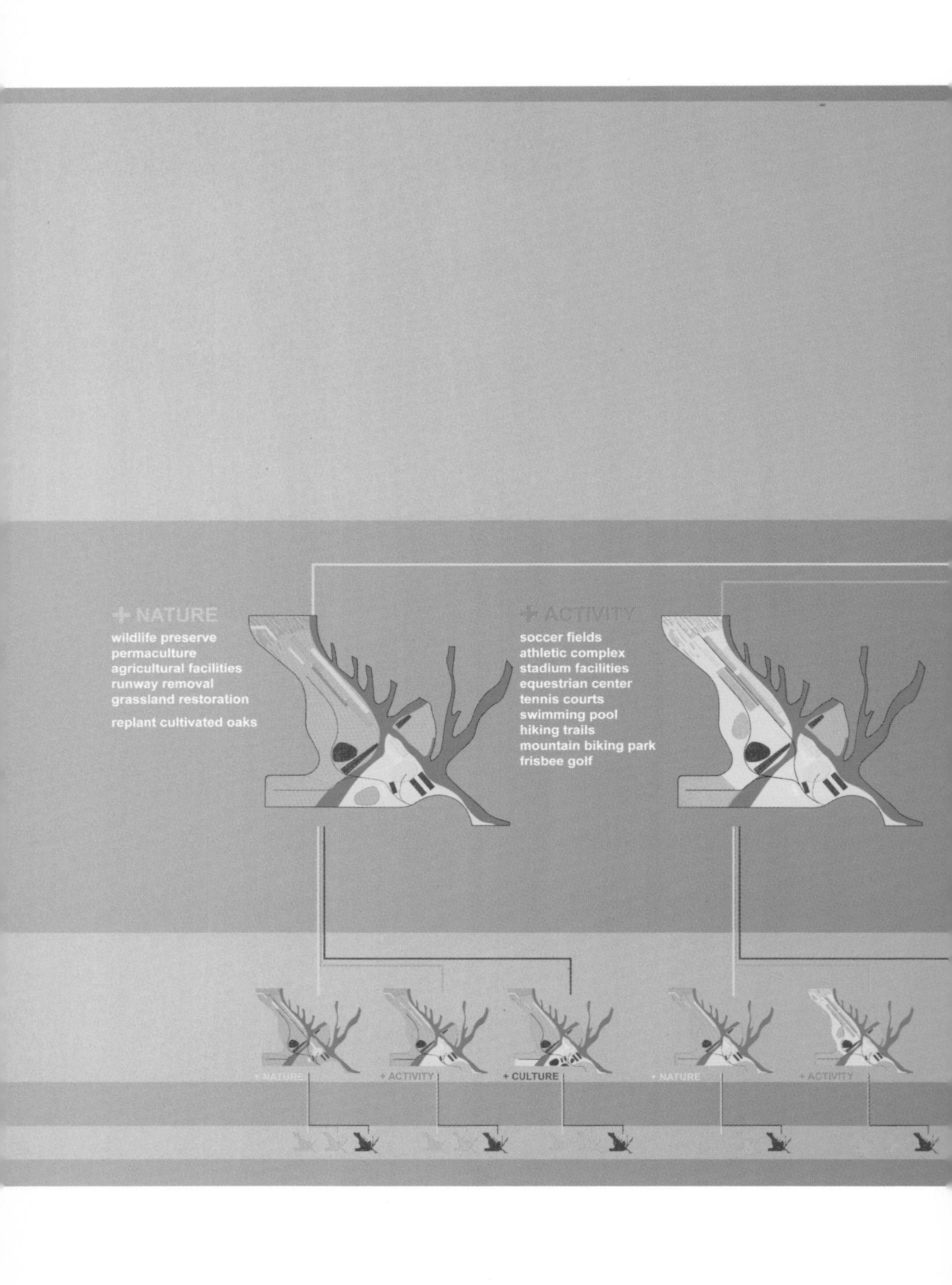
+ NATURE
wildlife preserve
permaculture
agricultural facilities
runway removal
grassland restoration
replant cultivated oaks
+ ACTIVITY
soccer fields
athletic complex
stadium facilities
equestrian center
tennis courts
swimming pool
hiking trails
mountain biking park
frisbee golf
+ NATURE
+ ACTIVITY
+ CULTURE
+ NATURE
+ ACTIVITY

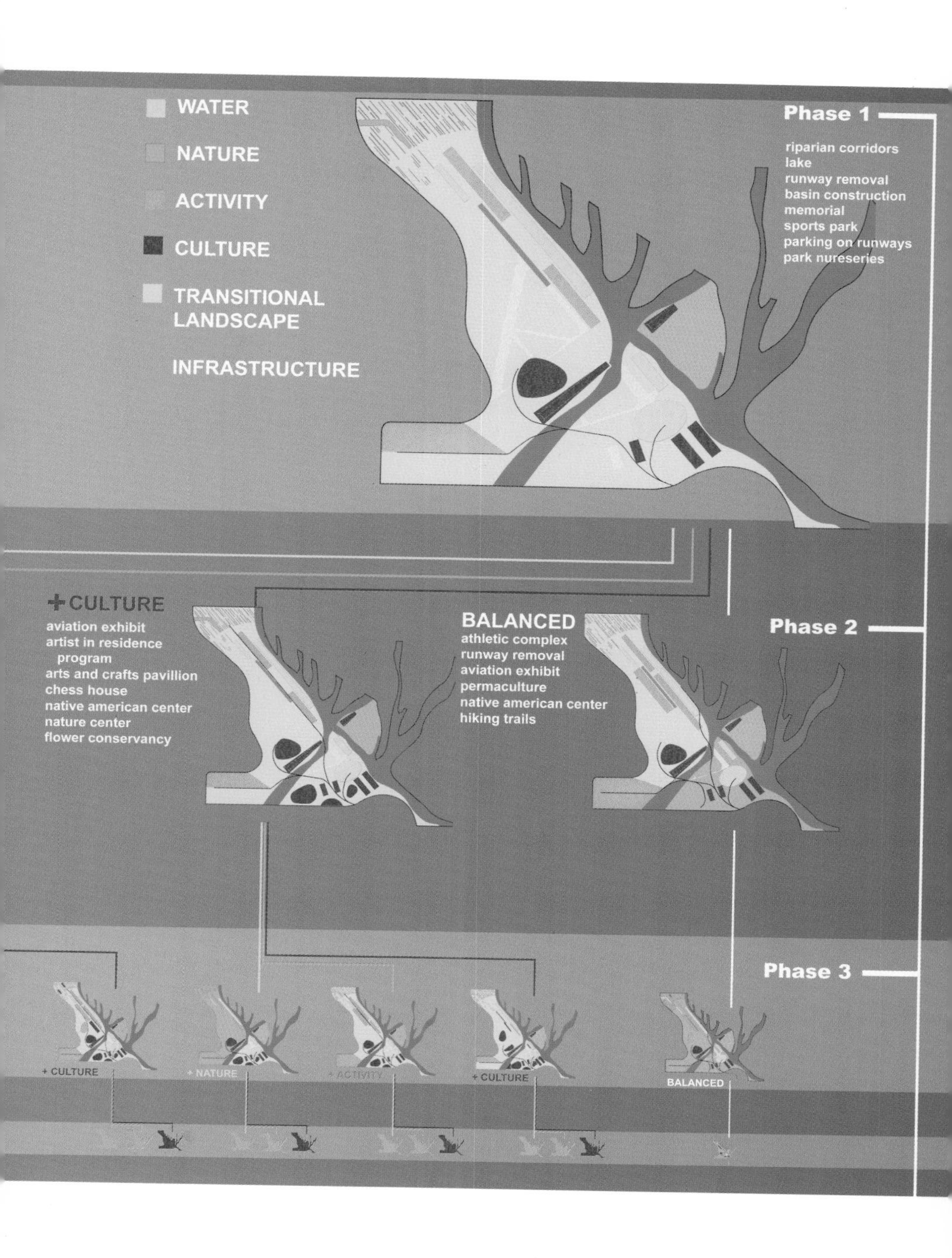
WATER
NATURE
ACTIVITY
CULTURE
TRANSITIONAL LANDSCAPE
INFRASTRUCTURE
Phase 1
riparian corridors
lake
runway removal
basin construction
memorial
sports park
parking on runways
park nureseries
+CULTURE
aviation exhibit
artist in residence program
arts and crafts pavillion
chess house
native american center
nature center
flower conservancy
BALANCED
athletic complex
runway removal
aviation exhibit
permaculture
native american center
hiking trails
Phase 2
Phase 3
+ CULTURE
+ NATURE
+ ACTIVITY
+ CULTURE
BALANCED

그림 34, 35.
하그리브스 어소시에이츠, 오렌지 카운티 그레이트 파크 출품작, 생산적 경관(위), 물, 호숫가, 활동 시스템(아래)

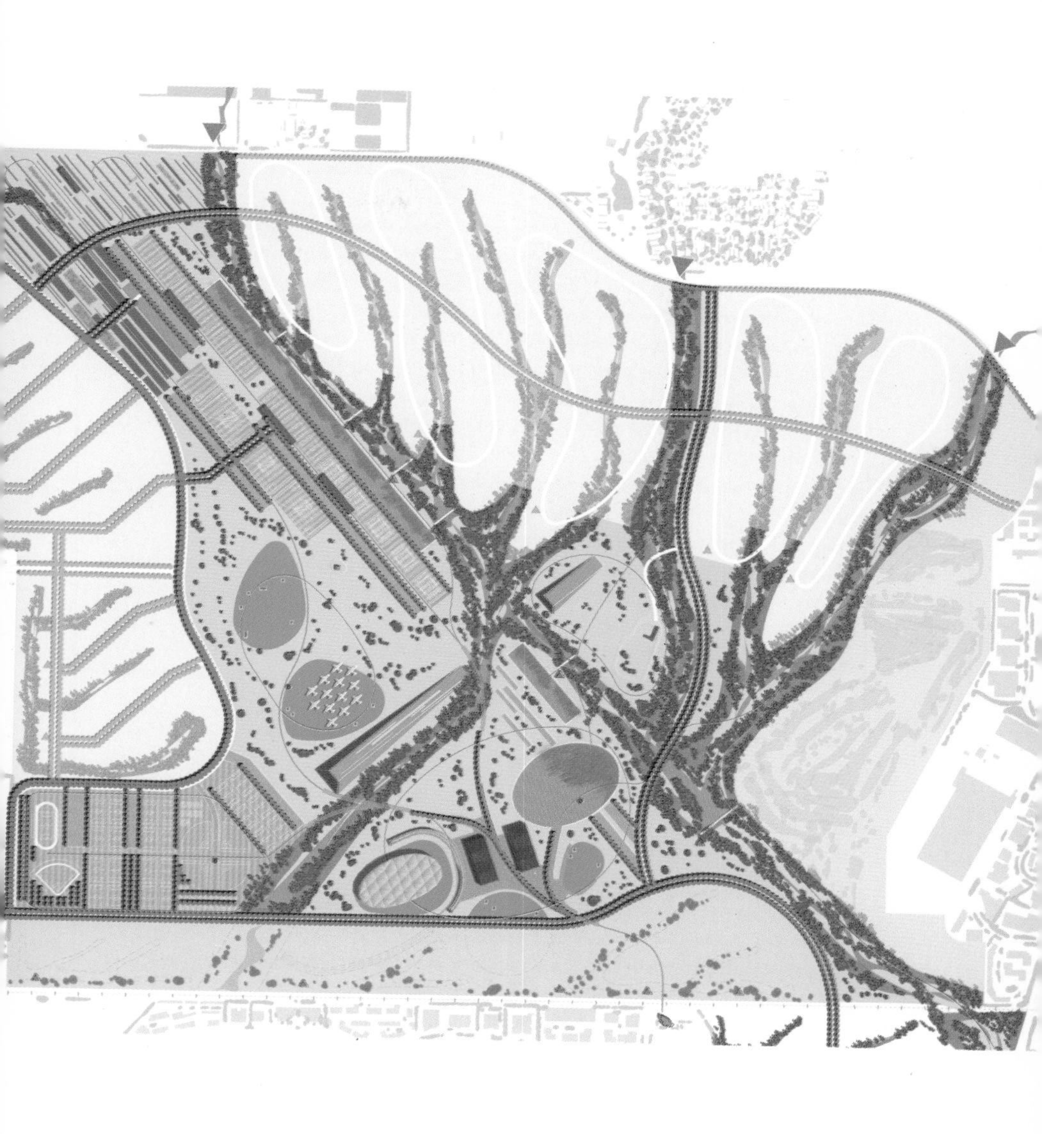

그림 36.
하그리브스 어소시에이츠, 오렌지 카운티 그레이트 파크 출품작, 이론적 마스터플랜

notes

1 Martin Scheffer, France Westley, William A. Brock, and Milena Holmgren, "Dynamic Interaction of Societies and Ecosystems-Linking Theories from Ecology, Economy and Sociology," in Lance Gunderson and C. S. Holling, eds., *Panarchy: Understanding Transformations in Human and Natural Systems* (Washington, D.C.: Island Press, 2001), 202.

2 Steward T. A. Pickett, Mary Cadenasso, and J. Morgan Grove, "Resilient Cities: Meaning, Models, and Metaphor for Integrating the Ecological, Socio-economic, and Planning Realms," *Landscape and Urban Planning* 69 (2004), 331.

3 C. S. Holling, D. W. Schindler, Brian W. Walker, and Jonathan Roughgarden, "Biodiversity in the Functioning of Ecosystems: An Ecological Synthesis," in Charles Perrings, Karl-Goran Maler, et al., eds., *Biodiversity Loss: Economic and Ecological Issues* (Cambridge: Cambridge University Press, 1995), 50.

4 니나-마리 리스터와 필자의 대화, 2006년 1월. 나는 이 대화와 생태학적 개념을 잡게 도와준 다른 대화에 감사한다.

5 이 용어는 다음 논문에서 유래했다. Pickett, Cadenasso, and Grove, "Resilient Cities," 49.

6 설계 분야에서 탄력성의 가능성을 일깨워 준 제임스 코너에게 감사한다. 그의 설계 작품이 없었다면 내가 탄력성을 하나의 주제로 발전시키기 어려웠을 것이다.

7 Galen Cranz, *The Politics of Park Design: A History of Urban Parks in America* (Cambridge, MA: MIT Press, 1982), 240.

8 Paul E. Cohen, *Manhattan in Maps*, 1527-1995 (New York: Rizzoli, 1997), 100-05

9 Elizabeth K. Meyer, "Scratching, Marketing, Scarring the Surface: Large Park Design as an Act of Remembering and Forgetting Site Stories," (Large Parks: New Perspectives, conference held at the Harvard University Graduate School of Design, 2003).

10 옴스테드의 자연의 영향 이론에 대한 보다 상세한 논의는 다음을 참조할 것. Julia Czerniak, "Susceptible Bodies: The Absence of Distraction in Olmsted' s Central Park," (Proceedings: 1996 ACSA Northeast Regional Conference, Buffalo, 1996).

11 Edward Soja, "Exopolis: The Restructuring of Urban Form," in *Postmetropolis: Critical Studies of Cities and Regions* (Oxford: Blackwell Publishers, 2000), 233-63

12 위의 책, 235

13 위의 책, 238

14 위의 책, 243. 소자(Soja)는 다음을 인용한다. Cities Joel Garreau, *Edge City: Life on the New Frontier* (New York: Doubleday, 1991).

15 Rem Koolhaas, *SMLXL* (New York: Monaceli Press, 1995), 835.

16 Bruce Mau, *Lifestyle* (London: Phaidon Press, 2000), 288.

17 Sam Bass Warner, Jr., "Public Park Inventions: Past and Future," in Deborah Karasov and Steve Waryan, eds., *The Once and Future Park* (New York: Princeton Architectural Press, 1993), 17.

18 Wenche E. Dramstad, James D. Olson, and Richard T. T. Forman, *Landscape Ecology Principals in Landscape Architecture and Land-Use Planning* (Cambridge, MA, and Washington, D.C.: Harvard University Graduate School of Design and Island Press, 1996), 32.

19 Robert Glover, "City Making and the Making of Downsview Park," in Julia Czerniak, ed., *Downsview Park Toronto* (Munich and Cambridge, MA: Prestel and the Harvard University Graduate School of Design, 2001), 37-38.

20 이 책에 실린 존 비어즐리(John Beardsley)의 에세이를 참조할 것. "갈등과 침식: 동시대 대형 공원에서의 공공 생활."

21 James Corner, conference presentation (Landscape Urbanism, Graham Foundation, Chicago, April 25-27, 1997). 이러한 태도는 이미 30년 전에 유명한 환경주의자 이안 맥하그가 스테이튼 아일랜드에 대한 연구에서 제시한 바 있다. 맥하그는 맨하탄을 "저급한 도시 조직의 훼손" 이자 "동물들이 매일 그들의 길을 새롭게 만들고… 야생으로 돌아가는 거대한 동물원" 이라고 불렀다. 그는 맨하탄 "도시" 를 스테이튼 아일랜드 "야생" 그리고 더 나아가 자연과 분리했다. 다음을 참조할 것. Ian McHarg, *Design with Nature* (Garden City, NY: Natural History Press, 1969).

22 Sanford Kwinter, "Soft System," in Brian Boigon, ed., *Culture Lab* (New York: Princeton Architectural Press, 1996), 207-28.

23 Field Operations, *Lifescape: Fresh Kills Reserve*, report prepared for the city of New York, December 2002.
24 제임스 코너와 필자의 대화, 2003년 4월.
25 위의 대화.
26 위의 대화. 또한 라이프스케이프는 그 자체를 "유보지(reserve)"로 칭한다. 이는 이 프로젝트를 공원과 구별하기 위한 용어이다. 유보지는 관리를 통해 보전하고 진화시키기 위한 일군의 토지인 반면, 공원은 "설계된 것"이다.
27 Field Operations, *Lifescape*.
28 위의 글.
29 위의 글.
30 제임스 코너와 필자의 대화, 2003년 4월.
31 니나-마리 리스터는 최근의 시스템 논리로부터 우리는 탄력성과 적응성이 긴밀히 엮여져 있음을 알고 있지만 설계가로서의 우리는 적응성이 성취될 것이라는 희망 하에 탄력성의 설계에 도전해야 한다고 설명한 바 있다.
32 Field Operations, *Lifescape*.
33 Competition formula as listed in Czerniak, ed., *Downsview Park Toronto*, 75.
34 Christopher Hume, "If Downsview Park Matters, Why Has Nothing Begun?" *Toronto Star*, June 6, 2006.
35 개념적 마스터 플랜은 5:3:2 논리(다섯 개의 핵심 가치, 세 개의 중심 영역, 두 개의 설계 전략)에 의해 설명된다. 다섯 가지 핵심 가치는 관리의 설계, 교육 효과의 설계, 레저의 재정의, 생물 데이터베이스의 구축, 아이콘의 디자인이다. 그리고 다섯 가지 핵심 가치들이 표현되는 세 가지 영역은 활동 영역, 산책로, 경작 캠퍼스이다. 각 영역은 두 가지 전략—"대이동"과 "고안"—에 의해 활성화되며, 평면상에서 볼 수 있는 프로그램 리스트로 생성된다. 세계의 가장 "놀랄 만하게 화려한 그네 세트"부터 "밀레니엄 시계"까지 모든 것이 지속가능한 600에이커 내에서 조화될 것이라고 약속된다. 그러나 생태적 · 문화적 디테일의 부재와 지형학적 · 조직적 특수성—계획안의 정밀한 구조적 뼈대—의 부재는 생태적 자기조직화(self-organization) 프로세스를 이끄는 의도를 훼손한다. 도시에서 공원의 생태적 역할은 약속으로만 남겨져 있다. 그것을 가능하게 하는 인프라스트럭처는 없이 그저 미래에 협곡 체계를 연결한다는 제안만이 있을 뿐이다. 이러한 틀은 공원의 후속 설계 발전에 핵심적인 저류가 된다.
36 공원 개발의 부대표인 데이비드 앤셀미(David Anselmi)는 공원의 경제적 · 생태적 목표를 되풀이해서 말하면서, 상업적 열망과 시민적 열망 사이의 "커다란 의무"에 대해 말한다. 이는 시민적 목적을 위해 작동하는 상업적 도구라는 마우의 개념을 연상시킨다. 그래서 트리 시티의 아이디어는 어떻게 로고의 작용을 넘어서고 있는가? 개발업자가 강조하는 것처럼 시민적인 것과 상업적인 것은 어떻게 서로 가치를 보탤 수 있는가? 여기서 "시민적"이라는 용어는 개발과 타협할 수 없는 환경적 지속가능성을 함축한다. 공모전 직후, 후원자들은 유례없는 소유자/차용자 관계를 개념화했다. 그들은 그러한 관계가 지속가능한 실천을 이끌 것이라고 희망했으며, "좋은 환경=좋은 비즈니스, 그리고 좋은 비즈니스=좋은 공원"이라는 점을 인식했다. 뿐만 아니라 개발 대행사는 현장 영화 스튜디오와 같은 사적 공간을 공적 목적으로 사용하는 것을 협상하고자 시도했다. 사유/공유의 구분을 없애는 것은 그러한 공간을 공원 프로그램의 일부로 경험되게 하는 것을 가능하게 한다. 그리하여 시민적인 것을 위한 상업적 활동의 개념이 조금 더 발전된다. 첫째, 마케팅 수단은 애초의 계획안을 심사위원과 대중에게 팔리게 하며 지지를 끌어낸다. 둘째, 새로운 종류의 소유자/차용자 관계는 개발의 세부적인 면에서 전략화된다.
37 Anita Berrizbeitia, "Scales of Undecidability," in Czerniak, ed., *Downsview Park Toronto*, 116-25. 보다 상세한 논의는 다음을 참조할 것. Julia Czerniak, "Looking Back at Landscape Urbanism," in Charles Waldheim, ed., *The Landscape Urbanism Reader* (New York: Princeton Architectural Press, 2006), 105-23.
38 블렘하임에서 수목의 하부는 낮은 높이의 관엽을 뜯는 양에 의해 깨끗한 직선으로 유지된다.
39 Clare Lyster, Julie Flohr, and Cecilia Benites, "Assembled Ecologies: Infrastructure à la Carte," in *Twenty-first-Century Lakefront Park Competition* (Chicago: Graham Foundation, 2004).
40 제임스 코너와 필자의 대화, 2006년 7월.
41 Hargreaves Associates and Morphosis, *Orange County Great Park*, concept plan, September 2005.
42 Cranz, *The Politics of Park Design*.
43 Alan Tate, *Great City Park* (New York: Spon Press, 2001).
44 Cranz, *The Politics of Park Design*.

옮긴이의 글

대형 공원large park이 부활하고 있다. 백오십년 전에 발명된 근대적 도시 공간으로서의 공원park은 애초부터 '대형' 이었다. 그러나 21세기의 전후를 기점으로 다시 도시 시스템과 문화의 쟁점으로 부상하고 있는 최근의 대형 공원은 19세기의 그것과 다르다. 산업 도시의 노동-여가의 문제를 해소하려는 정치적 산물로서의 해독제antidote 공원만으로는, 도시의 지친 삶으로부터 벗어나 평온의 안식을 얻으려는 피난처refuge 공원만으로는, 녹색의 낭만이 그림처럼 가득한picturesque 목가적 공원만으로는 부활하는 동시대 대형 공원의 역할과 기작을 설명하기에 충분하지 않다. 비로소 우리 시대의 대형 공원은 변화한 (그리고 여전히 변화하고 있는) 도시의 삶에 대응하고자 박제화된 전통과 고착된 전형을 반성하고 현재진행형의 시제를 실험하고 있는 것이다.

대형 공원에 대한 새로운 수요는 무엇보다도 전 세계적으로 공업 기반의 경제가 지식·서비스 산업 위주의 경제로 이행되고 있는 사정과 긴밀히 연관된다. 산업 체제의 거대한 전환은 공장과 공단, 공업 도시, 노동자 주거 단지, 쓰레기 매립지, 항만, 비행장, 군사 기지 등을 순식간에 대규모 폐품으로 전락시켰다. 이러한 포스트 인더스트리얼 사이트를 공공의 땅으로 회복하고 도시 재생의 베이스캠프로 삼는 과정에 대형 공원이 투입되고 있는 것이다. 국내의 손쉬운 예로는 최근의 서울숲이나 용산 기지 공원화를 들 수 있을 것이다.

둘째, 친환경주의로 포장된 신자유주의 내지 신개발주의의 그림자가 대형 공원의 수요 이면에 감추어져 있다는 진단도 가능하다. 신도시를 비롯한 각종 개발 사업이 끊이지 않는 우리나라가 대표적인 경우일 것이다. 수백만 평의 대지를 백지tabula rasa의 캔버스로 환원시킨 후 새로운 도시를 다시 계획하는 프로젝트일수록 공원의 양과 규모를 강조한다.

이러한 과정에서 사실 대형 공원은 개발의 악영향을 덮는 면죄부 역할을 하는 경우가 적지 않은 것이다.

동시대 대형 공원의 이러한 컨텍스트는 센트럴 파크식의 '착한 공원' 이미지에 갇혀 있는 우리의 일반적인 공원 인식에 경고등을 켜고 있다. 사회는 그 어느 때보다도 많은 수와 큰 면적의 공원을 요청하고 있다. 조경가는 어느 시대보다도 활발하게 공원의 대량 생산에 복무하고 있다. 하지만 실상 우리에게 필요한 것은 '다른 공원'이고 '다른 방식의 공원 설계와 경영'인 것이다. 이 시대의 대형 공원은 복잡한 가치들이 동거하는 복합성의 숙명을 안고 있다. 형태적 아름다움을 넘어서는 프로세스의 작동과 생태적 성능이 강조될 수밖에 없다. 공원을 둘러싸고 얽힌 다중의 이해 당사자, 그리고 공원과 함수를 맺고 있는 정치 논리와 경제적 · 사회적 지속가능성—이러한 문제들에 정면으로 대응하지 못하는 공원 설계는 결국 자연스럽고 평화롭고 낭만적인 공원, 즉 착한 공원이라는 반쪽짜리 공원을 낳기 마련이다. 지난 10여 년간 우리나라에서 거대한 붐을 이루며 진행된 대형 공원 프로젝트들이 왜 적절한 사회적 의미를 생산하지 못했는지 다시 돌아볼 일이다.

이 책 『라지 파크』는 대형 공원의 설계적 문제는 물론 그것을 둘러싼 사회적 가치와 쟁점에 접근하고자 한 시도라는 점에서 그 의미를 획득한다. 2003년에 하버드대학교 설계대학원에서 개최된 동명의 컨퍼런스와 전시회의 성과를 다듬어 이론가 줄리아 처니악과 조경가 조지 하그리브스가 엮은 이 책은 동시대 대형 공원의 설계가 큰 규모의 물리적 토지를 설계하는 일일 뿐만 아니라 그 과정의 다양하고 다각적인 주체와 대상과 이슈를 지혜롭게 조정하고 경영하는 일임을 보여준다.

'대형'과 '공원'이라는 두 개의 교점으로 짜여있기는 하지만 서로 다른 시선의 여러 필자가 집필했기 때문에 이 책은 정교한 개념적 일관성을 바탕으로 독자의 지적 자극을 추동하는 매력을 지니고 있지는 않다. 그러나 각각의 챕터는 현재의 조경 담론이 생산할 수 있는 공원(과 설계)의 쟁점들을 개별적으로나마 조명하고 있다. 니나-마리 리스터는 지속가능한 공원의 생태적 설계를 안정성보다는 교란과 복잡성의 작동이라는 측면에서 강조한다. 엘리자베스 마이어는 사회학자 울리히 벡의 "위험 사회" 론을 바탕으로 대형 공원의 불확실성과 그 이면을 경고한다. 린다 폴락은 부지의 역동성과 이질적 국면을 담는 정체성 구축의 전략에 초점을 맞춘다. 아니타 베리즈베이시아는 프로세스 중심 설계와 장소성 형성의 양립 가능성을 진단한다. 존 비어즐리는 대형 공원에서 공공 공간의 사유화를 둘러싼 갈등과 모순을 짚어낸다. 책의 결론격인 줄리아 처니악의 챕터에서는 이 책을 관통하는 논점이라 할 수 있는 '가독성' 과 '탄력성' 개념을 중심으로 동시대 도시에서 대형 공원의 생성적 역할이 논의된다.

이 책을『경관의 회복 *Recovering Landscape*』(1999) 및 『랜드스케이프 어바니즘 *Landscape Urbanism Reader*』(2006, 국내 번역서는 2007)과 함께 일독한다면, 현대 공원의 설계적 쟁점은 물론 조경 이론과 실천의 동시대적 지형도를 파악하는 재미를 느낄 수 있을 것이다. 그러나 이 책이 엄격한 이론서로만 읽힐 이유는 없다. 예컨대 용산공원과 같은 대형 공원 설계에서 형태—또는 장소성—와 프로세스 사이의 모순이라는 벽에 부딪힌다면 아니타 베리즈베이시아나 줄리아 처니악의 챕터를 펼쳐 볼 만하다. 언어로만 소비되는 생태적 공원 설계의 난맥에 대한 문제의식을 공유하고자 한다면 니나-마리 리스터의 논의에서 힌트를 얻을 수 있을 것이다. 시민단체나 민관의 협력에 의해 주도되고 있는 공원 운영에서 공공성과 사유화의 경계에 대한 의문이 생긴다면 존 비어즐리가 제기하는 문제와 사례에 귀 기울일 만하다. 지난 몇 년간 홍수처럼 쏟아진 우리나라의 대형 공원 설계 공모를 이 책이 제기하고 있는 쟁점들에 비추어 비판적으로 재독해 보는 작업도 흥미로운 일일 것이다.

나는 이 책의 일부를 '1969년 이후의 조경이론' 이라는 부제를 단 대학원 세미나 수업에서 2008년부터 다루어 왔다. 어느 학기에는 대형 공원의 문제를 랜드스케이프 어바니즘의 실천적 결례로 해석하고자 했고, 현대 조경의 생태 담론과 대형 공원의 관계를 해명하고자 시도한 학기도 있었다. 2008년과 2009년 사이의 추운 겨울, 서울대학교 통합설계/미학연구실(idla)의 대학원생들과 나는 이 책을 히터 삼아 강독과 토론을 진행하면서 초역본을 마련했고, 챕터마다 번역자를 바꾸어가며 두 번째 번역을 이어갔다. 2009년 여름부터 올해에 걸친 세 번째 번역부터 다섯 번째 번역은 내가 전담했다. 시간과 노력에 비해 번역의 질은 여전히 아쉽기만 하다. 긴 과정을 감내하며 저작권 섭외, 편집, 디자인, 교정의 모든 프로세스를 맡아 준 남기준 편집장에게 감사드리지 않을 수 없다. 외래어 표기를 비롯해 원고의 세세한 부분을 정성껏 바로잡고 다듬어 준 서울대 도서관의 문정이 사서에게도 깊은 감사의 마음을 전한다.

이제 대형 공원이 있어야 한다는 당위를 넘어 '좋은' 대형 공원의 조건을 물을 때이다. 무엇이 좋은 대형 공원인가? 그것을 묻고 찾는 '지혜로운' 설계, 동시대 조경가들에게 던져진 현재진행형의 숙제이다. 좋은 공원이 없는 도시는 가난한 도시이다.

2010년, 관악산의 가을을 보내며

배정한

필자 소개

니나-마리 리스터Nina-Marie Lister는 데이비드 월트너-토스David Waltner-Toews 및 고 제임스 케이James Kay와 함께 『*Ecosystem Approach: Complexity, Uncertainty, and Managing for Sustainability*』(2007)를 편집했다. 인증 계획가인 리스터는 ZAS 건축과 실무 협력을 활발히 유지하고 있다. 그녀의 연구, 교육, 실무의 초점은 동시대 대도시 지역에서 경관과 생태적 프로세스의 영향이다. 그녀의 연구는 다수의 학술지와 전문지에 발표된 바 있다. 현재 토론토 라이어슨대학교의 도시 및 지역계획학과 부교수이다.

린다 폴락Linda Pollak은 아니타 베리즈베이시아와 함께 『*Inside Outside: Between Architecture and Landscape*』(1999)를 저술했으며, 현재 뉴욕의 마필레로 폴락 아키텍츠Marpillero Pollak Architects의 소장이다. 폴락의 건축, 조경, 도시의 관계에 대한 연구는 NEA, 그래이엄 재단, 하버드대학교의 밀튼Milton 기금 등으로부터 지원받았으며, 그 연구 결과가 다수의 학술지에 발표된 바 있다.

아니타 베리즈베이시아Anita Berrizbeitia는 『*Roberto Burle Marx in Caracas: Parque del Este, 1956-1961*』(2004)의 저자이며, 린다 폴락과 함께 『*Inside Outside: Between Architecture and Landscape*』(1999)를 썼다. 그녀의 연구는 근대 및 동시대 조경에서 경관의 생산적 국면에 초점을 두고 있다. 펜실베이니아대학교 조경학 부교수를 거쳐 현재 하버드대학교 조경학과 교수이다.

엘리자베스 K. 마이어Elizabeth K. Meyer는 근대 조경에 대한 다수의 비평과 글을 저술해 왔다. 최근에는 『*Groundwork: Theoretical Practices of/in Modern Landscape Architecture*』라는 제목의 책을 집필하고 있다. 현재 버지니아대학교 건축 및 조경학과의 부교수이다.

제임스 코너James Corner는 인증 조경가이자 도시설계가이며, 필드 오퍼레이션스Field Operations의 창립자 겸 대표이다. 그의 설계 작품은 다양한 수상을 통해 인정받아 왔으며 조경설계 및 도시설계와 관련된 다수의 글의 주제가 되고 있다. 그는 알렉스 맥린Alex MacLean과 함께 『*Taking Measures Across the American Landscape*』(1996)를 저술하였고, 창조적인 문화적 실천으로서 조경의 활성화를 꾀한 『*Recovering Landscape: Essays in Contemporary Landscape Architecture*』(1999)를 편집했다. 펜실베이니아대학교 설계대학원 조경 및 지역계획학과의 교수이자 학과장이기도 하다.

조지 하그리브스George Hargreaves는 하버드대학교 설계대학원 조경학과의 피터 루이스 혼벡 석좌 교수Peter Louis Hornbeck Professor를 지냈고, 1996년부터 2003년까지는 학과장을 담당했다. 그는 하그리브스 어소시에이츠Hargreaves Associates를 1982년에 창립했으며, 설계 디렉터로서 여전히 활동 중이다. 이 회사의 작품은 미국 내에서, 그리고 국제적으로 수없이 출판되었고, 다양한 수상의 영광을 얻었다.

존 비어즐리John Beardsley는 『*Earthworks and Beyond: Contemporary Art in the Landscape*』(4판, 2006)과 『*Gardens of Revelation: Environments by Visionary Artists*』(1995) 등 공공 및 환경 예술에 관한 방대한 저술 작업을 펼쳐왔다. 현재 하버드대학교 설계대학원에서 조경사, 조경이론, 글쓰기 등을 가르치고 있다.

줄리아 처니악Julia Czerniak은 동시대 공공 공원의 설계 접근 방식 및 경관과 도시의 관계를 다룬 책 『*Downsview Park Toronto*』(2001)의 편집자이다. 인증 조경가인 그녀는 CLEAR의 창립자 겸 소장인데, 분야의 정체성을 강화하고 작동의 범위를 확장하기 위해 건축 및 여타 분야와의 범학제간 설계 협력을 시도하고 있다. 현재 시라큐스대학교 건축학과 부교수이며, 조경 이론 및 비평 세미나뿐만 아니라 건축 스튜디오도 가르치고 있다.

그림 출처

2~3, 6, 15쪽
photos by George Hargreaves

서문
Courtesy of James Corner / Field Operations; photo by Ellen Nieses

서론: 크기에 대해 생각하기
그림 1: drawing by Ken Smith Landscape Architect
그림 2: courtesy of Ken Smith Landscape Architect; Jum Kim, illustrator
그림 3, 4: drawings by West8
그림 5, 6: drawings by Hargreaves Associates
그림 7: drawing by Kertis Wetherby
그림 8, 10: Julia Czerniak. drawings by Bruce Davison
그림 9: collage mapping by Ananda Kantner
그림 11: drawing courtesy of Richard Forman
그림 12: drawing by Bernard Tschumi Architects

1장. 지속가능한 대형공원: 생태적 설계 또는 설계가의 생태학
그림 1, 2, 12: photos by the author
그림 3, 4: drawing courtesy of James Corner / Field Operations
그림 5~8: Nina-Marie Lister. Drawing by Burce Davison
그림 9: photo courtesy of City of Toronto
그림 10: courtesy of James Corner / Field Operations; photo by Ellen Nieses
그림 11: drawing by James Corner / Field Operations

2장. 불확실한 공원들: 교란된 부지, 시민, 그리고 위험 사회
그림 1, 2: photocollage by Julie Bargmann, DIRT Studio
그림 3~7, 9: photocollages by Brett Milligan
그림 8: Photographs by Brett Milligan

3장. 매트릭스 경관: 대형 공원에서 정체성의 구축
그림 1: reprinted from Elizabeth Barlow Rogers, *The Forests and Wetlands of New York City*, 1st ed.(New York: Little, Brown, 1971)
그림 2: photo courtesy of James Corner / Field Operations
그림 3: courtesy of New York City Department of City Planning(NYCDCP)
그림 4, 10~11, 16~20, 22~23: drawing by James Corner / Field Operations
그림 5: courtesy of WNYC.org
그림 6: courtesy of Robert Feldman Gallery
그림 6: copyright Estate of Robert Smithson
그림 7: photo by Linda Pollak
그림 8: Carlton Watkins, courtesy of www.yosemite.ca.us website
그림 9: courtesy of Staten Island Institute of Arts and Sciences
그림 12: courtesy of Green Martrix website, www.greenmatrix.com
그림 13, 14: courtesy of NYCDCP
그림 21: courtesy of the Landscape Architecture section of the Gardenvisit.com website

4장. 대형 공원: 한 설계가의 시각
그림 1, 11: collage map and drawing by Jason Siebenmorgen, Large Parks: New Perspectives
그림 2~10, 13, 15~17, 20, 22~25, 29~34, 36~43, 45, 47~50: photos by George Hargreaves
그림 12, 14, 18: collage map and drawings by

Katherine Anderson, Large Parks: New Perspectives
그림 19: photo courtesy of Ananda Kantner, Large Parks: New Perspectives
그림 21: drawing by Ananda Kantner, Large Parks: New Perspectives
그림 26~28: collage, map, and drawings by Rebekah Sturges, Large Parks: New Perspectives
그림 35, 44: drawing by Anna Horner, Large Parks: New Perspectives
그림 46: drawing by Gina Ford, Large Parks: New Perspectives

5장. 프로세스의 재장소화
그림 1: drawing by Katherine Anderson, Large Parks: New Perspectives
그림 2, 16: drawing by James Corner + Stan Allen
그림 3: drawing by Anna Horner, Large Parks: New Perspectives
그림 4: drawing by Gina Ford, Large Parks: New Perspectives
그림 5, 6, 8~10: photos by Anita Berrizbeitia
그림 7: drawing by Rebekah Sturges, Large Parks: New Perspectives
그림 11, 12: drawing courtesy of Roger Sherman
그림 13, 14: drawing courtesy of Anu Mathur and Dilip da Cunha
그림 15, 17: drawing by James Corner / Field Operations

6장. 갈등과 침식: 동시대 대형 공원에서의 공공적 생활
그림 1: photo courtesy of Mario Schjetnan
그림 2: photo by John Beardsley
그림 3~5: photo and drawings by Caroline Chen, Large Parks: New Perspectives
그림 6~8: collage map and photos by Darren Sears, Large Parks: New Perspectives
그림 9: credeit unknown

7장. 가독성과 탄력성
그림 1, 7~14, 29~31: drawings by James Corner / Field Operations
그림 2: drawing by Bruce Davison; Central Park figure courtesy of James Corner / Field Operations
그림 3: photo matrix by Julia Czerniak
그림 4: ©Living Earth / Spaceshots, Inc.
그림 5: credit unknown
그림 6: photocollage by Heather Vasquez and Nicholas Rigos
그림 15: reprinted from *CASE: Downsview Park Toronto*, Julia Czerniak, ed.
그림 16: drawing by Bernard Tschumi Architects
그림 17: drawing by Kristina Hill
그림 18: drawing by OMA + Bruce Mau
그림 19: drawing courtesy of Parc Downsview Park, Inc.
그림 20: stills from "Downsview Park: The Future: A Virtual Tour," Bruce Mau Inc., from www.pdp.ca
그림 21: drawing courtesy of Parc Downsview Park, Inc.
그림 22, 23: photos by Julia Czerniak
그림 24: credit unknown
그림 25~28: drawing by Clare Lyster, Julie Flohr, and Cecilia Benites
그림 32~36: drawings by Hargreaves Associates

공원 색인

옮긴이 _ 배정한

서울대학교 조경·지역시스템공학부 교수
지은 책으로 『조경의 시대, 조경을 넘어』와 『현대 조경설계의 이론과 쟁점』이 있으며, 『봄, 디자인 경쟁시대의 조경』, 『한국 조경의 도입과 발전 그리고 비전』, 『텍스트로 만나는 조경』, 『봄: 조경·사회·디자인』, 『LAnD: 조경·미학·디자인』, 『Park Scape: 한국의 공원』, 『LOCUS 2: 조경과 비평』, 『LOCUS 1: 조경과 문화』, 『우리 시대의 조경 속으로』 등의 책을 여러 동학들과 함께 썼다. 행정중심복합도시 중앙녹지공간과 용산공원 등 대형 공원의 기획과 구상에 참여한 바 있다.

옮긴이 _ idla서울대학교 통합설계/미학연구실

박근현/우연주/이경근/이명준/이지영/정승우/채애리

PARKS